Informationsmanagement
Modelle, Methoden, Techniken

Springer-Verlag Berlin Heidelberg GmbH

Günter Schmidt

Informationsmanagement
Modelle, Methoden, Techniken

Zweite, überarbeitete
und erweiterte Auflage

Mit 105 Abbildungen
und 12 Tabellen

Professor Dr. Günter Schmidt
Universität des Saarlandes
Lehrstuhl für Betriebswirtschaftslehre,
insb. Informations- und Technologiemanagement
Postfach 15 11 50
D-66041 Saarbrücken
E-mail: gs@itm.uni-sb.de

ISBN 978-3-540-66361-4

Die Deutsche Bibliothek - CIP-Einheitsaufnahme
Schmidt, Günter: Informationsmanagement: Modelle, Methoden, Techniken, 2. überarb. u. erw. Aufl. / Günter Schmidt. - Berlin; Heidelberg; New York; Barcelona; Hongkong; London; Mailand; Paris; Singapur; Tokio: Springer, 1999
ISBN 978-3-540-66361-4   ISBN 978-3-642-58621-7 (eBook)
DOI 10.1007/978-3-642-58621-7

Dieses Werk ist urheberrechtlich geschützt. Die dadurch begründeten Rechte, insbesondere die der Übersetzung, des Nachdrucks, des Vortrags, der Entnahme von Abbildungen und Tabellen, der Funksendung, der Mikroverfilmung oder der Vervielfältigung auf anderen Wegen und der Speicherung in Datenverarbeitungsanlagen, bleiben, auch bei nur auszugsweiser Verwertung, vorbehalten. Eine Vervielfältigung dieses Werkes oder von Teilen dieses Werkes ist auch im Einzelfall nur in den Grenzen der gesetzlichen Bestimmungen des Urheberrechtsgesetzes der Bundesrepublik Deutschland vom 9. September 1965 in der jeweils geltenden Fassung zulässig. Sie ist grundsätzlich vergütungspflichtig. Zuwiderhandlungen unterliegen den Strafbestimmungen des Urheberrechtsgesetzes.

© Springer-Verlag Berlin Heidelberg 1999
Ursprünglich erschienen bei Springer-Verlag Berlin Heidelberg New York 1999

Die Wiedergabe von Gebrauchsnamen, Handelsnamen, Warenbezeichnungen usw. in diesem Werk berechtigt auch ohne besondere Kennzeichnung nicht zu der Annahme, daß solche Namen im Sinne der Warenzeichen- und Markenschutz-Gesetzgebung als frei zu betrachten wären und daher von jedermann benutzt werden dürften.

SPIN 10725335   42/2202-5 4 3 2 1 0 - Gedruckt auf säurefreiem Papier

"Alles Leben ist Problemlösen. Alle Organismen sind Erfinder und Techniker, gute oder weniger gute, erfolgreich oder weniger erfolgreich im Lösen von technischen Problemen."

Karl R. Popper, Alles Leben ist Problemlösen, München und Zürich, 1995

Vorwort zur zweiten Auflage

Für die zweite Auflage ist die bewährte Struktur aus der ersten Auflage übernommen und um einige Teile erweitert worden. So sind insbesondere die Abschnitte zur Kommunikationsmodellierung in Kapitel 4, zum Problemlösen im Zustandsraum in Kapitel 5 sowie zu den konventionellen, objekt- und prozessorientierten Methoden stark erweitert worden. Ziel der Erweiterungen war es, die aktuellen Entwicklungen auf dem Gebiet der Modellierung von Informations- und Kommunikationssystemen einzuarbeiten und den Seitenumfang dabei minimal ansteigen zu lassen.

Die vorliegende zweite Auflage versucht, den neuen amtlichen Rechtschreibregeln Rechnung zu tragen. Für die große Hilfe bei der Erstellung des Manuskripts möchte ich mich recht herzlich bedanken bei Frau Susanne Gerecht, Frau Hedwig Staub und den Herren Dipl.-Inform. Oliver Braun, Dipl.-Inform. Dipl.-Kfm. Dirk Bremer und Dipl.-Kfm. Hagen Merx. Vielen Dank auch den Saarbrücker Studenten des Informationsmanagements, die dabei geholfen haben, einige Druckfehler der ersten Auflage nicht in die zweite zu übernehmen.

Saarbrücken, im Juni 1999
Günter Schmidt

Vorwort zur ersten Auflage

Dieses Buch ist aus einer Vorlesung für Studenten der Betriebswirtschaftslehre im Hauptstudium an der Universität des Saarlandes in Saarbrücken entstanden. Zum Verständnis des Stoffes werden eine Einführungsvorlesung auf dem Gebiet der Wirtschaftsinformatik und das Vordiplom im Fach Betriebswirtschaftslehre vorausgesetzt. Als Zielgruppe dieses Buches sind neben *Studenten*, die diese Voraussetzungen mitbringen, auch *Praktiker* angesprochen, die an neueren Entwicklungen auf dem Gebiet des Informationsmanagements interessiert sind.

In Erweiterung zu vielen anderen deutschsprachigen Lehrbüchern zum Informationsmanagement wird hier versucht, eine Verbindung von sowohl qualitativ orientierten Fragestellungen als auch quantitativen Ansätzen zu erreichen. Weiter wurde versucht, die Ausführungen auf computergestützte

Informations- und Kommunikationssysteme zu konzentrieren, jedoch läßt sich leicht erkennen, daß die meisten vorgestellten Modelle, Methoden und Techniken auch zur Gestaltung von solchen Unternehmensprozessen eingesetzt werden können, für die eine spätere computerorientierte Umsetzung nicht unbedingt erforderlich ist.

Bei der Erstellung des Buches war eine der Randbedingungen, nicht über eine vorgegebene Seitenzahl hinauszugehen und dennoch ein möglichst breites Spektrum an notwendigen Inhalten abzudecken. Ziel war es, die Darstellung knapp zu halten und dabei den Inhalt mit möglichst vielen Beispielen und Bildern zu verdeutlichen. Viele Präzisierungen mußten sehr kurz gehalten werden. Deshalb wird der interessierte Leser für weitere Erläuterungen und Vertiefungen auf das Literaturverzeichnis verwiesen.

Bleibt noch zu erwähnen, daß das erste Kapitel für die Einordnung und das leichtere Verständnis der folgenden Ausführungen gedacht ist. In diesem Sinne werden in diesem Kapitel viele Themen nur insoweit angesprochen, um einen Rahmen für den folgenden Stoff zu erhalten. Eine genauere Behandlung der einzelnen Fragen erfolgt im weiteren Verlauf des Buches. Am Ende eines jeden Kapitels sind noch einmal die wesentlichen Begriffe und ihre Bezüge zusammengestellt.

Zu guter Letzt bedanke ich mich bei Frau Susanne Gerecht und den Herren Jörg Winckler, Dirk Fröhlich, Hagen Merx und Joachim Breit, die wertvolle inhaltliche und technische Unterstützung geleistet haben.

Saarbrücken, im Februar 1996
Günter Schmidt

Inhaltsverzeichnis

1 Architektur von Anwendungssystemen 1
    Literatur 9

2 Anwendungssysteme 11
    2.1 Informationsbeschaffung 11
        2.1.1 Datenbanksysteme 13
        2.1.2 Executive-Information-Systeme 18

    2.2 Informationsverarbeitung 19
        2.2.1 Expertensysteme 19
        2.2.2 Decision-Support-Systeme 23

    2.3 Informationsweiterleitung 24
        2.3.1 Groupware-Systeme 25
        2.3.2 Workflow-Systeme 27

    2.4 Einsatz von Anwendungssystemen 28
        2.4.1 Verkaufsabwicklung 30
        2.4.2 Aktienanlageberatung 33

    Literatur 38

3 Systemplanung und -entwicklung 41
    3.1 Systeme und Modelle 43
    3.2 Informationsmodellierung 45
    3.3 Systementwicklung 53
        3.3.1 Fremdbezug 59
        3.3.2 Eigenentwicklung 60

    Literatur 62

4 Modellierung der Problembeschreibung 65

4.1 Datenmodellierung 66

4.2 Funktionsmodellierung 75

4.3 Kommunikationsmodellierung 79
    4.3.1 Zustandsübergangsdiagramme 80
    4.3.2 Petri-Netze 89

Literatur 97

5 Modellierung der Problemlösung 99

5.1 Problemlösen im Zustandsraum 106
    5.1.1 Blinde Suche 114
    5.1.2 Gezielte Suche 116
    5.1.3 Problemlösung und Problemtyp 126

5.2 Problemlösen mit neuronalen Netzen 130

5.3 Interaktives Problemlösen 136

Literatur 139

6 Integrierte Modellierung 141

6.1 Konventionelle Methoden 141
    6.1.1 Funktionsmodellierungsmethode IDEF0 145
    6.1.2 Datenmodellierungsmethode IDEF1X 149

6.2 Wissensorientierte Methoden 153

6.3 Objekt- und prozessorientierte Methoden 167
    6.3.1 Generalized Process Networks 177
    6.3.2 Prozessmodellierungsmethode IDEF3 190

Literatur 202

7 Praktische Probleme der Systementwicklung **207**

7.1 Aufwand und Wirtschaftlichkeit 207

7.2 Entwicklung von Anwendungssystemen 213
   7.2.1 Konventionelle Anwendungssysteme 213
   7.2.2 Expertensysteme 217
   7.2.3 Decision-Support-Systeme 220
   7.2.4 Beispiele von Anwendungsentwicklungen 221

Literatur 225

8 Entwicklungsmanagement **227**

8.1 Das Kommunikationsmodell 230

8.2 Simulation des Projektablaufs 233
   8.2.1 Deterministische Simulation 234
   8.2.2 Stochastische Simulation 241

8.3 Auswertung und Umsetzung 245

Literatur 248

Stichwortverzeichnis **249**

1 Architektur von Anwendungssystemen

Dieses Buch beschäftigt sich dem Titel nach mit Modellen, Methoden und Techniken für das Informationsmanagement. Eingegrenzt wird das Thema durch die Beschränkung der Betrachtungen auf den Entwurf, die Entwicklung und den Einsatz von computergestützten Informations- und Kommunikationssystemen zur Lösung betriebswirtschaftlicher Probleme. Dabei stehen Ziele der qualitäts-, kosten- und zeitgerechten Systemgestaltung im Vordergrund. Zu ihrer Erfüllung braucht man geeignete Modelle. Modelle werden mit Methoden erstellt und bearbeitet. Techniken sind Bestandteile von Methoden und werden von diesen benutzt. Der Schwerpunkt der Ausführungen liegt somit auf der *Modellierung* betrieblicher Anwendungen. Entwurf und Entwicklung werden in ihrem Kern mit Modellierung gleichgesetzt.

Betriebswirtschaftliche Probleme entstehen aus unternehmerischen Zielen und Aufgabenstellungen und werden auf der Basis von *Informationen* gelöst. Die kleinste Einheit einer Information ist das Zeichen. Eine Menge von Zeichen mit einer vorgegebenen Struktur (Syntax) bezeichnet man als Daten. Werden Daten in einem Bedeutungszusammenhang (Semantik) benutzt, so spricht man von Informationen. Informationen sind somit zweckbezogene Daten. Ihre Verwendung lässt sich durch zwei Aspekte charakterisieren: *Problembeschreibung* und darauf basierender Frage; die Problembeschreibung wird durch gegebene Informationen repräsentiert und die Frage durch gesuchte Informationen. Die Frage zu beantworten bedeutet, eine *Problemlösung* vorzuschlagen. Informationen dienen somit der Problembeschreibung und der Problemlösung. Dazu sind zunächst Informationen zu beschaffen und dann entsprechend zu verarbeiten. Die Ergebnisse der Verarbeitung werden zur weiteren Verwendung an entsprechende Stellen weitergeleitet. Ein Problem zu lösen bedeutet somit *Beschaffung, Verarbeitung* und *Weiterleitung* von Informationen. Zu diesen Zwecken werden Informations- und Kommunikationssysteme entworfen, entwickelt und eingesetzt.

Integrierte Informations- und Kommunikationssysteme sind an Unternehmensprozessen und den dort auftretenden Problemen ausgerichtet. Ein Prozess wird beschrieben durch sein Ergebnis, die notwendigen Aktivitäten und die Logik des Ablaufs. Prozessorientierte Informations- und Kommunikationssysteme sind abteilungs- und häufig auch unternehmensübergreifend.

Eine Möglichkeit zur Beschreibung von Informations- und Kommunikationssystemen ist ihre Abbildung in einer *Architektur*. Der Begriff Architektur steht für den Willen des Menschen, seine Umgebung zu ordnen. Die Architektur eines Systems wird durch die Ordnung seiner Elemente und ihrer Beziehungen definiert, beispielsweise ein Haus durch die Art und Anordnung von Räumen und Gängen. Fasst man den Begriff der Architektur weiter, so gehört auch die Vorgehensweise zur Gestaltung eines Systems dazu. Systeme werden durch Modelle beschrieben. Die Architektur legt die benötigten Modellarten fest und macht Vorgaben für ihren Zusammenhang. Informations- und Kommunikationssysteme sind durch Art und Anordnung ihrer Modelle und deren Interaktion gekennzeichnet. Die Auswahl einer Architektur bedeutet gleichsam die Ausgestaltung von Sichten und Beschreibungsebenen auf das System. Folgt man einer gewählten Architektur, so werden nach ihrer Vorschrift verschiedene Modelle des gleichen Systems erstellt und aufeinander abgestimmt.

Der Anspruch einer Architektur kann darin liegen, alle benötigten Modelle zur Darstellung eines Systems zu integrieren. Bezieht man dieses Vorhaben auf das System Unternehmen, sprechen wir von Unternehmensmodellierung. Einige ihrer Anforderungen sollen durch das folgende Szenario verdeutlicht werden. Ein mexikanisches Unternehmen möchte italienische Maschinen auf dem nordamerikanischen Markt verkaufen. Ein Problem ist es, die italienischen Maschinen den nordamerikanischen Sicherheitsvorschriften anzupassen. Dieses Problem kann durch einen deutschen Ingenieur gelöst werden. Das mexikanische Unternehmen möchte auch wissen, wie der Vertrieb der Maschinen organisiert werden sollte, ein Problem, das ein englischer Betriebswirt lösen soll. Die Optimierung der Wertschöpfungskette soll durch ein Supply-Chain-Management-System unterstützt werden. Dessen Entwicklung soll ein indischer Software-Ingenieur übernehmen. Die Zusammenarbeit der verschiedenen Partner, setzt zunächst eine wechselseitige Übersetzung der *Sprachen* Italienisch, Spanisch, amerikanisches Englisch, Deutsch, britisches Englisch und Hindi voraus. Dieses Problem ist vergleichsweise einfach und wurde schon vor einiger Zeit gelöst. Viel schwieriger ist die Übersetzung der *Informationen*, die zwischen den beteiligten Fachdisziplinen Betriebswirtschaftslehre, Ingenieurwesen und Informatik ausgetauscht werden müssen. Solche Übersetzungsprobleme müssen bei der Unternehmensmodellierung gelöst werden.

Unternehmen sind künstliche Systeme, die aus Teilen, genannt Entitäten, bestehen, einem Lebenszyklus unterliegen und dokumentiert werden müssen. Die Entitäten eines Unternehmens beziehen sich auf verschiedene Bereiche wie Planung und Steuerung, Informationsverarbeitung, Organisation, Ressourcen oder Leistungserstellung. Der Lebenszyklus umfasst die Phasen der Modellrealisierung bis zur Entsorgung des Systems. Er zwingt Unternehmen zu einem ständigen Re-Design. Dazu bedarf es eines Vorgehens, das durch *Enterprise Integration* unterstützt werden kann. Enterprise Integration ist ein umfassender Ansatz, das Leistungsvermögen eines Unternehmens unter Berücksichtigung seines Lebenszyklus laufend zu verbessern. In [WBB$^+$94] wird unter Enterprise Integration die Aufgabe verstanden 'to achieve a pro-active, aware enterprise which is able to act in a real-time adaptive mode, responsively to customer needs in a global way, and to be resilient to changes in the technological, economic, and social environment'.

Die *Unternehmensmodellierung* unterstützt das Vorgehen des Enterprise Integration beim Design und Re-Design von Unternehmen. Referenzarchitekturen dienen als Checkliste für die Modellierung, stellen eine Vorgehensweise zur Projektdurchführung bereit und enthalten Ansatzpunkte zur Standardisierung. In der Vergangenheit sind schon einige Vorschläge für Referenzarchitekturen gemacht worden. Beispiele sind ARIS [Sch98], CIMOSA [CIM96], GRAI-GIM [DVC98], IEM [JMS96] und PERA [Wil94].

Basis der Überlegungen hier ist die Architektur LISA. Einige ihrer Vereinbarungen lassen sich auch in anderen Architekturvorschlägen wiederfinden. Das wesentliche Charakteristikum von LISA liegt in der expliziten Trennung von Problembeschreibung und Problemlösung bei der Modellierung. LISA definiert vier Sichten: eine beschreibt die Detaillierung der Modelle, eine die fokussierten Modellelemente, eine die Schritte der Modellrealisierung und eine den Modellzweck. Entsprechend der *Detaillierung* wird in Referenz-, Unternehmens- und Anwendungsmodelle, entsprechend der *Elemente* in Daten-, Funktions- und Kommunikationsmodelle und entsprechend der *Realisierung* in Fachentwurf, Entwurf des technischen Systems, kurz technischer oder DV-Entwurf, und Implementierung unterschieden. Für jede dieser Sichten bedarf es einer zusätzlichen Sicht, der auf den *Modellzweck*, d.h. ob das Modell der Problembeschreibung, der Problemlösung oder beiden dienen soll.

Die Problembeschreibung repräsentiert Randbedingungen und Anforderungen. Die Problemlösung stellt einen Vorschlag dar, diesen zu genügen. Die Beschreibung umfasst Daten und deren Beziehungen, Funktionen mit Input und Output und gegebene Kanäle für die Kommunikation. Die Lösung wird repräsentiert durch die Erfüllung der Anforderungen, d.h.

durch die Beschreibung der Daten nach ihrer Verwendung, der Funktionen durch die Konkretisierung der Bearbeitungsvorschrift und der Kommunikation durch den realisierten Datenaustausch auf den Kanälen. Problembeschreibung und -lösung können für unterschiedliche Detaillierungsgrade angegeben werden; die Umsetzung in entsprechende Informations- und Kommunikationssysteme wird durch die Modellrealisierung gewährleistet.

Abbildung 1.-1 verdeutlicht den Zusammenhang der verschiedenen Sichten der Modellierung im Rahmen von LISA. Auf eine separate Berücksichtigung der Organisationssicht, wie in vielen anderen Architekturen vorgeschlagen, wird verzichtet; vielmehr werden anwendungsrelevante aufbau- und ablauforganisatorische Merkmale im Rahmen der Sichten Elemente, Detaillierung und Zweck auf der Basis des Fachentwurfs abgebildet.

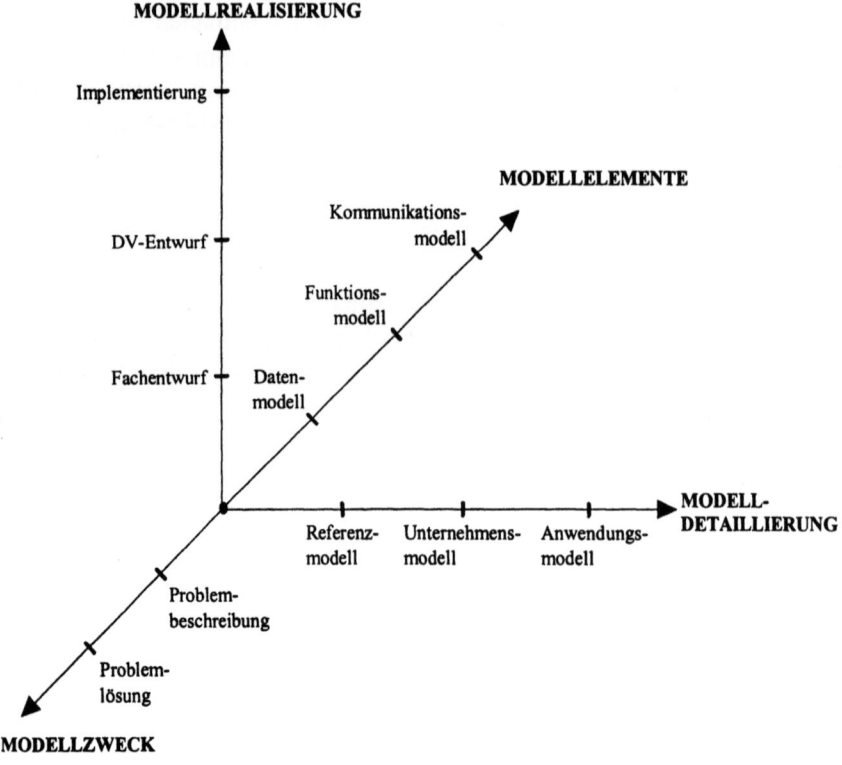

Abb. 1.-1: *Sichten der Modellierung nach LISA*

Um Gemeinsamkeiten und Unterschiede verschiedener Architekturvorschläge mit dem Ziel der Erarbeitung einer generischen Referenzarchitektur zu analysieren, hat sich die *IFAC/IFIP Task Force on Enterprise Integration* gegründet. Das Vorgehen zur Erarbeitung der gesuchten Referenzarchitektur für die Unternehmensmodellierung wurde in die folgenden Schritte unterteilt:
(1) Erhebung von Anforderungen für Referenzarchitekturen.
(2) Analyse existierender Vorschläge.
(3) Vergleich von Vorschlägen und Anforderungen.
(4) Erstellung eines generischen Architekturvorschlags.
(5) Erprobung des Vorschlags an Fallstudien.
(6) Vereinbarung des Vorschlags als ISO-Standard.

In der Zwischenzeit wurden die Schritte (1) bis (5) durchlaufen. GERAM wurde als ein solcher Vorschlag der International Standard Organisation (ISO) vorgelegt [GER98]. GERAM steht für *G*eneralised *E*nterprise *R*eference *A*rchitecture and *M*ethodology und hat den Anspruch, nicht nur Informations- und Kommunikationssysteme zu beschreiben, sondern will alle Aktivitäten eines Unternehmens abbilden, die für Entwurf, Entwicklung, Einsatz, Wartung und Pflege von Unternehmensprozessen nötig sind. Nicht alle diese Prozesse werden als computergestützte Informations- und Kommunikationssysteme implementiert. Die Entwicklung von GERAM wird von der *IFIP Working Group 5.12* weitergeführt. Die einzelnen Komponenten von GERAM sind in Abbildung 1.-2 dargestellt.

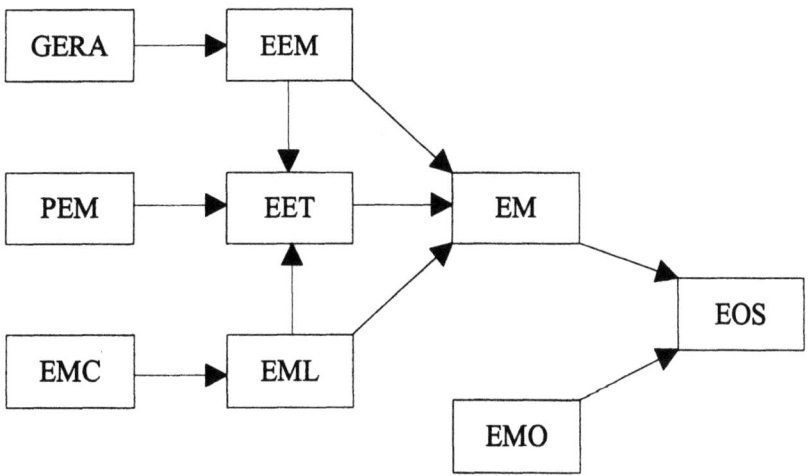

Abb. 1.-2: *Komponenten von GERAM*

(1) Das Enterprise Operational System (EOS) umfasst die für die Leistungserstellung des Unternehmens benötigte Hardware und Software. EOS ist ein System von Arbeitskräften, Betriebsmitteln und Werkstoffen.
(2) Enterprise Modules (EMO) umfassen fertige, einsetzbare Subsysteme, die als Bausteine auf operativer Ebene benutzt werden können. Beispiele für solche Subsysteme sind Produkte wie Datenbank-Mangement-Systeme, Browser oder Textverarbeitung.
(3) Enterprise Models (EM) umfassen alle (ausführbaren) Modelle eines Unternehmens und seiner Subsysteme, die im Zeitverlauf erstellt wurden.
(4) Enterprise Engineering Tools (EET) umfassen alle Werkzeuge zur Erzeugung, Nutzung und Wartung von Unternehmensmodellen. Beispiele für solche Werkzeuge sind das ARIS-Toolset für die Referenzarchitektur ARIS, FirstSTEP für die Referenzarchitektur CIMOSA oder MOOGO für die Referenzarchitektur IEM.
(5) Enterprise Engineering Methodology (EEM) beschreibt das Vorgehen bei der Unternehmensmodellierung und gibt Hinweise zur Einbindung von Mitarbeitern, zum Projektmanagement und zur Wirtschaftlichkeit. Beispiele sind Methodologien, wie sie sich in PERA oder GRAI-GIM finden lassen.
(6) Enterprise Modelling Languages (EML) umfassen anforderungs- und zielgruppenabhängige Sprachen unterschiedlicher Ausdrucksstärke zur Erzeugung der Modelle. Beispiele für solche Sprachen werden wir später noch kennenlernen.
(7) Enterprise Modelling Concepts (EMC) umfassen die Begriffsdefinitionen für Endbenutzer und Werkzeugentwickler. Für Endbenutzer geschieht dies in natürlicher Sprache durch Wörterbücher, ergänzt durch Beispiele. Für Werkzeugentwickler werden Meta-Modelle, die den Zusammenhang der Begriffswelt darstellen, und Ontologien, die formale Modelle der Begriffe beinhalten, bereitgestellt.
(8) Partial Enterprise Models (PEM) umfassen getestete, wiederverwendbare Referenzmodelle bezogen auf
    (a) die Organisation des Unternehmens wie beispielsweise Modelle für Unternehmensführung und Fachabteilungen,
    (b) Unternehmensprozesse wie beispielsweise Beschaffung, Auftragsbearbeitung oder Produktentwicklung,
    (c) Technologien wie beispielsweise Fertigungssysteme, Informationssysteme oder Transportsysteme.
Beispiele für PEM sind die IBM Insurance Application Architecture [DH98], das SIZ Banking Model [KK98], das R/3 Reference Model

[MP98] oder das Reference Model of Open Distributed Processing [BDR98].
(9) Generalised Enterprise Reference Architecture (GERA) definiert grundlegende Abbildungsbereiche zur Beschreibung von Unternehmen. Die drei wichtigsten sind:
(a) Dispositive und elementare Produktionsfaktoren mit aufbau- und ablauforganisatorischen Regelungen (wer ist verantwortlich für was). Beispiele sind Modelle für die Entscheidungsfindung, für Stellenbeschreibungen oder für sozio-technische Zusammenhänge.
(b) Prozesse mit Aktivitäten und deren logischer Abfolge zur Leistungserstellung (wer macht was wann). Beispiele sind Modelle für Aktivitäten, Abläufe, Ressourcen oder Produkte.
(c) Technologien zur Unterstützung von Planung, Steuerung und Leistungserstellung (was wird wie unterstützt). Beispiele sind Modelle für Netzwerke, Maschinen oder Computersysteme.

Grundlage von Entwurf, Entwicklung und Einsatz von Informations- und Kommunikationssystemen sind strategische Überlegungen der Unternehmensführung. Strategisches Vorgehen bedeutet die Erarbeitung genereller Zielsetzungen und Handlungsmöglichkeiten unter dem Gesichtspunkt der Erschließung, Sicherung und Fortentwicklung von Erfolgspotentialen. Auf dieser Grundlage werden Unternehmensziele in Ziele für die Realisierung von Informations- und Kommunikationssystemen umgesetzt und ein entsprechendes Projektportfolio von zu realisierenden Systemen festgelegt. Zu diesem Zweck ist es wichtig, sich schon frühzeitig auf eine gemeinsame Architektur und Modellwelt beziehen zu können.

Die Disziplin, die sich mit Entwurf, Entwicklung und Einsatz von Informations- und Kommunikationssystemen zur Erreichung der Unternehmensziele beschäftigt, heißt *Informationsmanagement*. Die Aufgaben des Informationsmanagements bestehen in der Planung, Steuerung und Überwachung der Ressource Information mit dem Ziel der Problemlösung und ihrer Umsetzung in betriebliche Anwendungsbereiche auf strategischer, taktischer und operativer Ebene. Obwohl dem Informationsmanagement noch andere Aufgaben als die Modellierung von Informations- und Kommunikationssystemen zugeordnet werden, soll diese aus den genannten Gründen im Mittelpunkt der Betrachtungen der Ausführungen stehen. Häufig werden an Stelle von Informationsmanagement auch andere Begriffe wie beispielsweise Informationswirtschaft oder Informationslogistik verwandt. Ergänzende Ausführungen zu Fragen des Informationsmanagements findet man in der umfangreichen Literatur.

Im Sinne von LISA werden in den folgenden Kapiteln einerseits Vorschläge zu Vorgehensweisen für die Unternehmensmodellierung gemacht und andererseits Techniken und Methoden zur Durchführung der Modellierung vorgestellt. Schwerpunkt der Darstellungen ist die fachliche Ebene; teilweise wird aber auch auf die Ebenen DV-Entwurf und Implementierung mit ihrer Verbindung zur Informationstechnologie eingegangen.

Im zweiten Kapitel werden zunächst Beispiele von Informations- und Kommunikationssystemen zur Beschaffung, Verarbeitung und Weiterleitung von Informationen vorgestellt. Das Spektrum reicht von Datenbanksystemen und Executive-Information-Systemen zur Informationsbeschaffung über Expertensysteme und Decision-Support-Systeme zur Informationsverarbeitung bis hin zu Workflow- und Groupware-Systemen zur Informationsweiterleitung. Zum Abschluss des Kapitels werden Aufbau und Arbeitsweise von zwei Anwendungssystemen beispielhaft vorgestellt. Ziel des zweiten Kapitels ist die Motivation.

Im dritten Kapitel werden grundsätzliche Möglichkeiten und Rahmenbedingungen des Entwurfs, der Entwicklung und des Einsatzes von Informations- und Kommunikationssystemen erörtert. In diesem Zusammenhang wird zuvor auf die Verbindung von Systemen und Modellen eingegangen, und es werden Grundlagen der Informationsmodellierung gelegt. Darauf aufbauend werden mit der Systemanalyse, dem Software Engineering und dem Knowledge Engineering drei Vorgehensweisen für die modellgestützte Systementwicklung vorgestellt. Im Sinne von LISA ist der Schwerpunkt des dritten Kapitels die Modellrealisierung.

Im vierten Kapitel wird auf Fragen der Problembeschreibung eingegangen. Dazu werden Methoden und Techniken zur Modellierung von Daten, Funktionen und Kommunikation vorgestellt. Aus der Sicht der Modellrealisierung liegt der Fokus auf dem Fachentwurf. Ziel der Modelldetaillierung ist das Anwendungsmodell. Im Sinne von LISA sind die Schwerpunkte des vierten Kapitels die Modellelemente und der Modellzweck mit dem Schwerpunkt der Problembeschreibung.

In ähnlicher Ausrichtung wie das vierte Kapitel behandelt das fünfte Fragen der Problemlösung. Zunächst wird auf ein allgemeines Konzept, das Problemlösen im Zustandsraum, eingegangen und entsprechend der untersuchten Problemtypen verfeinert. Dann werden Möglichkeiten des Problemlösens mit künstlichen neuronalen Netzen vorgestellt. Das Vorgehen des interaktiven Problemlösens bildet den Abschluss dieses Kapitels. Im Sinne von LISA sind die Schwerpunkte des fünften Kapitels die Modellelemente und der Modellzweck mit dem Schwerpunkt der Problemlösung.

Wie eine Abstimmung der Sichten auf Modellelemente und Modellzweck mit dem Ziel der Integration aussehen könnte, wird im sechsten Kapitel diskutiert. Dazu werden zunächst konventionelle Methoden für die Anwendungsentwicklung vorgestellt. Danach werden wissensorientierte Methoden und Techniken behandelt. Abschließend werden in diesem Kapitel objekt- und prozessorientierte Methoden dargestellt und ein Weg der wechselseitigen Anpassung von verschiedenen Modellen aufgezeigt. Im Sinne von LISA sind die Schwerpunkte des sechsten Kapitels die Modellelemente und der Modellzweck mit dem Schwerpunkt der Integration.

Im siebten und achten Kapitel werden praktische Fragen der qualitäts-, zeit- und kostengerechten Anwendungsentwicklung diskutiert. Zunächst werden in Kapitel sieben Methoden zur Aufwandsabschätzung und Wirtschaftlichkeitsanalyse für Informations- und Kommunikationssysteme vorgestellt. Dann wird untersucht, auf welche Hilfsmittel man bei der Anwendungsentwicklung zurückgreifen kann. Dabei wird unterschieden zwischen konventionellen Anwendungssystemen, Expertensystemen und Decision-Support-Systemen. Wie sich Hilfsmittel einsetzen lassen, wird am Beispiel von zwei der im zweiten Kapitel behandelten Anwendungssysteme erläutert. Schließlich werden im achten Kapitel Modelle, Methoden und Techniken für das Management der Anwendungsentwicklung vorgestellt. Dabei wird auf Kommunikationsmodelle zurückgegriffen wie sie im vierten Kapitel eingeführt wurden. Diese werden benutzt, um den Ablauf eines Projektes auf dem Gebiet des Entwurfs, der Entwicklung und des Einsatzes von Informations- und Kommunikationssystemen zu Zwecken der Planung und Steuerung zu simulieren. Im Sinne von LISA sind die Schwerpunkte des siebten und achten Kapitels noch einmal die Modellrealisierung.

Literatur

BDR98   Bond, A., Duddy, K., Raymond, K., ODP and OMA reference models, in [BMS98], 689-708

BMS98   Bernus, P., Mertins, K., Schmidt, G. (eds.), *Handbook on Architectures of Information Systems*, Berlin, 1998

CIM96   CIMOSA Association e.V. (ed.), *CIMOSA formal reference base*, Version 3.2, 1996

DH98   Dick, N., Huschens, J., IAA The IBM insurance application architecture, in [BMS98], 619-638

DVC98   Doumeingts, G., Vallespir, B., Chen, D., GRAI grid decisional modelling, in [BMS98], 313-337

GER98   IFIP/IFAC Task Force, *GERAM: Generalised Enterprise Reference Architecture and Methodology*, Version 1.6.2, 1998

JMS96   Jochem, R., Mertins, K., Spur, G., *Integrated Enterprise Modeling*, Beuth Verlag, 1996

KK98   Krahl, D., Kittlaus, H.-B., The SIZ banking data model, in [BMS98], 667-688

MP98   Meinhardt, S., Popp, K., Configuring business application systems, in [BMS98], 651-666

Sch98   Scheer, A.-W., ARIS, in [BMS98], 541-566

WBB$^+$94 Williams, T.J., Bernus, P., Brosvis, J., Chen, D., Doumeingts, G., Nemes, L., Nevins, J.L., Vallespir, B., Vlietstra, J., Zoetekouw, D., Architectures for integrating manufacturing activities and enterprises, *Computers in Industry* 24, 1994, 111-139

Wil94   Williams, T.J., The Purdue enterprise reference architecture, *Computers in Industry* 24, 1994, 141-158

2 Anwendungssysteme

Unter Anwendungssystemen sollen hier solche Informations- und Kommunikationssysteme (IuK-Systeme) verstanden werden, die auf bestimmte betriebswirtschaftliche Anwendungsfelder und dort zu lösende Probleme ausgerichtet sind. Eine grobe Klassifikation unterteilt ihr Einsatzfeld schwerpunktmäßig entsprechend Informationsbeschaffung, Informationsverarbeitung und Informationsweiterleitung. Dabei dienen IuK-Systeme zur Informationsbeschaffung und -weiterleitung überwiegend der Problembeschreibung und IuK-Systeme zur Informationsverarbeitung der Problemlösung. Beispiele für die verschiedenen Systemarten sind Datenbanksysteme, Expertensysteme, Decision-Support-Systeme, Management-Information-Systeme, Executive-Information-Systeme, Executive-Support-Systeme, Groupware-Systeme und Workflow-Systeme.

Im Folgenden werden zunächst in Abschnitt 2.1 Datenbanksysteme und Executive-Information-Systeme als Beispiele für Systeme zur Informationsbeschaffung vorgestellt. In Abschnitt 2.2 werden Systeme zur Informationsverarbeitung mit den Schwerpunkten Expertensysteme und Decision-Support-Systeme beschrieben. Informationsweiterleitung wird von Workflow-Systemen und Groupware-Systemen unterstützt; sie werden in Abschnitt 2.3 beschrieben. Den Abschluss dieses Kapitels bildet Abschnitt 2.4, in dessen Mittelpunkt die Beschreibung von zwei Anwendungssystemen steht, die verschiedene Ausprägungen von IuK-Systemen integrieren.

2.1 Informationsbeschaffung

Grundlage der meisten Managementaktivitäten bildet die Informationsbeschaffung zur *Problembeschreibung* unter Einbeziehung entsprechender Verwaltungs-, Aufbereitungs- und Auswertungsaspekte. Die wichtigsten Systeme zur Informationsbeschaffung sind Datenbanksysteme, die sowohl unternehmensintern als auch unternehmensextern nutzbar sind. Datenbanksysteme haben die Aufgabe, Daten zu speichern, zu verwalten und bei Bedarf als Informationen zur Verfügung zu stellen.

Ziel der Informationsbeschaffung ist letztendlich die Problemlösung. Die Möglichkeiten der Problemlösung hängen von den vorhandenen Informationen zur Problembeschreibung und den realisierbaren Lösungsalternativen ab. Dazu müssen alle notwendigen Informationen über das Problem *und* seine Lösungsmöglichkeiten beschafft werden. In Abbildung 2.1.-1 ist der

Zusammenhang zwischen Informationsbeschaffung, Problembeschreibung und Problemlösung dargestellt. Zentrale Aufgaben des Managements sind danach Planen, Steuern und Überwachen mit dem Ziel der Problemlösung und ihrer Umsetzung. Um dieses Ziel zu erreichen, wird u.a. Wissen benötigt, das sich auf das Problem selbst (Problemwissen) und die Möglichkeiten seiner Lösung (Lösungswissen) bezieht. Beide Wissensarten werden durch die Beschaffung von Managementinformationen anwendbar.

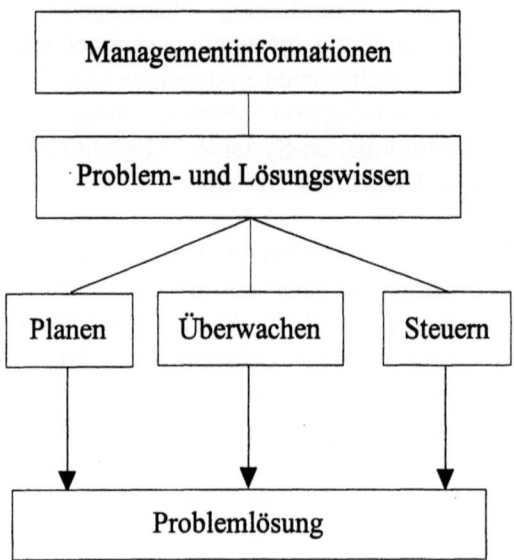

Abb. 2.1.-1: *Informationen für das Management nach [GC93]*

Informationen lassen sich durch Daten in verschiedenen Formen wie beispielsweise Texte, Tabellen, Bilder, Video und Audio darstellen. Die wichtigsten Informationsträger sind Menschen und verschiedene Formen von les- und beschreibbaren technischen Datenträgern. Der Zugriff auf technische Datenträger erfolgt über entsprechende Ein- und Ausgabegeräte. Logisch greift der Benutzer eines IuK-Systems zur Informationsbeschaffung über Kommunikationsschnittstellen auf das Informationsverwaltungssystem zu, das seinerseits auf den Datenspeicher zugreift. Der Datenspeicher kann einfache Daten wie Texte und eindimensionale Tabellen oder komplexe Daten wie bewegte Bilder und Sprache beinhalten. Moderne IuK-Systeme verknüpfen die verschiedensten Datenbestände. Werden Textinformationen verknüpft, spricht man von Hypertext-Systemen; lassen sich beliebige Informationsarten in ihrem Zusammenwirken darstellen, so spricht man auch von Hypermedia- oder Multimedia-Systemen.

2.1.1 Datenbanksysteme

Als populärster Vertreter für Systeme zur Informationsbeschaffung sollen Datenbanksysteme etwas genauer besprochen werden. Ein Datenbanksystem dient der integrierten Speicherung, Verwaltung und Wiedergewinnung umfangreicher Datenmengen, die von mehreren Anwendern auch gleichzeitig genutzt werden können. Rudimentäre Formen von Datenbanken sind Dateisysteme mit ihren Dateiverwaltungssystemen. Dateiverwaltungssysteme sind spezielle Systemprogramme, die standardisierte Zugriffsroutinen verwenden und vom Betriebssystem zur Verfügung gestellt werden.

Als Datenbank bezeichnet man die Vereinigung aller Daten zu einem integrierten Datenbestand mit kontrollierter Redundanz. Die kleinste Einheit einer Datenbank ist das Zeichen; ein oder mehrere Zeichen bilden Daten. Einzelne Daten werden zu Datensätzen zusammengefasst; mehrere Datensätze bilden eine Datei, mehrere Dateien eine Datenbank. Wie Dateisysteme ein Dateiverwaltungssystem haben, so haben Datenbanken ein entsprechendes *Datenbankverwaltungssystem*, das für Aufbau, Auskunft, Kontrolle und Manipulation der Datenbank zuständig ist; es dient auch als Kommunikationsschnittstelle zu Anwendungsprogrammen und Endbenutzern. Mit Datenbankverwaltungssystemen lassen sich eine Vielzahl von Operationen durchführen wie beispielsweise
- neue Dateien anlegen,
- neue Daten in existierende Dateien aufnehmen,
- Daten in Dateien suchen,
- Daten in Dateien aktualisieren,
- Daten aus Dateien löschen und
- Dateien aus der Datenbank löschen.

Beispiel 2.1.-1: Mit Hilfe der Datei **Material**, die zur Materialverwaltung angelegt wurde, lassen sich einige dieser Operationen demonstrieren. Die Datei besteht aus zwei Datensätzen. Jeder Datensatz umfasst sechs Datenfelder. Die Operationen werden mit Hilfe einer Datenbanksprache, hier SQL, formuliert.

```
----  -----  -------  ---------  -----  ---------
Art#  Lager  Artikel  Lieferant  Menge  Kommentar
----  -----  -------  ---------  -----  ---------
4711   1     Nagel    Krupp      1000   2.Wahl
4712   2     Mutter   Thyssen    500    ******
```

(1) Daten in solchen Datensätzen suchen, in denen das Datenfeld Menge den Wert 500 hat:

```
SELECT  Lager, Lieferant, Menge
FROM    Material
WHERE   Menge = 500;
```

(2) Einen neuen Datensatz aufnehmen:

```
INSERT
INTO    Material
VALUES  (4713, 3, 'Dichtung', 'Merkel', 750, 'Rabatt');
```

(3) Das Datenfeld Menge im ersten Datensatz aktualisieren:

```
UPDATE  Material
SET     Menge = 800
WHERE   Art# = 4711;
```

(4) Löschen des zweiten Datensatzes:

```
DELETE
FROM    Material
WHERE   Art# = 4712;
```

Jeder Datenbestand sollte vollständig dokumentiert sein. Die Dokumentation einer Datenbank wird oftmals auch Data Dictionary genannt. Dabei handelt es sich um ein Verzeichnis, das Informationen über den Umfang, die Struktur und Speicherform sowie über die Verwendung der in diesem Datenbestand vorhandenen Daten enthält. Ein Datenbanksystem umfasst somit die Datenbank(en), das Data Dictionary und das Datenbankverwaltungssystem. Die Komponenten sind in Abbildung 2.1.-2 dargestellt. Dialogpartner einer Datenbank bzw. des Datenbankverwaltungssystems sind der Informationsnachfragende, häufig auch als Benutzer bezeichnet, und der Datenbankadministrator. Der letztere trägt die Verantwortung für die Systemverwaltung der Datenbank und legt das verfügbare Informationsangebot fest. In vielen Fällen ist der Benutzer auch ein Anwendungsprogramm, das auf die Datenbank zugreift.

Die Vorteile von Datenbanksystemen liegen in den Möglichkeiten einer abgestimmten Daten- und Zugriffskontrolle, verbunden mit Vorkehrungen zum Datenschutz und zur Datensicherheit, der Vermeidung von unkontrollierter Redundanz und damit der Gefahr einhergehender Inkonsistenzen, einer umfangreichen Standardisierung, einer logisch korrekten und vollständigen Datenhaltung (Integrität) und einer weitgehenden Unabhängigkeit der Benutzer von Speicherstrukturen bzw. Zugriffsverfahren.

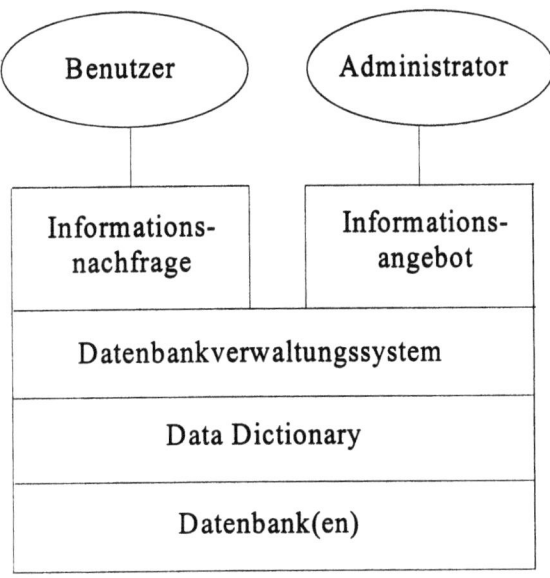

Abb. 2.1.-2: *Komponenten von Datenbanksystemen*

Welche Nachteile bei der Datenhaltung in getrennten Dateisystemen im Vergleich zu einem integrierten Datenbanksystem entstehen können, soll Beispiel 2.1.-2 zeigen.

Beispiel 2.1.-2: Die folgende Datei dient der Fertigungsplanung dazu, einen Überblick über offene Aufträge zu erhalten. Zur besseren Unterscheidung ist jetzt der Name des Datenfeldes in Großbuchstaben und der zulässige Datentyp in Kleinbuchstaben angegeben. Der Datentyp gibt an, welche Einträge zulässig sind. So dürfen hier Einträge im Datenfeld KUNDE eine maximale Länge von 20 Zeichen eines vorgegebenen Alphabets aufweisen; Einträge im Datenfeld WOCHE sind 2-stellige ganze Zahlen.

```
-------   ---------   ------   -------
AUF_NR    KUNDE       WOCHE    ARTIKEL
Char(9)   Char(20)    Int(2)   Int(3)
-------   ---------   ------   -------
```

Der Vertrieb verwaltet für seine Zwecke die folgende Datei:

```
AUF_NR     K_NAME      WOCHE       CODE
Char(9)    Char(20)    Real(3,2)   Int(4)
```

Durch unterschiedliche Vereinbarung in beiden Dateien treten die folgenden Probleme auf:
- inhaltlich gleiche Datenfelder haben verschiedene Namen (KUNDE, K_NAME),
- gleiche Namen für verschiedene Datenfelder (AUF_NR für Fertigungsauftrag und Vertriebsauftrag),
- verschiedene Datentypen für inhaltlich gleiche Datenfelder (WOCHE),
- Redundanz von Daten (KUNDE, K_NAME) und damit
- Aktualisierungs-Anomalien (Veränderung der Kundendaten in nur einer Datei führt zu Inkonsistenzen).

Die Architektur von Datenbanksystemen folgt den drei Sichten auf Daten nach ANSI/SPARC (American National Standards Institute / Standards Planning and Requirements Committee). Dabei werden unterschieden [Dat94]:
- die externen, konzeptionellen *individuellen* Benutzersichten,
- die externe, konzeptionelle *gemeinsame* Benutzersicht und
- die interne, *physische* Speicherungssicht.

In Abbildung 2.1.-3 ist diese Architektur dargestellt; das Datenbankverwaltungssystem ist mit DBVS abgekürzt.

Die individuellen Sichten werden durch Anwendungssysteme oder Abfragen von Endbenutzern eingenommen. Die Programmiersprachen zur Implementierung von Anwendungssystemen enthalten Schnittstellen zu spezifischen *Sprachen für Datenbanksysteme*, der Data Sub Language (DSL). Die DSL besteht aus der Data Definition Language (DDL) und der Data Manipulation Language (DML). Die gemeinsame Sicht aller Benutzer umfasst alle Anwendungsdaten in Interaktion und bildet die Gesamtheit aller Anwendersichten. Die interne Sicht bezieht sich auf die physische Speicherung der Daten und die entsprechenden Speichermedien; sie ist in der physischen Datenbankbeschreibung definiert und wird durch die Data Storage Description Language (DSDL) festgelegt.

Datenbanksysteme können sich auch über unterschiedliche Orte in einem Rechnernetz erstrecken; in diesen Fällen spricht man von *verteilten Datenbanken*. Wichtig bei verteilter Datenhaltung ist eine hohe Übertragungsgeschwindigkeit des Netzes. Verteilte Datenbanken dienen der Unabhängigkeit von Daten und Anwendungen auf verschiedenen Rechnerknoten eines Netzes. Eine Verteiltabelle beschreibt die Beziehung zwischen Daten und Speicherort; diese muss jedem beteiligten Rechner bekannt sein. Die Prinzipien der verteilten Datenhaltung sind Lokalität, lokale Autonomie, Ortsunabhängigkeit und Transparenz [Dat83]. Lokalität bedeutet, dass die Daten im direkten Zugriff des Rechners sind, der sie am häufigsten benötigt. Lokale Autonomie besagt, dass jede der Datenbanken für sich selbst arbeitsfähig ist. Wenn die Identifizierung sowohl entfernter als auch lokaler Daten auf die gleiche Weise geschieht, so spricht man von Ortsunabhängigkeit. Transparenz heißt, dass die Verteilung der Daten für den Benutzer ohne Bedeutung ist.

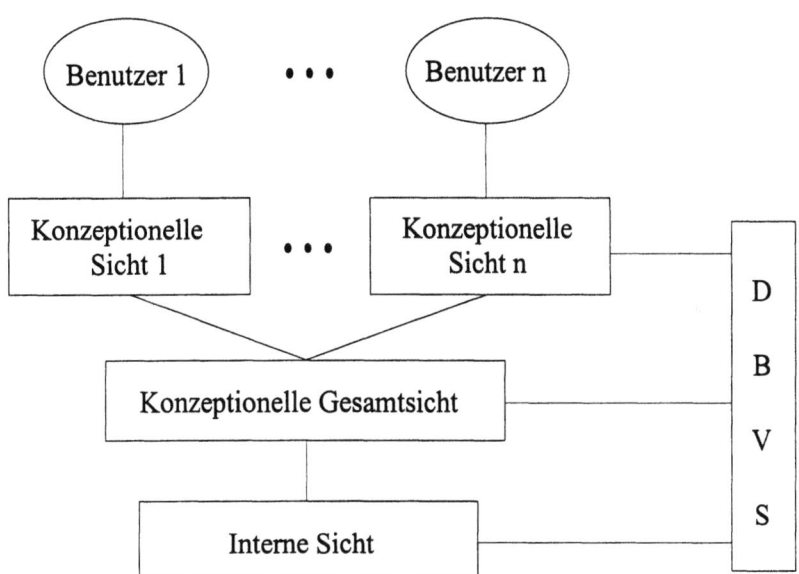

Abb. 2.1.-3: *Architektur von Datenbanksystemen nach ANSI/SPARC*

Bei verteilten Datenbanken treten zusätzliche Probleme auf. Beispielsweise sei hier die Transaktionssicherung beim schreibenden Zugriff im Rahmen des Zwei-Phasen-Commit-Protokolls erläutert. Bei diesem Protokoll werden zunächst alle beteiligten Partner befragt, ob sie für die Datenübertragung zur Verfügung stehen. Ist dies der Fall, wird die Transaktion durchgeführt. Ist nur ein Partner zu einem Teil des Protokolls nicht mehr fähig oder fällt das Netz aus, werden alle bis zu diesem Zeitpunkt durchgeführten Transaktionen wieder zurückgesetzt. Dazu wurde zu Beginn des Prozesses eine Sicherungskopie der Daten eines jeden Partners angelegt. Damit stellen alle Partner ihren lokalen Datenbankzustand vor der Störung wieder her.

Unterliegen Datenbanksysteme nicht einem ausschließlich unternehmensinternen Zugriff, so lassen sie sich als sogenannte Online-Datenbanksysteme über den Anschluss an externe Netze nutzen. Über diese werden extern verfügbare Informationen dem Unternehmen online zur Verfügung gestellt. Eine einfache Form einer solchen Datenbank sind File Server, d.h. Rechner, die Informationen auf Anfrage bzw. automatisch zur Verfügung stellen. Bei der Nutzung von Online-Datenbanksystemen entstehen Kosten für den Zugang zum Netz, für den Aufbau der Verbindung, für die Dauer der Übertragung, für die Art der Daten etc. Um diese möglichst gering zu halten, kann man mit optimierten Abfragen arbeiten [Sch84].

2.1.2 Executive-Information-Systeme

Der breite Einsatz von Datenbanksystemen und verbesserte Möglichkeiten der Speicherung von großen Datenmengen führten zu dem Wunsch, Daten als *Führungsinformationen* direkt für das Management bereitzustellen. Die ersten solcher Systeme wurden Management-Information-Systeme genannt. Dabei sollten dem Management auf verschiedenen Ebenen sowohl detaillierte als auch aggregierte Informationen aus der operativen Datenbasis zur Problembeschreibung zur Verfügung gestellt werden. Gefordert wurden periodische, standardisierte Berichte, Verfügbarkeit der Informationen auf allen Managementebenen, verdichtete Informationen über alle Geschäftsaktivitäten, interaktive Informationsbeschaffung und größtmögliche Aktualität. Eine im Vergleich zu heute nur rudimentär entwickelte Informationstechnologie und ein mangelndes Verständnis über die vom Management benötigten Informationen und ihre Aufbereitung führten zu einem ersten Fehlschlag beim Einsatz solcher Systeme.

Seit einiger Zeit sind Management-Information-Systeme als sogenannte Executive-Information-Systeme wieder auf dem Markt zu finden. Ein Executive-Information-System ist ein IuK-System für das Top-Management, das dem Entscheidungsträger aktuelle, entscheidungsrelevante interne und externe Informationen mit Hilfe von intuitiv benutzbaren und individuell anpassbaren Benutzeroberflächen anbietet [RD88]. Geeignet sind solche Systeme für die Informationsbeschaffung durch die Erstellung von datengetriebenen Standardberichten und Abweichungsanalysen mit den Möglichkeiten graphischer Aufbereitung. Schwerpunkte der Informationsbereitstellung sind tagesaktuelle Kennzahlen des Unternehmens und ausgewählte externe Nachrichten. Durch geeignete Navigationshilfen kann der Benutzer in Breite und Tiefe des Informationsraumes auf unterschiedlich aggregierten Datenbeständen arbeiten.

2.2 Informationsverarbeitung

Eine Hierarchie der IuK-Systeme unterscheidet Planungs-, Steuerungs- und Überwachungssysteme auf der strategischen, taktischen und operativen Ebene sowie Administrations- und Durchführungssysteme (Transaktionssysteme) für ausführende Tätigkeiten [Sch90]. Im Folgenden sollen einige Systeme zur Informationsverarbeitung vorgestellt werden, die aus heutiger Sicht den Anspruch erheben, das Management bei der *Problemlösung* wirkungsvoll zu unterstützen.

2.2.1 Expertensysteme

Expertensysteme dienen der Wissenssicherung und versuchen, einen oder mehrere qualifizierte (menschliche) Experten bei der Problemlösung in einem abgegrenzten Anwendungsgebiet zu simulieren [Sch93]. Wissen bezieht sich auf die Verwendung von Informationen. Von Expertensystemen wird in diesem Sinne gefordert:
- Probleme zu lösen,
- Lösungen zu erklären,
- hinzuzulernen,
- die eigene Kompetenz für die Problemlösung zu beurteilen und
- daraus die richtigen Konsequenzen ziehen zu können.

Recht schnell entwickelte sich der Begriff Expertensystem zu einem Modewort mit teilweise überzogenen Erwartungen an Möglichkeiten und Einsatzgebiete [BMS86].

In Abgrenzung zur konventionellen Informationsverarbeitung, die eher numerisch orientiert und auf *exakte* Problemlösungen ausgerichtet ist, basieren Expertensysteme auf der Verwendung von eher symbolischer, qualitativer Problembeschreibung und *heuristischen* Lösungsansätzen. Konventionelle betriebliche IuK-Systeme lösen gut strukturierte Probleme mit eindeutigen Daten und einfacher Bearbeitungsvorschrift, wie beispielsweise Rechnungswesen, Lagerbestandsführung und Stücklistenauflösung. Expertensysteme erheben den Anspruch, auch schlecht- bzw. semi-strukturierte Probleme mit mehrdeutigen Daten und komplexen Bearbeitungsvorschriften lösen zu können [Pup88].

Konventionelle Programme bestehen aus Algorithmen und eindeutigen Daten zur Lösung eines Problems, das gut verstanden ist und in regelmäßigen Abständen in der gleichen Formulierung immer wieder auftritt. Algorithmen spezifizieren die eingesetzte Methode zur Problemlösung, und Daten charakterisieren die jeweilige Problemausprägung. Angestrebt werden exakte Ergebnisse. Dieses Vorgehen konventioneller Programme entspricht nicht immer dem menschlichen Vorgehen bei der Lösung schwieriger Probleme.

Menschliche Problembearbeitung basiert auf unsicheren, mehrdeutigen Daten und Erfahrungswissen mit dem Anspruch, möglichst gute Ergebnisse zu erzielen. Solche Konstellationen erfordern einen Ausgleich zwischen Effektivität und Effizienz. Dabei ist Effektivität ein Maß für die Qualität der Lösung und Effizienz ein Maß für die Höhe des Lösungsaufwandes. Bei Expertensystemen wird eine akzeptable Lösung mit akzeptablem Aufwand angestrebt.

Eine andere, häufig genannte Unterscheidung bezieht sich auf den Zusammenhang von Problembeschreibung und -lösung. Konventionelle Software enthält sowohl Daten über das Anwendungsgebiet als auch Angaben über ihre Verarbeitung in einem Programm; das Programm ist die Problemlösung, neue Lösungen erfordern neue Programme. Expertensysteme trennen häufig Wissen über das Anwendungsgebiet von Verfahren zu seiner Verarbeitung, d.h. ein Expertensystem ist ein IuK-System, bei dem das Fachwissen über das Anwendungsgebiet bzw. die Problembeschreibung unabhängig von einem allgemeinen Problemlösungsverfahren dargestellt wird. Das Fachwissen ist in der Wissensbasis abgelegt; das Verfahren der Problemlösung wird durch die Anwendung geeigneter Suchtechniken ausgeführt.

Die ersten Expertensysteme sind bereits in den sechziger Jahren entworfen und in den siebziger Jahren implementiert worden. Eines der ersten war DENDRAL, mit dessen Hilfe es möglich sein sollte, die molekulare Struktur chemischer Verbindungen abzuleiten. Die Arbeiten an DENDRAL begannen Mitte der sechziger Jahre an der Stanford University unter der Leitung von Buchanan, Feigenbaum und Lederberg; Lederberg ist Nobelpreisträger für Chemie, Feigenbaum und Buchanan sind Pioniere auf dem Gebiet der Forschung über Expertensysteme. Zunächst versuchte Lederberg, die Aufgabenstellung konventionell zu lösen. Die Komplexität des Problems ließ aber für realistische Größenordnungen ein solches Vorgehen nicht zu. Der Zweck der Kooperation mit Buchanan und Feigenbaum bestand darin zu untersuchen, ob die Lösungssuche mit Hilfe von Heuristiken abgekürzt werden kann und die Ergebnisse trotzdem akzeptabel bleiben. Die Aufgabe der Heuristiken besteht darin, den Raum möglicher Lösungen, d.h. die Anzahl zu untersuchender Strukturen einer chemischen Verbindung, einzuschränken. Die dazu benötigten Regeln entsprachen dem Wissen eines Chemie-Experten. Die Weiterentwicklung des Systems (META-DENDRAL) enthält sowohl Wissen über das empfohlene Vorgehen bei der Analyse als auch erste Formen des automatischen Lernens in dem Sinne, dass wenig benutzte Regeln vom System nicht mehr beachtet werden. Ein anderes, häufig genanntes Pionier-Expertensystem ist MYCIN, das ebenfalls an der Stanford University entwickelt wurde und sich mit der Diagnose von Infektionskrankheiten beschäftigt.

Sehr schnell bildete sich eine typische Architektur für Expertensysteme heraus. Neben zweier unspezifischer Komponenten zur Problemlösung (Inferenz) und zur Schnittstellengestaltung (Dialog) existieren Komponenten für die Wissensakquisition, für die Erklärung der Problemlösung und für die Speicherung des Wissens (Wissensbasis). Dialogpartner von Expertensystemen sind Anwendungsprogramme oder menschliche Benutzer, die Wissen nachfragen, der Experte, der Wissen anbietet, und Systementwickler, die in diesem Fall auch als Wissens-Ingenieur oder Knowledge Engineer bezeichnet werden. Die Komponenten eines Expertensystems sind in Abbildung 2.2.-1 dargestellt.

Durch die Trennung der Inferenzkomponente von der Wissensbasis sind solche Systeme leicht modifizier- und erweiterbar. Der gleiche Umstand hat auch zur Entwicklung sogenannter Shells geführt. Dabei handelt es sich um Entwicklungswerkzeuge mit vorgegebener Architektur, festgelegten Formalismen zur Wissensrepräsentation und -verarbeitung und einer leeren Wissensbasis, die häufig auf einen Problemtyp zugeschnitten sind. Das Füllen der Wissensbasis bedeutet, dass Wissen zu einer spezifischen, einem Problemtyp folgenden Problemausprägung abgelegt wird.

Kritisch ist zu vermerken, dass oftmals versucht wird, Probleme mit Hilfe von Expertensystemen zu lösen, obwohl konventionelle Ansätze in diesen Fällen geeigneter sind. Die Ursache für den oftmals falschen Einsatz liegt darin, dass es sich bei Expertensystemen um ein sehr flexibles Problemlösungsinstrument handelt. Es bleibt die Frage, welche Gründe für den Einsatz von Expertensystemen sprechen bzw. welche Voraussetzungen und welche Ziele für ihre Anwendung vorliegen sollten. Häufig genannte Gründe sind:
- Das zu lösende Problem lässt sich gut abgrenzen, ist aber trotzdem nicht eindeutig zu beschreiben.
- Die Ausprägungen des Problems ändern sich nicht häufig und die Datenerfassung ist einfach.

- Das Problem ist vom Experten gut verstanden und kann von ihm auch schnell gelöst werden.
- Expertenwissen soll dokumentiert und vielfach nutzbar gemacht werden.
- Experten formulieren das Problem überwiegend symbolisch und nutzen zur Problemlösung hauptsächlich Heuristiken.
- Es wird eine Standardisierung der Wissensverarbeitung angestrebt.
- Die Kosten für die Nutzung menschlicher Experten sind höher als die Kosten für Entwicklung und Einsatz des Expertensystems.

Inzwischen gibt es viele Beispiele für betriebliche Anwendungen von Expertensystemen. Einen Überblick über einzelne Systeme findet man u.a. in [HK89] und [MBG93].

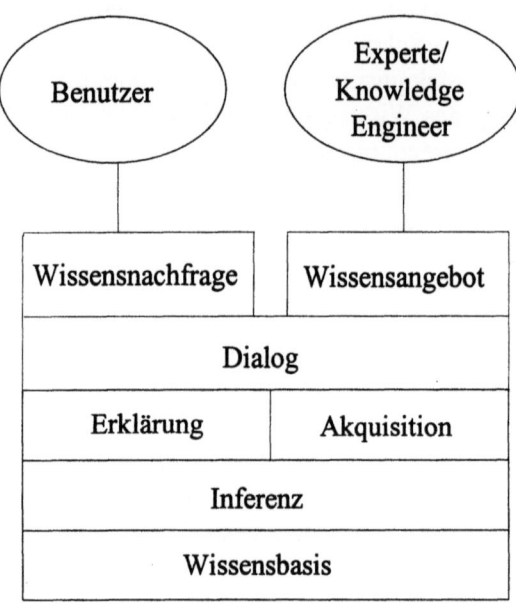

Abb. 2.2.-1: *Komponenten eines Expertensystems*

Bisher gibt es noch Probleme bei der Beurteilung, d.h. der Verifikation und Validierung von Expertensystemen. Ein akzeptierter qualitativer Ansatz zur Evaluation ist der *Turing-Test* [Eps92]. Zur Durchführung des Tests werden ein Expertensystem und ein menschlicher Experte zur Lösung eines Problems befragt; lässt sich auf Grund der Antworten nicht zwischen menschlichen Experten und Expertensystem unterscheiden, dann sagt man, das Expertensystem hat den Turing-Test bestanden. Quantitative Ansätze, die die Qualität des Systems nur numerisch beurteilen wollen, gelten in den meisten Fällen als zu restriktiv und zu simplifizierend. Manche Autoren schätzen hybride, auf qualitativen und quantitativen Ansätzen beruhende Evaluationsverfahren als am geeignetesten ein [SC93].

2.2.2 Decision-Support-Systeme

Die Frage, welche Informationen für die Problemlösung von Bedeutung sind, lässt sich nur aus der Kenntnis eines geeigneten Modells beantworten. Eine entsprechende *Modellorientierung*, gepaart mit der Abbildung des Problemlösungsverhaltens von Entscheidungsträgern, soll durch Decision-Support-Systeme erreicht werden. Decision-Support-Systeme sind interaktive, problemorientierte Systeme, die die Lösungsfindung bei semi-strukturierten Problemen wie beispielsweise Budgetierung, Preisfindung oder strategischer Planung mit Hilfe geeigneter Modelle und analytischer Methoden unterstützen. Ihr Ursprung liegt in den sechziger und frühen siebziger Jahren [ScM71].

Die Komponenten eines Decision-Support-Systems sind Dialogführung, Problemmanagement sowie Modell- und Methodenbank [SC82, EGS97] wie in Abbildung 2.2.-2 dargestellt. Von besonderer Bedeutung ist die Dialogkomponente zur interaktiven Entscheidungsfindung. Möglichkeiten ihrer Ausgestaltung sind der Frage-Antwort-Dialog im vorgegebenen Entscheidungsraum, Menüsteuerung oder auch das Arbeiten mit höheren Programmier- bzw. Planungssprachen. Einfache Formen von Decision-Support-Systemen sind beispielsweise Tabellenkalkulationsprogramme. Das Modell basiert hier auf einer Matrix, die Methoden sind in den Zellen hinterlegte Funktionen; Problemmanagement und Dialogführung sind durch das Programm fest vorgegeben. Zusätzlich kann eine Datenbank hinterlegt werden. Tabellenkalkulationsprogramme können durch höhere Programmiersprachen ergänzt werden.

Modelle können deskriptiven oder konstruktiven Charakter haben. Deskriptive Modelle beantworten die Frage "was passiert, wenn ...?"; sie sind eher auf die Problembeschreibung ausgerichtet. Konstruktive Modelle beantworten die Frage "was muss passieren, dass ...?"; sie dienen als Entscheidungsmodelle für die Problemlösung im engeren Sinne. Je nach Art der Entscheidungsvariablen und der Zielkriterien unterscheidet man hier
- deterministische oder stochastische,
- statische oder dynamische,
- lineare oder nichtlineare,
- ein- oder mehrkriterielle,
- scharfe oder unscharfe,
- optimierende oder satisfizierende Modelle.

Decision-Support-Systeme finden Anwendung beispielsweise im Bereich der Finanz- und Investitionsplanung (Investitionsmodelle), der Planung und Steuerung von Abläufen (Modelle der Ablaufplanung und Simulation), der Absatz- und Marketingplanung (Modelle zur Datenanalyse) und der Unternehmensgesamtplanung (Unternehmensmodelle). Sie basieren in ihrem Kern häufig auf Matrizen und Gleichungssystemen.

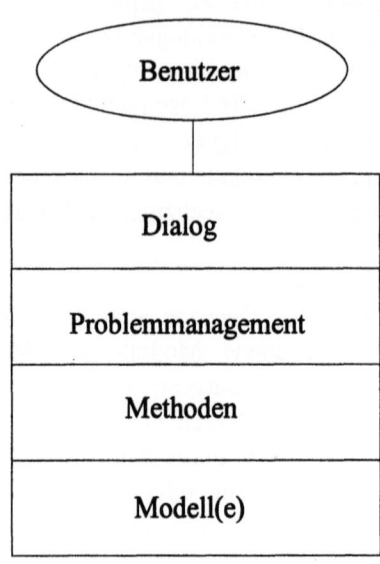

Abb. 2.2.-2: *Komponenten von Decision-Support-Systemen*

Decision-Support-Systeme können auf die unterschiedlichsten Methoden zurückgreifen. Das Spektrum reicht von einfachen statistischen Verfahren über Simulationsverfahren bis hin zu komplexen Algorithmen für beispielsweise nichtlineare und kombinatorische Optimierungsprobleme. Eine Verbindung von Executive-Information-Systemen und Decision-Support-Systemen stellen sogenannte *Executive-Support-Systeme* dar, die an Benutzern und Problemtypen ausgerichtet sind.

2.3 Informationsweiterleitung

Neben Informationsbeschaffung und Informationsverarbeitung bildet die Weiterleitung von Informationen eine weitere Aufgabe des Managements. Dieser Aspekt hat in den letzten Jahren durch die technologische Entwicklung im Bereich der Rechnernetze eine immer größere Bedeutung erlangt. Zur Steuerung und Koordination von internen und externen Informationsflüssen wurden computergestützte Systeme für Unternehmen entwickelt. Beispiele hierfür sind Workflow-Systeme und Groupware-Systeme.

Zur Verdeutlichung der Möglichkeiten zur Verbesserung betrieblicher Abläufe mit Hilfe computergestützter Systeme zur Informationsweiterleitung sollen die folgenden Überlegungen dienen. Ein vereinfacht beschriebener Einkaufsprozess reicht von der Bestellung von Materialien bis zum Bezahlen der zugehörigen Lieferantenrechnungen. Der Kunde kauft Materialien, indem er zunächst eine Bestellung an den Lieferanten schickt. Eine Kopie dieser Bestellung erhält die Stelle im Unternehmen des Kunden, die für Rechnungsprüfung und -bezahlung verantwortlich ist. Der Lieferant schickt die bestellten Materialien an den Käufer zusammen mit einem Lieferschein. Auf getrennten Weg wird die Rechnung geschickt. Wenn die Rechnung eintrifft, werden Bestellung, Lieferschein und Lieferantenrechnung miteinander verglichen. Wenn keine Abweichungen festgestellt werden, veranlasst der Kunde die Anweisung des Rechnungsbetrags. Dieser Prozess wird regelmäßig ausgeführt und lässt sich durch den Einsatz von IuK-Systemen beschleunigen.

Mit Hilfe von Möglichkeiten des elektronischen Datenaustauschs (EDI) zwischen Kunden und Lieferanten und dem Einsatz einer Datenbank lässt sich die folgende Reorganisation des Prozesses durchführen. Die Bestellung wird durch den Kunden ausgestellt und in der unternehmensinternen Datenbank abgelegt. Von dort wird sie durch elektronischen Datenaustausch dem Lieferanten übermittelt. Wenn dieser die Materialien ausliefert, wird gleichzeitig die Lieferantenrechnung an die gleiche Datenbank weitergeleitet, in der auch die Bestellung abgelegt ist. Die Ausstellung eines Lieferscheins ist jetzt nicht mehr nötig, da die Rechnung diese Funktion übernimmt. Auch der Wareneingang legt die Ergebnisse der Wareneingangsprüfung in der Datenbank ab. Der Abgleich von Bestellung und Rechnung sowie der Vergleich von gelieferten und bestellten Materialien kann jetzt durch eine einfache Datenbankabfrage ausgeführt werden.

2.3.1 Groupware-Systeme

Isolierte Einzelarbeitsplätze, an denen Mitarbeiter ihre Aufgaben durchführen, werden immer seltener; weitreichende Vernetzung und geographische Verteilung mit dem Ziel der Zusammenarbeit gewinnen an Bedeutung. IuK-Systeme zur Unterstützung der *Gruppenarbeit* werden mit Groupware oder auch mit Computer Supported Cooperative Work bezeichnet [EGR91].

Groupware integriert verschiedene Disziplinen; Ergebnisse aus dem Bereich Computerunterstützung werden verbunden mit Erkenntnissen über die kooperative Arbeit in Organisationen.

Ziel des Einsatzes von Groupware-Systemen ist die Förderung und Unterstützung kooperativer Arbeitsprozesse zur Intensivierung bestehender Informationskanäle bzw. zur Schaffung neuer Verbindungen. Eine Identifizierung der Mitarbeiter mit ihrer Gruppe soll erreicht und die Motivation gesteigert werden. Auf Informationen, die von einer Arbeitsgruppe für Beschreibung und Lösung eines Problems gebraucht werden, sollen alle Mitglieder der Gruppe einfach und schnell Zugriff haben. Die Organisation und Strukturierung darf allerdings nur soweit gehen, dass die Flexibilität und Dynamik, die Teamarbeit auszeichnen, auch erhalten bleiben.

Dazu bieten Groupware-Systeme viele Möglichkeiten, wie beispielhaft in Abbildung 2.3.-1 skizziert. So stellt die interaktive Dokumentenbearbeitung den Benutzern einen gemeinsamen Datenbestand zur Verfügung. Alle Gruppenmitglieder haben Zugriff auf das gleiche Dokument. Änderungen, Löschen oder Hinzufügen von Informationen werden sofort für alle wirksam. Die Termine der Gruppenmitglieder können durch Vergleich der individuellen Terminkalender auf Gruppenebene automatisiert abgestimmt werden. Bulletin Boards (Schwarze Bretter) und Video-Konferenzen erlauben die Kommunikation mehrerer Teilnehmer auch über größere Distanzen. Eine E-Mail-Funktion ermöglicht das Versenden von Nachrichten.

Der Nutzen von Groupware-Systemen liegt einmal im unternehmensinternen Bereich. Beispielsweise können hausinterne Rundschreiben mittels E-Mail verteilt, Reisekosten durch Video-Konferenzen reduziert und Zeiten für die Erstellung von gemeinsam abzufassenden Dokumenten verringert werden. Aber auch im Kontakt mit Kunden und Lieferanten ergeben sich Verbesserungen. Ein ständiger Kontakt zwischen den Partnern ist möglich, Kunden und Lieferanten können in den Lebenszyklus der Produkte direkt eingebunden und Datenbanken gemeinsam genutzt werden.

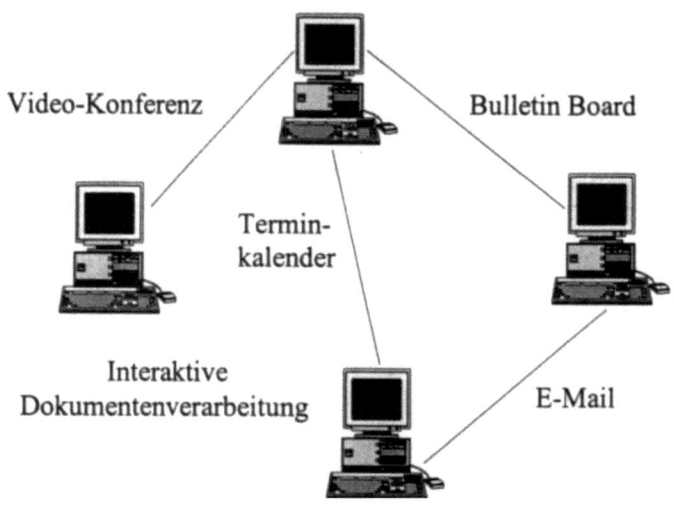

Abb. 2.3.-1: *Interaktion von Gruppenarbeitsplätzen*

2.3.2 Workflow-Systeme

Workflow-Systeme unterstützen *Prozesse* und dienen der Planung, Steuerung und Überwachung auf dem Gebiet der Weiterleitung von Informationen über mehrere Stellen [Jab95]. Dabei werden die Bearbeitungszeit eines Vorgangs und die beteiligten Mitarbeiter berücksichtigt. Workflow-Systeme bieten die Möglichkeit, Prozesse abzubilden und für die Mitarbeiter transparent zu machen; eine ständige Dokumentation des Standes der Vorgangsbearbeitung ist möglich. In Abbildung 2.3.-2 sind mehrere Einzel- oder Gruppenarbeitsplätze, symbolisiert durch Rechner, Bestandteil eines Prozesses.

Zu Beginn der Büroautomatisierung lag der Schwerpunkt auf der Einführung neuer Technologien, ohne die Aufbau- und Ablauforganisation des Unternehmens entsprechend zu analysieren. Diesen Fehler versucht man heute durch eine integrierte Betrachtung von Organisation und Technologie zu vermeiden. Die Funktionalität von Workflow-Systemen bezieht sich neben der Informationsweiterleitung auf die Zuordnung von Vorgängen zu Mitarbeitern, auf das Festlegen von Bearbeitungsreihenfolgen sowie auf Aufgaben der Überwachung und Archivierung.

Für automatisiertes Arbeiten kommen insbesondere gut strukturierte und regelmäßig wiederkehrende Abläufe in Frage. Schlecht strukturierte, selten auftretende Abläufe oder Ausnahmen, wie beispielsweise das Auftreten unvorhergesehener Ereignisse sowie die Behandlung von Arbeitsunterbrechungen und ihrer Folgewirkungen, müssen gesondert betrachtet werden. Unterbrechungen können eintreten, wenn für die weitere Bearbeitung eine nicht vorhandene Information benötigt wird oder ein unvorhergesehenes Ereignis eintritt. Im System können mögliche Unterbrechungsgründe bereits berücksichtigt und Vorschläge für die Einleitung entsprechender Maßnahmen abgelegt werden. Die Realisierung der Informationsweiterleitung durch Workflow-Systeme bietet insbesondere Vorteile bei der Reduzierung der Durchlaufzeiten und der besseren Einhaltung von Terminen.

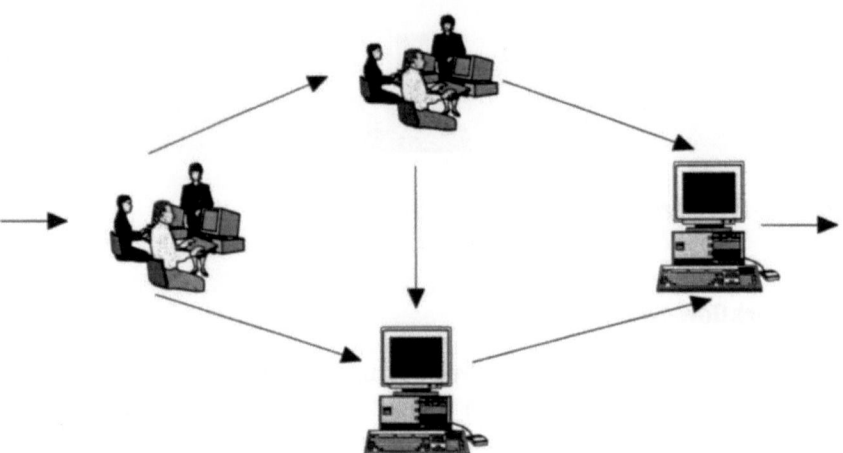

Abb. 2.3.-2: *Prozesse und Workflow-Konzept*

2.4 Einsatz von Anwendungssystemen

Für betriebliche Anwendungssysteme gibt es vielfältige Einsatzmöglichkeiten. Im Folgenden soll ein kurzer Überblick über das betriebliche Anwendungspotential von IuK-Systemen gegeben werden; für eine genauere Beschreibung dieser Systeme sei beispielsweise auf [MBKPS98] und [Sch90] verwiesen.

Anwendungen in der *Industrie* betreffen die folgenden Funktionen und Teilbereiche. Die in Klammern angegebenen Abkürzungen verweisen auf Bezeichnungen, unter denen die zugehörigen IuK-Systeme bekannt sind:

- Produktentwicklung (CAE) mit Produktentwurf (CAD) und Arbeitsplanung (CAP); CAE steht für Computer Aided Engineering, CAD für Computer Aided Design und CAP für Computer Aided Planning.
- Marketing und Verkauf mit Angebotserstellung (CAS) und Auftragserfassung; CAS steht für Computer Aided Selling.
- Beschaffung und Lagerhaltung mit Bestelldisposition, Wareneingangsprüfung und Lagerbestandsführung.
- Produktion mit Primärbedarfsplanung, Stücklistenauflösung (MRP I), Zeit- und Kapazitätsplanung (MRP II), Auftragsfreigabe, Fertigungsplanung und -steuerung (Leitstand) und Durchführung (CAM); MRP I steht für Material Requirement Planning, MRP II für Manufacturing Resource Planning und CAM für Computer Aided Manufacturing; inzwischen sind diese Systeme zu Enterprise-Resource-Planning- (ERP-) Systemen weiterentwickelt worden.
- Qualitätssicherung (CAQ) und Betriebsdatenerfassung (BDE); CAQ steht für Computer Aided Quality Management.
- Versand mit Reservierungen, Auslieferung inklusive Touren- und Personaleinsatzplanung sowie Fakturierung.
- Kundendienst mit Wartung, Reparatur und Reklamationen.
- Rechnungswesen mit Kostenstellen-, Kostenträgerrechnung, Rechnungskontrolle, Haupt-, Debitoren- und Kreditorenbuchhaltung sowie
- Personal mit Arbeitszeitverwaltung, Entgeltabrechnung und Mitteilungswesen.

Anwendungen im *Handel* betreffen Warenwirtschaftssysteme mit Wareneingang, Warenausgang, Bestelldisposition, Marketing- und Managementinformationen sowie Einkaufsberatungssysteme.

Im *Dienstleistungsbereich* unterscheidet man beispielsweise Systeme der Markterfassung und Außendienstunterstützung, Yield-Management-Systeme, Auskunfts- und Beratungssysteme, Systeme für elektronische Märkte und Zahlungsverkehrssysteme; bei Banken findet man Kontenverwaltung, Zahlungsverkehrssysteme, Cash-Management-Systeme, Kundenselbstbedienung, Kreditbearbeitung und Anlageberatung; bei Versicherungen unterscheidet man Vertriebsunterstützung, Leistungsregulierung und Vermögensanlage; Anwendungssysteme im Bereich der Touristik beziehen sich auf Reservierungen, Buchungen und Abrechnungen. Weitere Anwendungssysteme findet man in der Gastronomie, im Hotelwesen, im Personenverkehr, in den freien Berufen, in der Medizin und in der öffentlichen Verwaltung, um nur einige zu nennen. Im Folgenden sollen mit *No3rd* (No Third Party) [BSZ98] und *BOA* (Bestimmung Optimaler Aktienportfolios) [LS90,

SL91] zwei Beispiele für betriebliche IuK-Systeme genauer vorgestellt werden.

2.4.1 Verkaufsabwicklung

No3rd ist ein Transaktionssystem zur Durchführung von Verkaufsprozessen beim *Electronic Commerce*. Neben dem Verkauf digitaler Güter wird auch die Bestellabwicklung bei materiellen Gütern über das Internet unterstützt. Der Verkaufsprozess kann in die Phasen Informationserhebung, Verhandlung und Abwicklung unterteilt werden. In der Informationserhebungsphase beschafft sich ein potentieller Kunde Informationen über das Angebot eines oder mehrerer Anbieter. Dabei handelt es sich beispielsweise um die Produktpalette, Preise sowie Zahlungs- und Liefermodalitäten. Entsteht beim Kunden ein Kaufinteresse, so beginnt die Verhandlungsphase. Der Kunde spezifiziert Art und Menge der gewünschten Güter sowie Zahlungs- und Lieferbedingungen. Er leitet diese als Bestellinformationen an den Anbieter weiter. Der Anbieter überprüft die Bestellung. Können nicht alle Wünsche erfüllt werden oder hat der Kunde keine finanzielle Bonität, so wird dies dem Kunden mitgeteilt und der Prozess bricht ab oder es erfolgt ein Rücksprung in die Informationserhebungsphase. Im anderen Fall beginnt die Abwicklungsphase, in der die getroffenen Vereinbarungen zwischen Kunde und Anbieter durch Lieferung und Bezahlung der Güter erfüllt werden.

Es soll angenommen werden, dass der Kunde zu einer geschlossenen Kundengruppe gehört, d.h. er ist beim Anbieter registriert. Bei der Anmeldung erhält der Kunde eine Kennung und ein Password, mit denen er sich während des Verkaufsprozesses beim Anbieter authentisiert. Die Zahlungsabwicklung erfolgt über ein Kundenkonto, das debitorisch oder kreditorisch geführt werden kann. Das Konzept der Kundenkonten ermöglicht die effiziente Abrechnung auch solcher Güter, bei denen die Transaktionskosten bei konventioneller Verkaufsabwicklung den Wert der Güter übersteigen würden.

Ein Teil des Funktionsumfangs von No3rd ist in Abbildung 2.4.-1 dargestellt. Während der Informationserhebungsphase beschafft sich der Kunde Angebotsinformationen aus dem elektronischen Produktkatalog des Anbieters. Möchte er bestimmte Leistungen nachfragen, so beginnt er die Verhandlungsphase. In Schritt 1 authentisiert er sich mit Kennung und Password gegenüber dem Anbieter. In Schritt 2 prüft der Anbieter die Authentizität des Kunden. Wird diese bestätigt, trifft der Kunde in Schritt 3 eine Auswahl der gewünschten Leistungen und leitet die zunächst noch unverbindliche Bestellung zum Anbieter. Dieser prüft in Schritt 4 die Bonität des Kunden und die Verfügbarkeit der angeforderten Leistungen. Die entsprechenden Informationen werden zum Kunden weitergeleitet, der dann seine Bestellung abbrechen, modifizieren oder in Schritt 5 die Bestellung endgültig bestätigen kann.

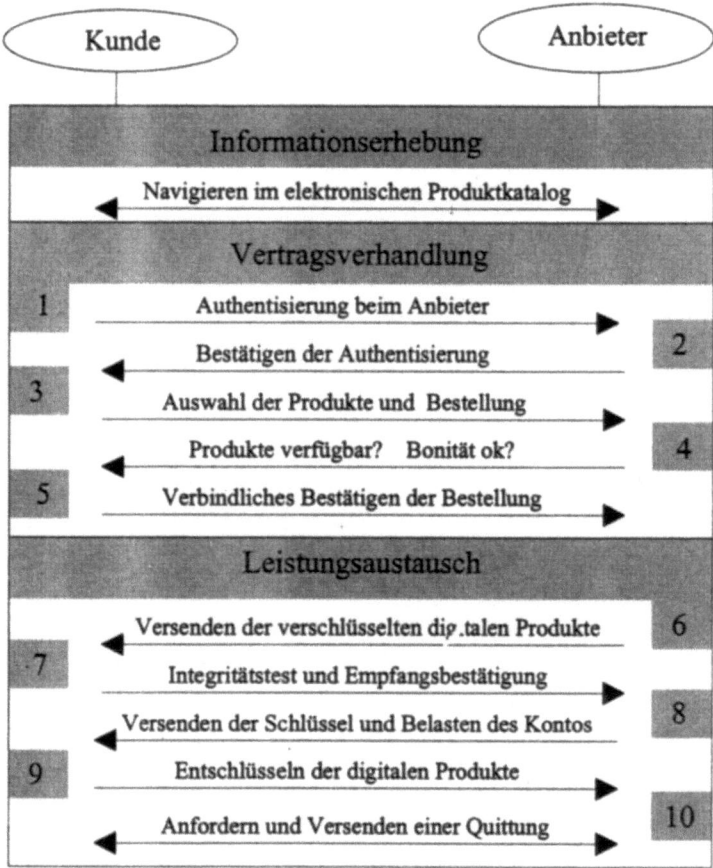

Abb. 2.4.-1: *Funktionsumfang von No3rd*

Daraufhin beginnt die Phase des Leistungsaustauschs, d.h. die Lieferung der Güter und die Zahlungsabwicklung. Handelt es sich bei den Leistungen um digitale Güter, so werden diese durch auszutauschende Dateien repräsentiert. Zur Gewährleistung der Vertraulichkeit werden die Dateien in Schritt 6 auf Anbieterseite verschlüsselt (oder liegen bereits in verschlüsselter Form vor) und zum Kunden versendet. Hierbei kann für jede Datei ein eindeutiger Schlüssel erzeugt werden. In Schritt 7 überprüft der Kunde die Integrität der erhaltenen Dateien und bestätigt diese durch eine Nachricht an den Anbieter. Geht die Empfangsbestätigung beim Anbieter ein, so belastet dieser in Schritt 8 das Kundenkonto und leitet einen Schlüssel zur Entschlüsselung der Datei an den Kunden weiter. Der Kunde prüft in Schritt 9 den erhaltenen Schlüssel und bestätigt dem Anbieter den korrekten Empfang der digitalen Güter. In Schritt 10 hat der Kunde die Möglichkeit, eine Quittung über die getätigte Transaktion zu erhalten. Handelt es sich bei den Leistungen um materielle Güter, kommen nur die Informations- und die Verhandlungsphase zur Anwendung.

No3rd ist ein verteiltes IuK-System und setzt sich aus den folgenden Komponenten (vgl. Abbildung 2.4.-2) zusammen:
- Einem Anmeldesystem, mit dem sich der Kunde beim Anbieter registrieren lassen kann und einem WWW-Produktkatalog, mit dem der Kunde sich über die Produktpalette des Anbieters informieren, die gewünschten Güter auswählen und die Bestellung zum Anbieter übersenden kann.
- Einem Datenbanksystem, das Stamm- und Bewegungsdaten über Kunden und Artikel enthält, und die Schnittstelle zu den unternehmensinternen IuK-Systemen darstellt.
- Einem Client/Server-Kommunikationssystem (Client-Software), das auf Kundenseite die Aufgabe hat, die endgültige Bestellung dem Anbieter zu übermitteln, die Güter in Form von Dateien zu empfangen, sie zu entschlüsseln, ihren korrekten Empfang zu bestätigen sowie eine Quittung über den Verkaufsprozess anzufordern und zu empfangen. Die Client-Software hat auf Anbieterseite die Aufgabe, die Bonitätsprüfung des Kunden und die Verfügbarkeitsprüfung der Güter vorzunehmen und dem Kunden mitzuteilen, die nachgefragten Güter in Form von Dateien zum Kunden zu übertragen, die passenden Schlüssel zu deren Entschlüsselung zum Kunden zu übertragen, die Bewegungsdaten des Verkaufsprozesses im Datenbanksystem abzulegen, die Verbuchung auf dem Kundenkonto vorzunehmen und die vom Kunden angeforderte Quittung zu erzeugen und zu diesem zu übertragen.
- Einem Verschlüsselungsmodul, der die Vertraulichkeit aller Transaktionen, d.h. Datensicherheit, Datenschutz und Authentizität der Transaktionspartner gewährleistet; alle transaktionsspezifischen Informationen, die zwischen den einzelnen Komponenten ausgetauscht werden, werden über ein symmetrisches kryptographisches Verfahren auf Basis eines Session Key's verschlüsselt. Dies gilt für die Kommunikation zwischen Kunden- und Anbieterseite ebenso wie für die Kommunikation zwischen einzelnen Komponenten auf Anbieterseite. Für jede Datei kann zur Verschlüsselung ein individueller Schlüssel verwendet werden. Die Session Keys und der Schlüssel zur Entschlüsselung der Datei werden mit einem asymmetrischen kryptographischen Verfahren verschlüsselt. Die Integri-

tät der übertragenen Dateien wird durch eine Hash-Funktion, die einen Fingerabdruck einer Datei erstellt, getestet. Der Verschlüsselungsmodul erzeugt und verwaltet Schlüssel, stellt kryptographische Algorithmen zur Verfügung und verschlüsselt Dateien. Verschlüsselte Dateien werden auf einem FTP-Server abgelegt, von dem aus die Client-Software diese abruft. Alle Systemkomponenten auf Anbieterseite können auf individuelle Rechner ausgelagert werden.

No3rd ist so konzipiert, dass sowohl eine Erweiterung auf anonyme Kunden als auch eine Integration elektronischer Zahlungssysteme zum Clearing der Kundenkonten leicht zu realisieren sind. Beide Erweiterungen vermeiden Medienbrüche, die durch die Neukundenaufnahme, Verteilung von Kennung und Password und dem Clearing der Kundenkonten entstehen. Bei anonymen Kunden hat der Anbieter keine Informationen über die Identität des Kunden. Deshalb sollte eine Infrastruktur existieren, die die Integration zertifikatsbasierter digitaler Unterschriften in die Transaktionsabläufe erlaubt. Diese Zertifikate werden von sogenannten Zertifizierungsstellen an Teilnehmer des elektronischen Geschäftsverkehrs ausgestellt. Unterschreibt ein Transaktionspartner digital, so erhält der Empfänger Informationen über die Identität des Transaktionspartners, über die er mit Hilfe der Zertifizierungsstelle weitere Angaben zum Transaktionspartner erhalten kann.

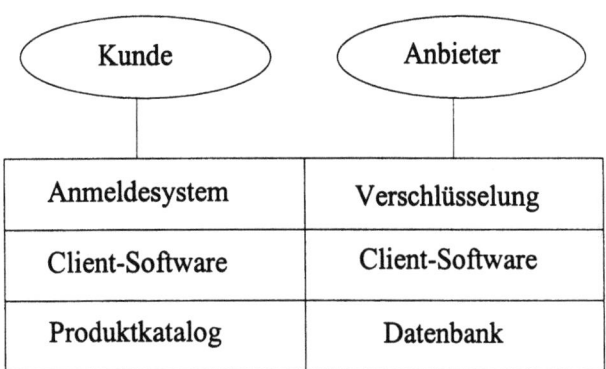

Abb. 2.4.-2: *Komponenten von No3rd*

2.4.2 Aktienanlageberatung

BOA unterstützt die *Aktienanlageberatung* und besteht aus einer Kopplung von Expertensystem und Decision-Support-System unter Einbeziehung der Anbindung an ein Datenbanksystem. Das Entscheidungsmodell zur Wertpapiermischung ist der Portfolio-Selection-Theorie [EG91] entliehen. Die Grundidee der Kopplung der Systeme ist, einen Teil der Inputdaten des Decision-Support-Systems durch Fachwissen via Expertensystem möglichst gut schätzen zu lassen. Basisdaten für Decision-Support-System und Expertensystem werden vom Datenbanksystem zur Verfügung gestellt.

Da Aktien nur einen Teil von Anlagemöglichkeiten ausmachen, ist BOA als Modul eines umfassenden Anlageberatungssystems konzipiert; das System hat Schnittstellen, um es in ein entsprechendes Rahmensystem einzuhängen. BOA war das erste System, das expertensystembasierte und auf entscheidungstheoretischen Grundlagen basierende Komponenten in einem IuK-System zur Unterstützung der Anlageberatung verknüpft.

Grundlage des Anwendungsmodells ist die folgende Problembeschreibung. Für eine individuelle Anlageberatung ist ein aus verschiedenen Aktien bestehender Anlagevorschlag zu erarbeiten. Dabei wird nicht aus der Menge aller an den Börsen notierten Aktien ausgewählt, sondern es ist bereits eine Vorauswahl getroffen worden. Für diese Aktien werden zunächst die fundamentale und die technische Verfassung der Märkte, anschließend die Verfassung der jeweiligen Branche und schließlich die des einzelnen Unternehmens genau analysiert. Auch persönliche Präferenzen des Anlegers gehen in die Aktienauswahl mit ein. Die Problembeschreibung setzt sich aus numerischen und symbolischen Informationen zusammen.

Zur Lösung der hier untersuchten Fragestellung der Aktienportfoliozusammenstellung wird heuristisches und exaktes Wissen benötigt. BOA greift auf beide Wissensquellen zurück. Exaktes Wissen wird aus der Portfolio-Selection-Theorie via Decision-Support-System zur Verfügung gestellt. Das heuristische Wissen basiert auf der Vorgehensweise eines Anlageberaters bei einem Kundengespräch bzw. den dabei zugrundeliegenden Anlageempfehlungen und findet durch das Expertensystem Anwendung. Die Komponenten von BOA sind in Abbildung 2.4.-3 dargestellt.

Im Rahmen der Modellbildung muss eine Vereinheitlichung der Begriffswelt vorgenommen werden. Die zentralen Begriffe der Portfolio-Selection-Theorie sind Rendite und Risiko. Diese haben ihre Entsprechung in der Welt des heuristischen Wissens in den Begriffen Performance und Volatilität. Die Rendite einer Aktie entspricht ihrer Performance, d.h. der Summe aus relativem Kursgewinn und Dividendenrendite. Ein Maß für das Risiko ist die Volatilität einer Aktie, d.h. ihre mittlere Kursschwankung. Rendite und Performance werden im Folgenden synonym verwendet.

2.4 Einsatz von Anwendungssystemen

Zur Beschreibung der Wahrscheinlichkeitsverteilung der Performance verwendet man die statistischen Momente Erwartungswert zur Einschät-

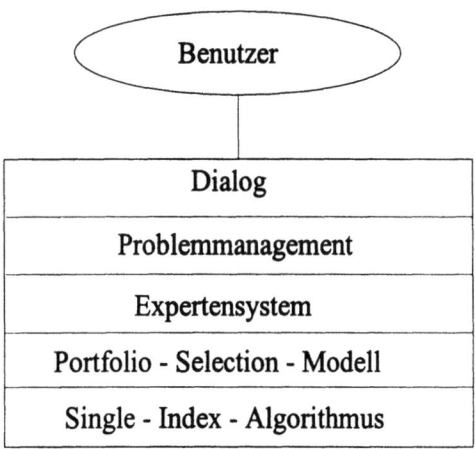

Abb. 2.4.-3: *Komponenten von BOA*

zung der zukünftigen Wertentwicklung und Varianz zur adäquaten Wiedergabe des Risikos einer Fehleinschätzung. In Untersuchungen, wie beispielsweise in [EG91] dargestellt, konnte gezeigt werden, dass dieses sogenannte Erwartungswert-Varianz-Prinzip gute Ergebnisse für viele praxisrelevante Fälle liefert, wenn man mit verlässlichen Inputdaten arbeitet.

Die meisten rendite- und risikoorientierten Modelle basieren auf dem mathematischen Grundmodell von Markowitz [Mar59] zur Bestimmung effizienter Wertpapierportfolios. Die direkte Anwendung des Markowitz-Modells scheidet aus, da die Anzahl der benötigten Inputdaten und der sich anschließende Rechenaufwand zu hoch sind. Um diese Probleme zu vermeiden, wurde bei BOA ein mathematisches Modell verwendet, das auf der Single-Index-Formulierung von Sharpe [Sha70] basiert. Müssen im Markowitz-Modell noch die linearen Abhängigkeiten zwischen den relativen Wertentwicklungen aller betrachteten Aktien (Kovarianzen) geschätzt werden, lässt sich das Verhalten der jeweiligen Aktie beim Single-Index-Modell mit Hilfe der Aktienmarktentwicklung approximieren. Neben dem geringeren Datenerfassungs- und Rechenaufwand hat das Single-Index-Modell gegenüber dem Markowitz-Modell den Vorteil, dass die erforderlichen Inputdaten für Aktienanalysten bzw. für Anlageberater geläufigere Größen darstellen.

Damit ist das Single-Index-Modell auch in Fällen anwendbar, in denen man sich auf die mehr traditionellen Schätzungen und Erfahrungen der Anlageberater verlassen will. Unter Berücksichtigung einer "risikolosen Rendite" oder einer Mindestperformance lässt sich mit dem Verfahren von [EGP78] schnell eine Lösung finden. Darüber hinaus sind die ermittelten Ergebnisse plausibel erklärbar und somit nachvollziehbar.

Die mangelnde Überschaubarkeit aller wirtschaftlichen Zusammenhänge und die oftmals kaum erklärbaren Marktveränderungen erschweren die Informationsbeschaffung und -verarbeitung zur Vorhersage der zukünftigen wirtschaftlichen Entwicklungen. Die Anlageberater sind daher häufig nicht in der Lage, die Auswirkungen aktueller Ereignisse auf die Aktienkursentwicklung mit Sicherheit vorherzusagen. Das zu entwickelnde Anwendungssystem muss daher auch unsicheres und unvollständiges Wissen verarbeiten können.

Beim Einsatz von BOA findet die Aktienanlageberatung wie bisher üblich zwischen dem Berater und dem Kunden statt. Das IuK-System steht dem Berater zur Unterstützung während des Kundengespräches zur Verfügung. BOA geht zu Beginn einer Konsultation davon aus, dass die Vermögensverhältnisse des Kunden bereits analysiert wurden und die Voraussetzungen für den Erwerb von Aktien gegeben sind. Eine Konsultation kann sowohl mit allen im System betrachteten Standardaktien als auch ausschließlich mit vom Kunden bevorzugten Titeln durchgeführt werden. Die für den Optimierungsalgorithmus erforderliche numerische Angabe der Risikobereitschaft des Kunden kann auf zwei Arten erfolgen. Für einen eher risikoscheuen Anleger kann als Vergleichszinssatz zur Aktienanlageform die Rendite einer "risikolosen Anlage" angegeben werden. Ein etwas risikofreudiger Investor kann hingegen eine Mindestperformance vorgeben. Unterschiedliche Vergleichszinssätze ermöglichen eine zielgerichtete Sensitivitätsanalyse.

Die Anlageempfehlungen von BOA wurden für einen Zeitraum von einem Jahr dokumentiert und mit der Wertentwicklung des Marktportfolios auf der Basis des FAZ-Index im gleichen Zeitraum verglichen [LS90]. Dabei konnte mit der zu Beginn abgegebenen Empfehlung eine Rendite von 64,69% erzielt werden, während ein Investment in den Markt unter Berücksichtigung der durchschnittlichen Dividendenrendite nur mit 28,74% belohnt wurde. Neben dem Startportfolio wurden kontinuierlich weitere Portfolios bestimmt, und zwar zu unterschiedlichen Zeitpunkten und mit unterschiedlichen Risikopräferenzen. Dabei zeigte sich schon nach den ersten Monaten, dass die erzielte Performance der mit BOA ermittelten Portfolios immer besser lag als die entsprechende Marktperformance. Eine weitere Beobachtung war die, dass bei steigendem Aktienmarkt das Portfolio den gleichen Wertzuwachs erzielt, jedoch bei fallendem Aktienmarkt das Portfolio einen geringeren Wertverlust als der Markt aufweist.

Bei der Bestimmung der Inputdaten für den algorithmischen Teil ermittelt das Expertsystem auch die erwartete Performance, die, im Ergebnis anders interpretiert, unterbewertete Aktien erkennen lässt. Ein Einsatz von BOA ist aus diesem Grunde auch dann attraktiv, wenn man nicht der Erwartungswert-Risiko-Annahme folgen möchte. BOA lässt sich somit auch als reines *Expertisesystem* zur Ermittlung von unterbewerteten Aktien einsetzen. Dies baut dann hauptsächlich auf Ergebnissen der Fundamentalanalyse auf und stellt somit einen Fortschritt gegenüber schwerpunktmäßig an der technischen Analyse orientierten IuK-Systemen zur Aktienanlageberatung dar.

Im Rahmen einer Weiterentwicklung von BOA wurden mehrere Aspekte untersucht. Einerseits wurde geprüft, inwieweit sich das vage Fachwissen mit Hilfe von Regeln repräsentieren lässt. Die Repräsentation der Problembeschreibung wurde durch einen objektorientierten Modellansatz realisiert. Zur Prognoseunterstützung wurden sogenannte künstliche neuronale Netze eingesetzt. Ihnen kommt die Rolle zu, Kursverläufe vorherzusagen und damit das Fachwissen zu ergänzen. Mit all diesen Fragestellungen werden wir uns in den folgenden Kapiteln noch genauer auseinandersetzen.

BOA lässt sich auch im Rahmen von Workflow- und Groupware-Systemen einsetzen. Sollen mehrere Spezialisten als Anlageberater in die Konsultation einbezogen werden, können sich diese über ein Groupware-System koordinieren. Interaktiv lässt sich mit Hilfe des Bildschirms das Beratungsdokument erstellen. Über eine Schnittstelle zu einem Datenbanksystem können alle für die Beratung relevanten Daten abgerufen werden. Hat der Kunde seine Auswahl getroffen und den Kaufauftrag erteilt, übernimmt das Workflow-System die Steuerung und Überwachung der Weiterleitung des Auftrags über verschiedene Arbeitsplätze zu der ausführenden Stelle. Dabei muss zuerst ein Sachbearbeiter den Auftrag um zusätzliche Abrechnungsdaten ergänzen. Anschließend ist eine Bestätigung des Abteilungsleiters einzuholen, wenn der Auftrag ein bestimmtes Volumen überschreitet. Eventuell muss auch die Kreditabteilung informiert werden, falls der Kauf auf Kredit erfolgen soll, um eine Bonitätsprüfung einzuleiten. Alle diese Vorgänge unterliegen Zeitrestriktionen, da der Kaufauftrag bis zu einem vorgegebenen Termin ausgeführt sein muss. Verlässt der Auftrag die

Bank, wird die Uhrzeit festgehalten und der verantwortliche Anlageberater informiert. Über die Erledigung des Auftrags kommt von der Börse eine Rückmeldung. Erst dann ist der Prozess der Anlageberatung abgeschlossen.

Literatur

BMS86 Bobrow, D.G., Mittal, S., Stefik, M.J., Expert systems: perils and promise, *Communications of the ACM* 29(9), 1986, 880-849

BSZ98 Bremer, D., Schmidt, G., Zimmer, K., Designing a generic system for process-oriented support of business transactions using the Internet, *Electronic Markets* 8(2), 1998, 43-46

Dat83 Date, C.J., *An Introduction to Database Systems Vol. II*, Reading, 1983

Dat94 Date, C.J., *An Introduction to Database Systems*, Reading, 1994

EG91 Elton, E.J., Gruber, M.J., *Modern Portfolio Theory and Investment Analysis*, New York, 1991

EGP78 Elton, E.J., Gruber, M.J., Padberg, M.W., Simple criteria for optimal portfolio selection: tracing out of the efficient frontier, *The Journal of Finance*, 33 (1), 1978, 296-302

EGR91 Ellis, C.A., Gibbs, S.J., Rein, G.L., Groupware. Some issues and experiences, *Communications of the ACM* 34(1), 1991, 38-58

EGS97 Ecker, K., Gupta, J., Schmidt, G., A framework for decision support systems for scheduling problems, *European Journal of Operational Research*, 101, 1997, 452-462

Eps92 Epstein, R., The quest for the thinking computer, *AI Magazine*, Summer 92, 1992, 81-95

GC93 Gabriel, R., Chamoni, P., Management Support Systeme, *Kurseinheit 2 Fernuniversität Hagen*, Hagen, 1993

HK89 Harmon, P., King, D., *Expertensysteme in der Praxis*, München, 1989

Jab95   Jablonski, S., Workflow-Management-Systeme: Motivation, Modellierung, Architektur, *Informatik Spektrum* 18, 1995, 13-24

LS90   Lahl, B., Schmidt, G., Ein XPS-Prototyp zur Bestimmung optimaler Aktienportfolios, *Künstliche Intelligenz* 3, 1990, 64-67

Mar59   Markowitz, H.M., *Portfolio Selection - Efficient Diversification of Investments*, New York, 1959

MBG93   Mertens, P., Borkowski, V., Geis, W., *Betriebliche Expertensystemanwendungen*, Berlin, 1993

MBKPS98   Mertens, P., Bodendorf, F., König, W., Picot, A., Schumann, M., *Grundzüge der Wirtschaftsinformatik*, Berlin, 1998

Pup88   Puppe, F., *Einführung in Expertensysteme*, Berlin, 1988

RD88   Rockart, J.F., DeLong, D.W., *Executive Support Systems - The Emergence of Top Management Computer Use*, Homewood, Illinois, 1988

SC82   Sprague, R.H., Carlson, E.D., *Building Effective Decision Support Systems*, New York, 1982

SC93   Sharma, R., Conrath, D., Evaluating expert systems: a review of applicable approaches, *AI Review* 7, 1993, 77-91

Sch90   Scheer, A.-W., *EDV-orientierte Betriebswirtschaftslehre*, Berlin, 1990

Sch84   Schmidt, G., Istanalyse: Ein Planungsmodell zur Durchführung der Systemerhebung, *Angewandte Informatik* 2, 1984, 68-71

Sch93   Schmidt, G., Expertensysteme, in: A.-W.Scheer (Hrsg.), *Handbuch Informationsmanagement*, Wiesbaden, 1993, 847-868

ScM71   Scott Morton, M.S., Management Decision Systems: Computer Based Support for Decision Making, *Division of Research Harvard University*, Cambridge Mass., 1971

Sha70   Sharpe, W.F., *Portfolio Theory and Capital Markets*, New York, 1970

SL91   Schmidt, G., Lahl, B., Integration von Expertensystem- und konventioneller Software am Beispiel der Aktienportfoliozusammenstellung, *Wirtschaftsinformatik* 33(2), 1991, 123-130

3 Systemplanung und -entwicklung

Aufgaben der Systemplanung und -entwicklung sind - ausgehend von den Unternehmenszielen - der Entwurf, die Entwicklung und die Realisierung des *Anwendungsmodells*. Orientierungshilfen bilden dabei Referenz- und Unternehmensmodelle. Das Unternehmensmodell beschreibt unternehmensspezifische Aktivitäten zur Zielerreichung mit Hilfe elementarer Informationen. Das Referenzmodell dient als typisiertes Basismodell für verschiedene Unternehmens- bzw. Anwendungsmodelle, beispielsweise als Branchen- oder Funktionsmodell. So gibt es Referenzmodelle für Industrieunternehmen, das Unternehmensmodell eines spezifischen Industrieunternehmens und das Anwendungsmodell für einen ausgewählten Bereich des Unternehmens. Zur Erreichung des Modellzwecks bedarf es der geeigneten Repräsentation der Modellelemente. Im Mittelpunkt der Ausführungen dieses Teils steht die Sicht auf die *Modellrealisierung* durch ein IuK-System, häufig auch mit Software-Entwicklung bezeichnet. Das Vorgehen bei der Software-Entwicklung lässt sich aus dem allgemeinen ingenieurmäßigen Vorgehen bei der Entwicklung von technischen Systemen ableiten [Bru85, PB93].

Der entsprechende Planungs- und Entwicklungsprozess lässt sich als *Projekt* (DIN 69901) abbilden mit Zielvorgabe, personeller, sachlicher, finanzieller, zeitlicher Abgrenzung und Projektmanagement. Die Durchführung des Projekts ist in Phasen untergliedert. Jede Phase lässt sich weiter in die Schritte Planung, Realisierung, Überprüfung und Dokumentenerstellung zerlegen. Die einzelnen Schritte werden in phasenspezifische Aktivitäten zerlegt. Zeitlich wird das Projekt durch eine Abfolge von Meilensteinen dargestellt. Das Phasenkonzept dient dem Informationsmanagement als Planungs- (Phase, Phasenschritte), Steuerungs- (Aktivitätsbildung) und Überwachungsinstrument (Dokumente, Meilensteine) [Chu70, HB91].

Die genaue Phaseneinteilung ist problemabhängig, jedoch lassen sich die folgenden sechs Basisphasen, die neben der Entsorgung den *Lebenszyklus* von IuK-Systemen [You88] widerspiegeln, unterscheiden:
(1)   Istaufnahme und Anforderungsdefinition (verbale Beschreibung),
(2)   Analyse, auch genannt Fachentwurf (semi-formale Beschreibung),
(3-1)   Design, auch genannt DV-Entwurf (formale Beschreibung),
(3-2)   Ausschreibung,
(4-1)   Implementierung und Test,
(4-2)   Auswahl,
(5)   Abnahme und Einführung,

(6) Betrieb, Wartung und Pflege.

Jede Phase wird mit der Dokumentation des entsprechenden Modells abgeschlossen. Die Doppelnennung der dritten und vierten Phasen deutet auf ihre unterschiedlichen Ausprägungen im Rahmen verschiedener Planungs- und Entwicklungsprozesse hin, wie sie noch später diskutiert werden.

Die Beziehungen der ersten vier Phasen der Modellrealisierung zur Sicht auf den Modellzweck sind in Abbildung 3.-1 dargestellt. So dienen überwiegend die erste Phase der Problembeschreibung und die dritte mit der vierten Phase der Problemlösung. Die Analysephase muss sich in annähernd gleichem Verhältnis mit beiden Aspekten befassen.

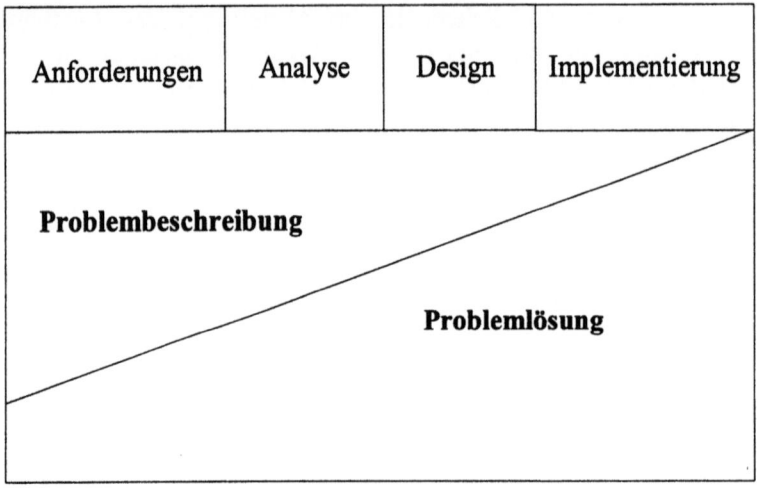

Abb. 3.-1: *Modellierungsphasen und Modellzweck*

Zunächst werden in Abschnitt 3.1 system- und modelltheoretische Überlegungen angestellt, die zum grundlegenden Verständnis von Anwendungsmodellen und IuK-Systemen nötig sind. In Abschnitt 3.2 werden Grundlagen der Informationsmodellierung eingeführt. In Abschnitt 3.3 wird die Systemplanung auf das Vorgehen beim Kauf sowie bei der Entwicklung eines IuK-Systems untersucht.

3.1 Systeme und Modelle

Systementwicklung heißt, ein Problem durch Modellentwicklung zu lösen. Ein System (zum Systembegriff vergleiche [MT75, Gun85]) lässt sich beschreiben durch eine Menge von *Elementen* sowie eine Menge von *Relationen*, die die Beziehungen der Elemente angibt und eine Teilmenge des kartesischen Produkts der Elementmenge ist. Diese und weitere charakterisierende Merkmale eines Systems wie Systemgrenze, Input, Output und Systemziel sind in Abbildung 3.1.-1 dargestellt. Elemente sind durch Knoten, interne Beziehungen durch Kanten, sowie Beziehungen zur Systemumgebung durch Pfeile repräsentiert.

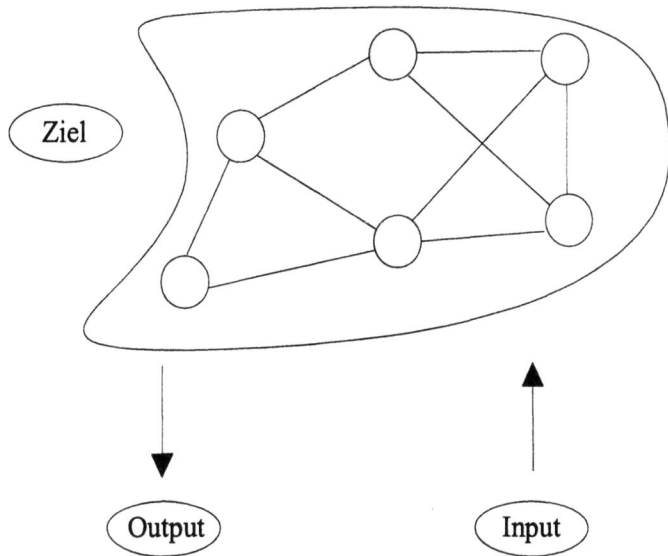

Abb. 3.1.-1: *Merkmale von Systemen*

Systeme lassen sich entsprechend der von einem Betrachter eingenommenen Sicht nach verschiedenen Kriterien unterscheiden. Eine Klassifikation unterscheidet künstliche und natürliche (Maschine und Mensch), statische und dynamische (Uhr und Unternehmung), geschlossene und offene (Wasserkreislauf und Universität) sowie deterministische und stochastische Systeme (Mikroprozessor und Börse). IuK-Systeme sind künstliche Systeme, die statisch oder dynamisch, geschlossen oder offen und deterministisch oder stochastisch sein können. Input und Output sind Daten, Systemelemente sind Funktionen und Daten, Systembeziehungen werden durch Kommunikation realisiert, die Systemgrenze wird aus dem Anwendungsbereich abgeleitet und das Systemziel ist die Problemlösung.

Einen Anhaltspunkt für die Komplexität eines Systems gibt die Anzahl der Elemente und der zu berücksichtigenden Relationen. Häufig wird versucht, die Komplexität durch Zerlegung in Subsysteme zu verringern. Eine Systemzerlegung erfolgt oftmals hierarchisch. Dieses Vorgehen wird beispielsweise auch bei der Festlegung der Aufbauorganisation eines Unternehmens gewählt; so lässt sich eine hierarchische Zerlegung in Unternehmensbereich, Hauptabteilung, Abteilung, Gruppe und Stelle vorstellen.

Modelle dienen dem besseren Verständnis von Systemen [Din73]. Mit Hilfe von Modellen lassen sich Probleme lösen. Wie schon erwähnt, lassen sich deskriptive und konstruktive Modelle unterscheiden. Deskriptive Modelle sind dafür geeignet, das Verhalten eines Systems bei gegebenem Input zu repräsentieren. Sie dienen somit dazu, Aufschlüsse über das Systemverhalten zu gewinnen. Beispiele sind Modelle der Produktions- und Kostentheorie. Konstruktive Modelle dienen der Bestimmung eines gewünschten Outputs. Sie sind dazu geeignet, einen Lösungsvorschlag zielgerichtet zu erzeugen; als Beispiel seien mathematische Optimierungsmodelle genannt.

Ein Modell zur Abbildung eines Systems wird nach den grundlegenden Prinzipien der Vereinfachung und der Abstraktion erstellt. Das Verhältnis von System und Modell lässt sich beschreiben durch die Art der Abbildung und ihre Detaillierung. Je nach der gewählten Abbildungsbeziehung spricht man von Isomorphie bzw. Strukturgleichheit oder Homomorphie bzw. Strukturähnlichkeit zwischen Abbildung und Vorstellungswelt. Die Detaillierung bezieht sich auf die Anzahl von abgebildeten Elementen und Relationen.

Auch die Modellbildung unterliegt einem Phasenkonzept, das iterativ durchlaufen wird und sich wie folgt verkürzt angeben lässt:
(1) (Verbales) Beschreiben der Realität und Problemformulierung.
(2) Auswahl und Anpassen des (formalen) Modells.
(3) Bearbeiten des Modells und Erzeugung einer Problemlösung.
(4) Analyse der Lösung und Realisierung der Ergebnisse.

Mögliche Vorgehensweisen bei der Modellbildung sind Outside-In, Inside-Out und hybride Ansätze. Beim Vorgehen entsprechend Outside-In sind die Input-Output-Beziehungen des Systems zur Umwelt der Ausgangspunkt; bei Inside-Out beginnt man mit der Modellierung der Systemelemente und ihrer internen Beziehungen; wird beides gemischt, so spricht man von einem hybriden oder auch Jo-Jo-Vorgehen.

Bei der Modellbildung gibt es eine Vielzahl von Fehlermöglichkeiten, von denen hier einige exemplarisch erwähnt werden sollen. So besteht in der ersten Phase die Gefahr der eingeschränkten Wahrnehmung, von Messfehlern oder eines falschen Problemverständnisses. In der zweiten Phase kann ein falsches Modell ausgewählt und Parameter und Variablen können falsch vereinbart werden. In der dritten Phase kann man Fehler bei der Bearbeitung des Modells machen. Schließlich kann man in der vierten Phase die gefundenen Ergebnisse falsch interpretieren. Wenn man bedenkt, dass Architekturen von IuK-Systemen sehr viele unterschiedliche Modelle umfassen, kann man sich vorstellen, welche Fehlermöglichkeiten bei der Systemplanung und -entwicklung bestehen.

Um die Korrektheit eines Modells so weit wie möglich zu gewährleisten, bedient man sich der *Evaluation*. Dabei handelt es sich um eine Überprüfung des Modells auf Vollständigkeit, formale Korrektheit (Verifikation: ist das Modell richtig?) und auf seine Eignung für den vorgesehenen Zweck (Validierung: ist es das richtige Modell?). Überarbeitet man das Modell im Sinne einer Anpassung an die Realität, spricht man von Kalibrierung. Sensitivitätsanalysen dienen der Beurteilung des Modellverhaltens bei Parametervariationen.

3.2 Informationsmodellierung

Für alle Phasen des Lebenszyklus eines IuK-Systems bedarf es einer Abbildung der durch das System beschafften, verarbeiteten und weitergeleiteten Informationen. Die Informationsmodellierung (vgl. zu den Ausführungen hier [Myo98]) dient der Repräsentation von Struktur und Bedeutung dieser Informationen aus den Sichten der Modellrealisierung, der Modellelemente, der Modelldetaillierung und des Modellzwecks. Das Informationsmodell ist die Grundlage des Diskurses zwischen Benutzern und Entwicklern von IuK-Systemen. In Abbildung 3.2.-1 werden vier Bereiche der Informationsmodellierung dargestellt. Dieses sind der Subjektbereich, der Systembereich, der Entwicklungsbereich und der Bereich der Nutzung.

Der *Subjektbereich* umfasst den Gegenstand des IuK-Systems, d.h. die Anwendung, für die das System entwickelt wurde. Beispielsweise besteht der Subjektbereich eines Bankeninformationssystems aus Kunden, Konten, Transaktionen, Kontoständen und Zinssätzen. Der *Systembereich* beschreibt das IuK-System in den verschiedenen Phasen seines Lebenszyklus wie Analyse, Design und Implementierung. Der *Bereich der Nutzung* beschreibt

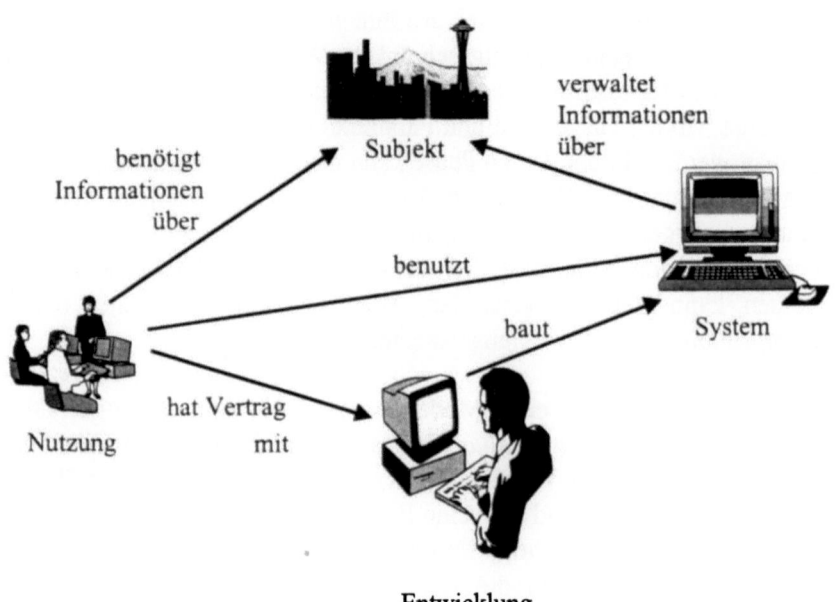

Abb. 3.2.-1: *Vier Bereiche der Informationsmodellierung nach [Myo98]*

die Umgebung, in die das IuK-System eingebettet ist. Dazu gehören ausführende Ressourcen, auszuführende Aktivitäten, Prozesse, Benutzer und Schnittstellen, Aufbau- und Ablauforganisation etc. Der *Entwicklungsbereich* beschreibt den Prozess der Produktion von IuK-Systemen, das Team der Anwender, Systemanalysten und Programmierer, die verwendete Methode, die Ziele und die Entwicklungsentscheidungen. Konsequenterweise müssen alle diese Aspekte durch die Informationsmodellierung repräsentiert werden.

Informationsmodellierung bedeutet die Angabe von Symbolstrukturen und ihrer Bedeutung zur Abbildung einer Vorstellungswelt. Den Teil der Vorstellungswelt, der Gegenstand eines IuK-Systems ist, heißt Anwendung. Informationsmodelle werden in Informationsbanken (in Analogie zu Datenbanken) abgelegt. Die Organisation einer Informationsbank sollte ihren Inhalt, ihre Nutzung und ihre Geschichte widerspiegeln. Der Zusammenhang zwischen einer Anwendung, einem Informationsmodell und einer Informationsbank ist in Abbildung 3.2.-2 dargestellt.

Das wichtigste Hilfsmittel zur Repräsentation einer Anwendung ist ein *Graph*. Es sei V die Menge der Objekte und E eine binäre (Nachbarschafts-) Relation, bestehend aus einer Teilmenge von VxV. Ein Graph G besteht aus

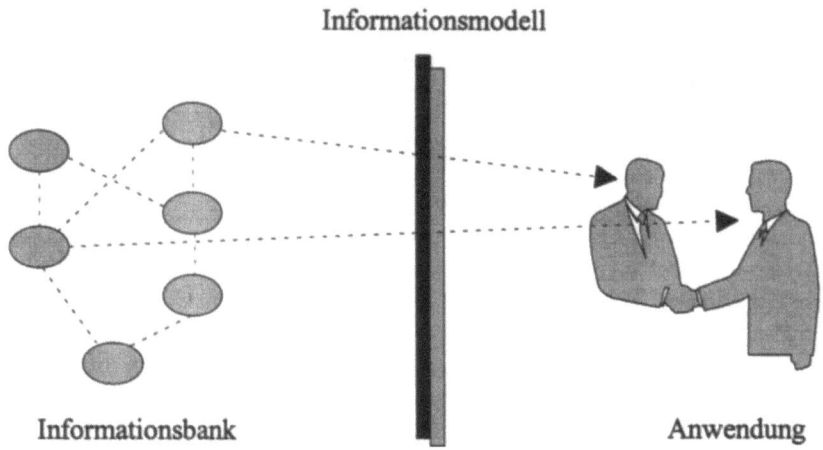

Abb. 3.2.-2: *Abbildung einer Anwendung durch eine Informationsbank*

der Menge der *Knoten V* und der Menge der *Kanten E* (vgl. den linken Teil von Abbildung 3.2.-2). *Knotenmarkierungen* und *Kantenmarkierungen* ordnen Knoten und Kanten numerische oder symbolische Ausdrücke zu. Sind zwei Knoten v und w, v,w∈V, durch eine Kante e∈E miteinander verbunden, dann sind v und w inzident mit der Kante e. Ist v=w, so nennt man e eine Schlinge. In Abbildung 3.2.-3 ist ein ungerichteter Graph G = (V, E) mit V = {1, 2, 3} und E = {(1,2), (2,3), (3,1), (3,3)} dargestellt.

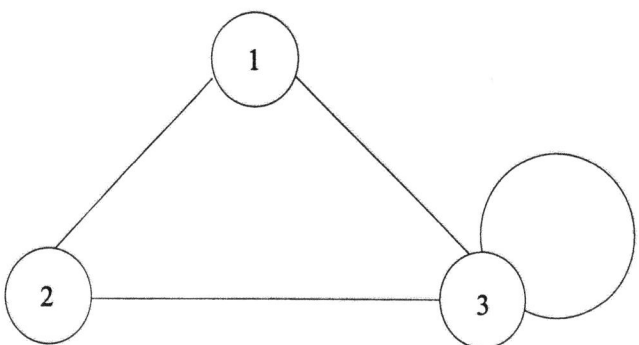

Abb. 3.2.-3: *Ungerichteter Graph*

Wenn es sich um gerichtete Beziehungen handelt, wird bei einer Relation zwischen (a,b) und (b,a) unterschieden. Bei dem Graphen handelt es sich dann um einen *Digraphen* bzw. gerichteten Graphen. (vgl. Abbildung 3.2.-4). Die Beziehung zwischen zwei Knoten heißt dann Pfeil und die Menge der Pfeile wird mit A bezeichnet. Sind Anfangs- und Endknoten eines Pfeiles identisch, so spricht man von einer gerichteten Schlinge. Zu jedem gerichteten Graphen D kann dann ein ungerichteter Graph G angegeben werden, wenn wir Pfeile der Form (a,b) und (b,a) durch eine Kante (a,b) ersetzen können.

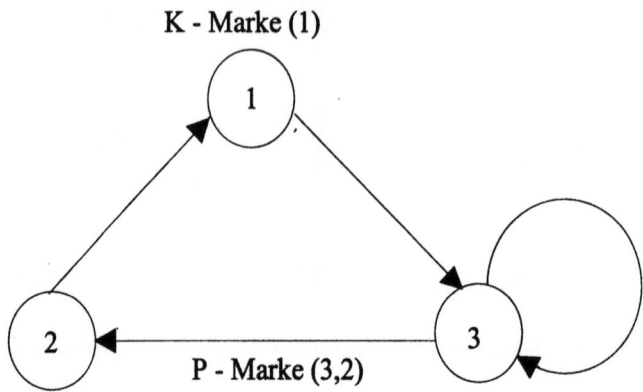

Abb. 3.2.-4: *Gerichteter Graph*

Eine endliche Folge von durch Knoten verbundenen Kanten (Pfeilen) eines Graphen (Digraphen) bildet einen *Kantenzug (Pfeilzug)*. Sind Anfangs- und Endknoten verschieden, so handelt es sich um einen *offenen*, im anderen Fall um einen *geschlossenen* Kanten- bzw. Pfeilzug, die auch Zyklus genannt werden. Ein Kanten- bzw. Pfeilzug, in dem jede Kante bzw. jeder Pfeil nicht mehr als einmal vorkommt, heißt *Weg*. Beispielsweise bildet der Weg (1,2), (2,3) und (3,1) in Abbildung 3.2.-3 einen Zyklus. Beim Graphen heißt ein offener Weg *Kette* und ein geschlossener Weg *Kreis*. Beim Digraphen heißt der offene Weg *Pfad*, der geschlossene *Schleife*. Ist kein Knoten mit mehr als zwei Kanten bzw. Pfeilen eines Weges inzident, spricht man von einem *einfachen* Weg. Ein Graph ist *zusammenhängend*, wenn zwischen je zwei verschiedenen Knoten des Graphen eine Kette besteht.

Zwei Knoten heißen *benachbart*, wenn sie durch einen Kanten- bzw. Pfeilzug verbunden sind. Bei einem Pfeil (a,b) ist a der direkte Vorgänger von b und b der direkte Nachfolger von a. Jeder Knoten u, der von einem Knoten v erreicht werden kann, heißt Nachfolger von v. Die Menge der Nachfolger von v wird mit N(v) bezeichnet. Alle Knoten, von denen aus v erreicht werden kann, heißen Vorgänger von v und werden mit V(v) bezeichnet. Für den Graphen in Abbildung 3.2.-5 gilt, dass N(6) = {1, 2, 3} und V(6) = {5}, V(5) = N(3) = ∅.

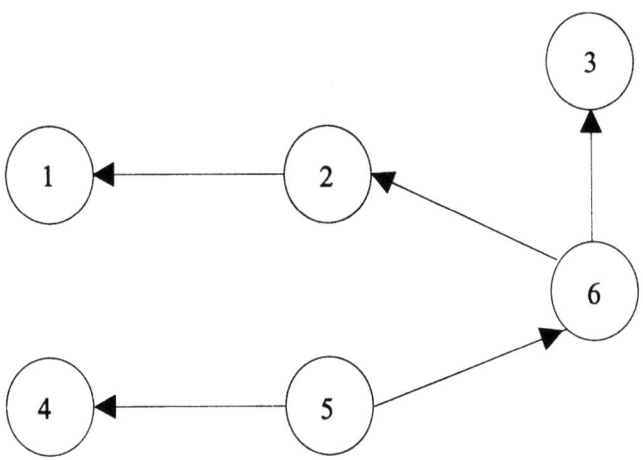

Abb. 3.2.-5: *Gerichteter Baum*

Ein Knoten ohne Vorgänger heißt *Wurzelknoten*, ein Knoten ohne Nachfolger heißt *Blattknoten*. Existiert jeweils genau eine einfache Kette zwischen je zwei Knoten, so heißt der betreffende Graph *Baum*. Ein gerichteter Baum B ist ein gerichteter Graph mit genau einem Wurzelknoten r und genau einem Pfad zwischen r und jedem Knoten v∈V, v≠r mit r als Anfangsknoten und v als Endknoten des Pfades. Ein gerichteter Baum ist in Abbildung 3.2.-5 dargestellt.

In einem gerichteten Baum nennen wir den direkten Nachfolger i+1 eines Knotens i auch Sohnknoten bzw. i wird als Vaterknoten von i+1 bezeichnet. In einem gerichteten Baum ist jeder Knoten, der nicht Blattknoten ist, Wurzel eines Unterbaumes. In Abbildung 3.2.-5 ist der Knoten 5 Vaterknoten von 4 und 6; Knoten 2 und 3 sind Sohnknoten von 6. Der Knoten 5 ist Wurzelknoten des Baumes. Der Knoten 6 ist Wurzelknoten des Unterbaumes bestehend aus 1, 2, 3 und 6. Die Knoten 1, 3 und 4 sind Blattknoten.

Mit Knoten, Kanten und Pfeilen lassen sich unterschiedliche Zusammenhänge abbilden. Bei der Repräsentation einer Anwendung unterscheidet man *Symbolstrukturtypen* (Klassen), deren *Ausprägungen* (Objekte), *Operatoren* (Methoden, Funktionen), die auf jede gültige Symbolstruktur angewendet werden können, und *Integritätsregeln*, die die Menge der konsistenten Symbolstrukturzustände oder -zustandswechsel beschreiben. Das Informationsmodell eines Spiels ist ein Beispiel. Symbolstrukturtypen und ihre Ausprägungen sind die teilnehmenden Spieler, Operatoren sind die Aktionsmöglichkeiten, die jedem Spieler zur Verfügung stehen, und die Integritätsregeln werden durch die Spielregeln festgelegt.

Um ein Informationsmodell zu diskutieren, benötigt man eine *Sprache*. Jede Sprache hat eine *Syntax* und eine *Semantik*. Die Syntax umfasst die Regeln, die die zulässigen Konstrukte der Sprache bestimmen; die Semantik umfasst die Regeln (sehr oft implizit), die die Bedeutung dieser Konstrukte festlegen. Beispielsweise ist die Syntax einer graphischen Modellierungssprache aus der Syntax von Graphen abgeleitet; ihre Semantik ordnet den Elementen von Graphen entsprechende Bedeutungen zu.

Entsprechend der Realisierung unterscheidet man bei Informationsmodellen
- das physische Modell (*Implementierungsmodell*),
- das logische Modell (*Design-Modell*) und
- das konzeptionelle Modell (*Analysemodell*).

Das physische Informationsmodell ist sehr implementierungsnah und benutzt beispielsweise zur Repräsentation von Daten Records, Strings, Arrays, Listen, B-trees oder ähnliche Datenstrukturen. Logische Informationsmodelle sind eine Stufe höher angesiedelt. Sie dienen der abstrakten Beschreibung von Symbolstrukturen und nehmen noch keine Rücksicht auf Implementierungsdetails. Konzeptionelle Informationsmodelle sind der Anwendung am nächsten. Sie beinhalten semantische Ausdruckskraft für ein bestimmtes Problem. Beispielsweise sind Objekt, Aktivität, Bedingungen und Ziele solche semantischen Umschreibungen der Anwendung. Im folgenden werden wir uns auf die konzeptionelle Informationsmodellierung konzentrieren.

Eine Charakterisierung konzeptioneller Informationsmodelle lässt sich mit Hilfe der Dimensionen Ontologien, Abstraktionsmechanismen und Werkzeuge vornehmen. Jedes konzeptionelle Modell macht ontologische Annahmen über seinen Anwendungsbereich. Abstraktionsmechanismen legen fest, wie das Modell erstellt und in der Informationsbank abgelegt wird. Zum Aufbau, zur Wartung und zur Pflege einer Informationsbank braucht man entsprechende Software-Werkzeuge.

Ontologien

Die Lehre von der Ontologie ist ein Zweig der Philosophie, der sich mit der Untersuchung der Dinge, die existieren, beschäftigt. Für die hier verfolgten Zwecke soll eine Ontologie eine grundlegende Charakterisierung einer Klasse von Anwendungen geben. Beispielsweise soll eine Ontologie der

Zeit beschreiben, welche zeitlichen Aspekte in vielen Anwendungen eine Rolle spielen. Auf der anderen Seite mag eine Ontologie der industriellen Fertigung eine Charakterisierung von Fertigungsprozessen oder Ressourcen beinhalten. Man unterscheidet statische, dynamische, intentionale und soziale Ontologien.

Statische Ontologien beinhalten die statischen Aspekte einer Anwendung durch eine Beschreibung der Objekte, ihrer Attribute und ihrer Beziehungen. *Dynamische Ontologien* beschreiben dynamische Aspekte einer Anwendung wie beispielsweise Zustände, Zustandsübergänge und Prozesse. Zeitliche Informationen sind die Basis einer dynamischen Welt und können durch Merkmale wie vorher, nachher, Überlappen etc. dargestellt werden. *Intentionale Ontologien* umfassen die Absichten, die mit einer Anwendung verfolgt werden. Diese Ontologie beinhaltet Elemente wie Agent, Zweck, Bedingung, Ziel und Unterstützung. *Soziale Ontologien* beinhalten soziale Umstände, dauerhafte und wechselnde organisatorische Strukturen. Elemente sozialer Ontologien sind Aktor, Rolle, Autorität oder Verantwortung. Organisationsmodelle verwenden soziale Ontologien und versuchen beispielsweise die Frage zu beantworten, warum ein Manager ein Budget braucht.

Abstraktionsmechanismen

Abstraktion bedeutet Verallgemeinerung oder das Absehen vom Besonderen. Ziel ist das Erkennen gleicher Merkmale verschiedener Systeme. Abstraktion dient der Konzentration auf das Wesentliche und der Unterdrückung unwesentlicher Merkmale. Beispielsweise können Menschen dahingehend abstrahiert werden, dass persönliche Details, wie das individuelle Lebensalter oder die bevorzugte Nahrung nicht angegeben werden, jedoch ihre Gemeinsamkeiten. So haben alle Menschen ein Geburtsdatum und ein Alter zwischen 0 und 120. Ähnlich kann die Beschreibung eines Angestellten abstrahiert werden von der einer Sekretärin, eines Lehrers oder eines Studierenden. Man unterscheidet die Abstraktionsmechanismen Klassifikation, Generalisierung, Aggregation, Kontextualisierung, Normalisierung und Parametrisierung.

Klassifikation (Typisierung): Dieser Abstraktionsmechanismus wird durch eine Beziehung vom Typ 'instance_of' ausgedrückt. Ein wichtiges Konzept der Klassifizierung ist die *Klasse*. Einer Klasse (Objekttyp) gehören verschiedene Ausprägungen (Objekte) an, die ähnliche Eigenschaften aufweisen. Häufig hat eine Klassifikation nur zwei Ebenen, wie beispielsweise Typ und Ausprägung (Instanz), jedoch lassen sich durchaus auch mehrere Ebenen im Rahmen einer Klassifikation unterscheiden. So gibt es neben Klassen Meta-Klassen und Meta-Meta-Klassen etc. Auch multiple Klassifikation ist möglich. Dabei gehört eine Ausprägung verschiedenen Klassen an. Ein Beispiel dafür ist, dass eine Person sowohl ein Student als auch ein Radfahrer als auch ein Fußballspieler sein kann.

Generalisierung: Generische Konzepte werden mit Hilfe einer Taxonomie definiert. Die Beziehung, die dies ausdrückt, ist vom Typ 'is_a' und beschreibt Generalisierungshierarchien. Beispielsweise ist ein Student der Betriebswirtschaftslehre eine Spezialisierung der Klasse Student. Student wiederum ist ein Spezialisierung der Klasse Mensch. Diese Beziehungen sind oftmals mit Vererbungseigenschaften ausgestattet. Vererbung bedeutet, dass Eigenschaften von Klassen vererbt werden können. Beispielsweise kann die Eigenschaft, dass Menschen Geburtsdatum und Alter haben, an die Meta-Klasse Student vererbt werden und dann weitervererbt an die Klasse der Studenten der Betriebswirtschaftslehre.

Aggregation: Aggregation wird häufig auch als 'part_of' Beziehung bezeichnet. Objekte werden durch ihre Teile beschrieben. Ein Mensch ist beispielsweise zerlegbar in Teile wie Arme, Beine, Kopf und Rumpf.

Kontextualisierung: Dieser Abstraktionsmechanismus soll der Tatsache Rechnung tragen, dass ein Problem aus verschiedenen Sichten besteht, die entsprechend zu charakterisieren sind. Dabei wird die Beschreibung der Realität in solche Teile zerlegt, die im Kontext einer Sicht wahr sind.

Normalisierung: Hierbei wird versucht, die wesentlichen Kerne einer Anwendung zu erkennen und sie aus dem Beiwerk herauszutrennen. Beispielsweise versucht man, eine Unterscheidung in Normalfälle und Ausnahmen bzw. Spezialfälle und allgemeine Fälle einer Anwendung vorzunehmen.

Parametrisierung: Dies bedeutet die Anpassung eines generischen Modells an konkrete Gegebenheiten. Beispielsweise erfolgt die Anpassung von Referenzmodellen an Unternehmensmodelle durch entsprechende Einstellungen der Modellparameter.

Werkzeuge

Für den Aufbau von großen Informationsbanken ist der Einsatz von computergestützten Werkzeugen notwendig. Werkzeuge führen verschiedene Inhaltsprüfungen einer Informationsbank durch. Sie versuchen die Frage zu beantworten, ob eine Anwendung durch die Informationsbank korrekt, vollständig und geeignet repräsentiert wird. Dies geschieht durch Verifikation und Validierung. Die Verifikation behandelt eine Informationsbank als eine formale Symbolstruktur, die bestimmte syntaktische und semantische Regeln einhalten muss. Informale Modelle geben wenige Möglichkeiten zur Verifikation; je formaler ein Modell ist, desto leichter ist es zu verifizieren. Validierungswerkzeuge überprüfen die Eignung einer Informationsbank für die gewählte Anwendung.

Bei der Auswahl eines konzeptionellen Modells bestehen grundsätzlich drei Möglichkeiten. Die erste Möglichkeit besteht darin, eine gegebene Informationsbank als Grundlage für den Entwurf eines konzeptionellen Modells wiederzuverwenden. Eine zweite Alternative ist die Wiederverwendung eines konzeptionellen Modells, um damit eine Informationsbank aufzubauen. Dies ist im Vergleich zur ersten Alternative die zweite Wahl. Die dritte Alternative ist, ein eigenes konzeptionelles Modell zu entwickeln. Dies sollte nur geschehen, wenn klar ist, dass kein existierendes konzeptionelles Modell die Anwendung korrekt, vollständig und geeignet repräsentieren kann.

3.3 Systementwicklung

Die Entwicklung von IuK-Systemen bedeutet in ihrem Kern die Formulierung verschiedener korrespondierender Informationsmodelle. Hilfestellung bei der Systementwicklung leisten *Prinzipien*; benutzt werden diese als Anleitung zur Anwendung von Techniken und Methoden zur Modellierung. Techniken sind elementare Beschreibungs- und Lösungsverfahren; Methoden bauen auf Techniken auf und versuchen, IuK-Systeme aus allen nötigen Sichten (Elemente, Detaillierung, Realisierung, Zweck) zu beschreiben. Prinzipien bzw. Grundsätze werden empirisch hergeleitet und überprüft. Von allgemeiner Bedeutung sind das Prinzip der Abstraktion, das zu den oben erwähnten Abstraktionsmechanismen führt, und das Prinzip der konstruktiven Voraussicht und methodischen Restriktion, d.h. es werden alle wünschenswerten Eigenschaften eines IuK-Systems schon zu Beginn der Entwicklung berücksichtigt und daraus Anforderungen an das Vorgehen abgeleitet. Weitere Prinzipien, die sich teilweise in ihren Konsequenzen überlappen, beziehen sich auf die Software-Entwicklung, die Qualitätssicherung und das Entwicklungsmanagement.

Bei den Prinzipien der *Software-Entwicklung* unterscheidet man:

- Top Down und Bottom Up: Hierarchisierung im Sinne des Vorgehens vom Allgemeinen zum Speziellen; Bottom-Up-Entwicklung kehrt dieses Prinzip mit Hilfe der Aggregation um.
- Modularisierung: Zerlegung eines Ganzen in überschaubare funktionale Einheiten mit Import- und Exportschnittstellen; diese sind von der Modulumgebung weitgehend unabhängig entwickel-, prüf- und wartbar.
- Lokalität: alle benötigten Elemente sind dort verfügbar, wo sie benötigt werden; nicht benötigte Elemente sind nicht vorhanden.
- Integrierte Dokumentation: phasenbegleitende vollständige, angemessene, fehlerfreie, konsistente, verständliche, übersichtliche Systembeschreibung.
- Mehrfachverwendung: Module bzw. Software-Bausteine werden in einer projektübergreifenden Bibliothek abgelegt und bei Bedarf kopiert und eventuell angepasst.
- Standardisierung von Entwicklung und Dokumentation.

Die Beziehungen zwischen den genannten Prinzipien der Software-Entwicklung sind in Abbildung 3.3.-1 dargestellt; ein Pfeil von Prinzip x zu Prinzip y bedeutet, dass x Bedingung für y ist.

Prinzipien der *Software-Qualitätssicherung* beziehen sich auf:
- Vorgaben von messbaren Qualitätsanforderungen, die sich auf Korrektheit, Zuverlässigkeit, Funktionserfüllung, Benutzer- und Wartungsfreundlichkeit, Zeitverhalten, Ressourcenverbrauch, Portabilität etc. beziehen.
- Qualitätsplanung, d.h. schon durch den Entwurf des Systems müssen Qualitätsanforderungen eingehalten werden.
- Frühzeitige Fehlerentdeckung.
- Entwicklungsbegleitende, integrierte Qualitätssicherung.

Zu den Prinzipien des *Entwicklungsmanagements* zählen:
- Bestimmung eines Organisationsmodells zur Festlegung durchzuführender Aktivitäten, notwendiger Mitarbeiterqualifikation, Kompetenzen und Verantwortungsbereiche, anzuwendender Prinzipien, Techniken und Methoden, Definition der Teilprojekte und Durchführung der Ablaufplanung.
- Festlegung überprüfbarer Meilensteine für Teilprojekte.

Je nach Art des IuK-Systems und der Antwort auf die Frage "Eigenerstellung oder Fremdbezug?" kommen verschiedene Vorgehensweisen bei der *Systemrealisierung* in Betracht. Allen Vorgehensweisen gemeinsam sind

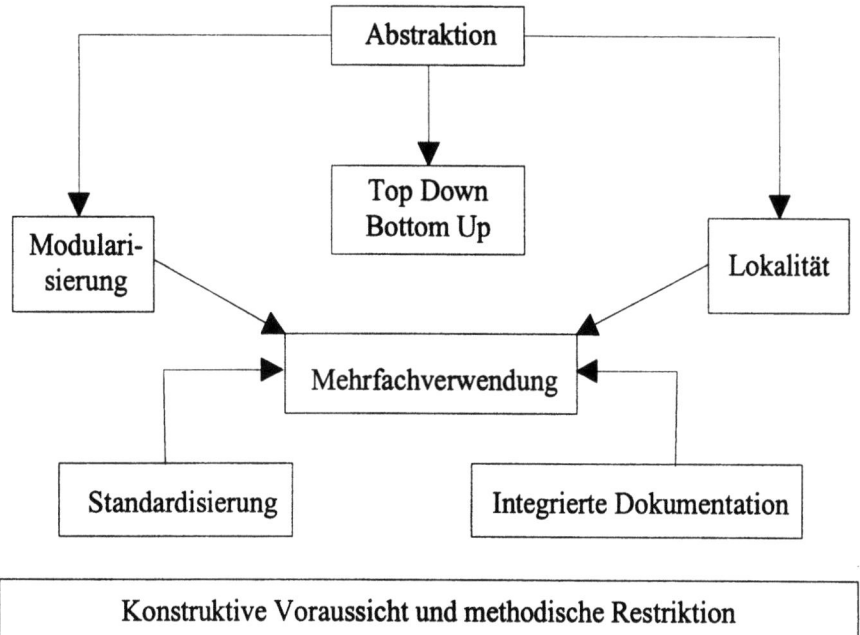

Abb. 3.3.-1: *Zusammenhang der Prinzipien nach [Bal89]*

die ersten und die letzten beiden Phasen des Software-Lebenszyklus. Dazwischen können verschiedene Wege eingeschlagen werden. Sollen IuK-Systeme in eigener Regie entwickelt werden, bedient man sich der Vorgehensweise des *Software Engineering* (SE) im Falle konventioneller Systeme und des *Knowledge Engineering* (KE) bei wissensbasierten Systemen. Kauft man IuK-Systeme ein, so sind Ausschreibung und Auswahl die Kernaktivitäten im Rahmen der *Systemanalyse* (SA). In Abbildung 3.3.-2 sind die verschiedenen Möglichkeiten der Realisierung von IuK-Systemen angegeben.

Kern der Systementwicklung ist das Anwendungsmodell. Im folgenden werden für die möglichen Vorgehensweisen die bekannten sechs Basisphasen unterschieden. Durch die verwendete Nummerierung ist eine entsprechende Korrespondenz der einzelnen Phasen zu den Alternativen *Eigenerstellung* oder *Fremdbezug* gegeben. Die den Vorgehensweisen gemeinsamen Phasen sollen der Behandlung der vorgehensspezifischen Phasen vorangestellt werden.

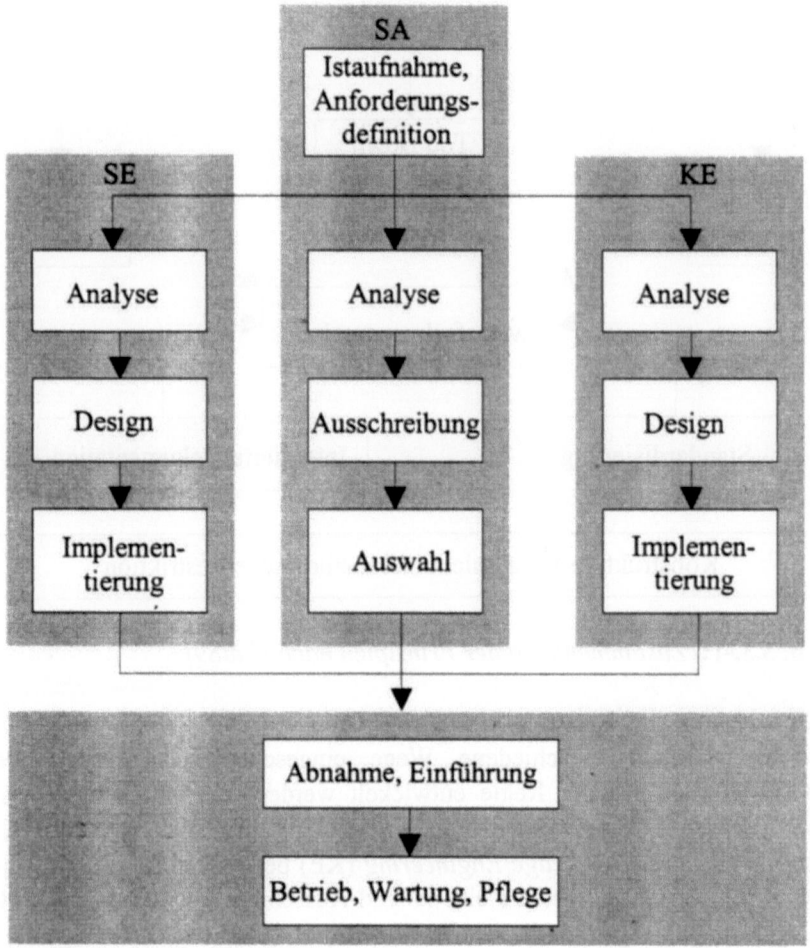

Abb. 3.3.-2: *Möglichkeiten der Realisierung von IuK-Systemen*

Die Phase (1) *Istaufnahme und Anforderungsdefinition* legt fest, welches Problem gelöst werden soll und welche Anforderungen an die Problemlösung gestellt werden. Sie beinhaltet die Schritte
(1.1) Unternehmensanalyse und Zielbildung auf der Basis der Unternehmensstrategie,
(1.2) Systemabgrenzung und Systemerhebung (Ist-Modell),
(1.3) Schwachstellenanalyse der existierenden Lösung,
(1.4) Vorschlag für weiteres Vorgehen und Durchführbarkeitsstudie aus technischer, personeller und wirtschaftlicher Sicht.

Die Unternehmensanalyse bietet die Möglichkeit, über eine Typologie geeignete Referenzmodelle für das weitere Vorgehen heranzuziehen. Zur Durchführung der *Zielbildung* ermittelt man zunächst alle unternehmensrelevanten Ziele, für die man eine Zielhierarchie festlegt. Dies kann Top Down via Ziel-Mittel-Analyse oder Bottom Up via Zielaggregation erfolgen. Mit Hilfe der Abbildung 3.3.-3 soll das Vorgehen beispielhaft verdeutlicht werden. Der Zielbildungsprozess ist in drei Stufen unterteilt, bestehend aus einem Oberziel y, mehreren Teilzielen y_i der ersten Stufe und mehreren Teilzielen y_{ij} der zweiten Stufe. Die Gewichte w_i aller Teilziele, bezogen auf ein übergeordnetes Ziel, addieren sich zu eins, d.h. $\Sigma w_i = 1$ und für jedes i ist $\Sigma w_{il} = 1$; der Teilzielanteil an einem Globalziel stellt das Produkt der Einzelzielgewichte, die auf dem Weg zum Globalziel liegen, dar; beispielsweise ist $w_{11} w_1$ der Teilzielanteil von y_{11}.

Der auf die Zielbildung folgende Schritt ist die Istaufnahme mit *Systemabgrenzung* und *Systemerhebung* unter Beteiligung von Anwendern und Systemanalytikern. Dabei sind Informationsbedarf und -angebot bzw. Input und Output der Anwendung festzulegen, die Technik der Erhebung auszuwählen und das Erfasste mit einfachen Darstellungsmitteln als Modell abzubilden. Beispiele für Erhebungstechniken sind Unterlagenstudium (zu Beginn der Istaufnahme), strukturiertes Interview und Fragebogen, individuelles Interview, Konferenz bzw. Gruppeninterview sowie Beobachtung und Selbstaufschreibung (Protokolle).

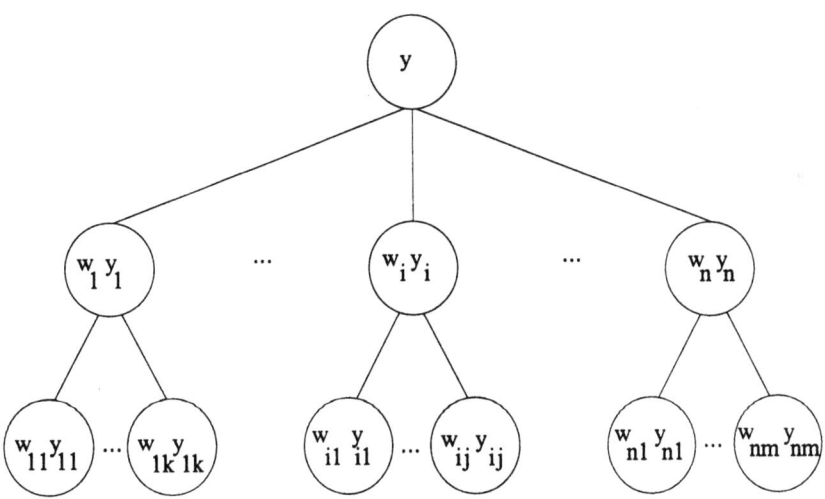

Abb. 3.3-3: *Gewichtete Zielhierarchie*

Im nächsten Schritt sind die *Schwachstellen* der existierenden Lösung mit Bezug auf die Zielbildung zu identifizieren. Hauptaspekte sind dabei Ressourcen, Organisation, Funktionen, Daten und Kommunikation. Daneben ist eine entsprechende Bewertung nach quantifizierbaren und nichtquantifizierbaren Mängeln vorzunehmen. Erste Anforderungen an die neue Lösung sind abzuleiten; dabei können auch schon Überlegungen zu möglichen Alternativen mit Kosten- und Nutzenschätzungen angestellt werden.

Schließlich ist das weitere Vorgehen zu konkretisieren. Die *Projektplanung* sowie die Wirtschaftlichkeitsanalyse und die Durchführbarkeitsstudie werden weiter detailliert sowie Aktivitäten und Meilensteine definiert.

Die Phase (2) heißt *Analyse*; sie ist auch unter den Begriffen Fachentwurf, Soll-Konzept, Soll-Modell oder Pflichtenhefterstellung bekannt. Hier ist festzulegen, wie die Problemlösung aus fachlicher Sicht aussehen soll. Dazu ist ein *Anwendungsmodell* zu erstellen, aus dem Problembeschreibung und Problemlösung hervorgehen. Modellelemente sind Daten, Funktionen und Kommunikationsbeziehungen. Daneben ist die Projektplanung weiter zu konkretisieren. Die folgenden Ausführungen geben einen beispielhaften Überblick über die durchzuführenden Schritte; eine genauere Beschreibung dieser Phase erfolgt in den nächsten drei Kapiteln.

(2.1) Organisatorische, inhaltliche und technische Fachspezifikation des Anwendungsmodells auf der Basis der Anforderungsdefinition; *organisatorische* Fachspezifikation bedeutet, die Auf- und Ablauforganisation festzulegen sowie einen Umstellungs-, Einführungs- und Schulungsplan zu erarbeiten. *Inhaltliche* Fachspezifikation bedeutet, Modelle für Daten, Funktionen und Kommunikation zu erstellen. *Technische* Fachspezifikation bedeutet beispielsweise, Randbedingungen für Formate, Schlüsselsysteme, Schnittstellen, Dialoggestaltung, Entwicklungs- und Zielumgebung, Qualitätsanforderungen etc. festzulegen.

(2.2) Projektplanung überarbeiten und weiter konkretisieren; hier sind alle durchzuführenden Aktivitäten zu spezifizieren, entsprechende Meilensteine festzulegen, sachliche und personelle Ressourcen zu allokieren und eine Zeit-, Kapazitäts-, Qualitäts- und Kostenplanung durchzuführen. Die Projektplanung ist die Grundlage für das Entwicklungsmanagement.

Bevor auf die Phasen (3) und (4) eingegangen wird, sollen kurz die Phasen (5) und (6) diskutiert werden. Die Phase (5) besteht aus der *Ab-*

nahme und *Einführung* des IuK-Systems. Dabei sind beispielsweise die folgenden Schritte durchzuführen:
(5.1) Abnahmetest und Systemübergabe mit Dokumentation für Anwender (Anwendungshandbuch) und Instandhaltung (Technisches Handbuch) sowie
(5.2) Benutzerschulung.

Die Phase (6) ist die zeitlich längste und erstreckt sich auf *Betrieb*, *Wartung*, *Pflege* und *Entsorgung* des IuK-Systems. Hierzu gehören die Beseitigung verdeckter Fehler und die Durchführung notwendiger Änderungen und Anpassungen des IuK-Systems. Häufig zwingen veränderte Benutzeranforderungen, neue Technologien oder auch gesetzliche Regelungen zu diesen Maßnahmen. Wie jedes künstliche System hat auch der Lebenszyklus des IuK-Systems ein Ende, zu dem seine Nutzung eingestellt wird.

3.3.1 Fremdbezug

Die Phasen, die den Fremdbezug charakterisieren, sind (3-2) Ausschreibung und (4-2) Auswahl. Inhalt der Ausschreibung ist die detaillierte Bestimmung geeigneter IuK-Systeme entsprechend der Fachspezifikation. Ziel der Auswahl ist die Festlegung des einzusetzenden Systems.

Eine *Ausschreibung* kann sich beispielsweise auf die folgenden Systemkomponenten beziehen:
(1) Hardware entsprechend Kriterien wie
  - Verarbeitungsgeschwindigkeit,
  - Speicherkapazität,
  - Ausfallsicherheit,
  - Erweiterungsmöglichkeiten,
  - Kompatibilität zu schon vorhandenen Komponenten,
  - Ergonomie;
(2) Systemsoftware entsprechend Kriterien wie
  - verfügbare Anwendungssoftware,
  - Speicherplatzbedarf,
  - Datenschutz,
  - Datensicherheit,
  - Zeitverhalten,
  - Benutzerschnittstelle;
(3) Anwendungssoftware mit benötigtem Leistungsumfang als
  - Individualsoftware,
  - Standardsoftware.

Die *Auswahl* eines geeigneten IuK-Systems kann beispielsweise entsprechend folgender Kriterien erfolgen:
- Wirtschaftlichkeit: Anschaffungskosten, laufende Kosten, Nutzen,
- Technik: Benutzerfreundlichkeit, Zuverlässigkeit,
- Einsatz: Anpassungsaufwand, Unterstützung, Dokumentation,
- Lieferanten: Termintreue, Qualität des Kundendienstes, Gestaltung des Vertrags, Garantieleistungen, geographische Nähe.

3.3.2 Eigenentwicklung

Die Modellrealisierung im Rahmen der Eigenentwicklung von IuK-Systemen erfolgt durch das *Software Engineering* [KKS79, Som89] im Fall konventioneller Systeme und durch das *Knowledge Engineering* [GD93] im Fall wissensbasierter Systeme. Knowledge Engineering ist die Disziplin, die sich mit der Modellierung von Wissen beschäftigt. Beteiligt an der Wissensmodellierung sind Fachexperten und Wissens-Ingenieure. Die Kernphasen bei der Eigenentwicklung sind (3-1) *Design* sowie (4-1) *Implementierung* und *Test*. Während die Analyse ein fachnahes Modell erstellt, ist das Design für die Erstellung eines technologienahen bzw. ausführungsnahen Modells verantwortlich.

Beim Knowledge Engineering unterliegen die vorgeschalteten Phasen Istaufnahme und Anforderungsdefinition sowie Analyse einer leicht modifizierten Ausgestaltung. Im Rahmen der Istaufnahme ist festzulegen, welche Ziele mit dem wissensbasierten System erreicht werden sollen und wie die Entwicklungsstrategie aussehen soll. Bei der Analyse ist zu klären, um welche Art von Problem es sich handelt und wie es gelöst werden kann. Die Erstellung des Analysemodells zerfällt in die Schritte Wissenserhebung (Erfassung von Wissen) und Wissensinterpretation (Darstellung des Wissens mit einem konzeptionellen Modell).

Beim *Design* geht es um die Erstellung eines logischen Modells. Dieses wird aus dem konzeptionellen Fachmodell entwickelt und enthält Vorgaben für die Implementierung mit detaillierten inhaltlichen und technischen Spezifikationen. Die Erstellung des logischen Modells bezeichnet man auch häufig als 'Programmieren im Großen'. Beim Knowledge Engineering umfasst das Design-Modell die Strukturierung der Wissenbasis (Wissensorganisation) und die Art der Wissensrepräsentation. Weitere Schritte im Rahmen des Design sind:
(3-1.1) Zuordnung der fachlichen Spezifikation, d.h. des Leistungs- und Funktionsumfangs, zu Subsystemen.

(3-1.2) Zerlegung der Subsysteme in Module.
(3-1.3) Strukturierung durch Anordnung der Module in Hierarchien bzw. Netzwerken und Festlegung von Schnittstellen.
(3-1.4) Spezifikation der Algorithmen.
(3-1.5) Feinentwurf der Module und ihrer wechselseitigen Kommunikationsbeziehungen.

Das Design-Modell ist Grundlage für *Implementierung und Test*, wobei die folgenden Schritte auszuführen sind:
(4-1.1) Implementierungsreihenfolge der Module festlegen; normalerweise folgt man einer Top-Down-Implementierung mit schrittweisen (inkrementellen) Testen.
(4-1.2) Modul implementieren und Einzeltest.
(4-1.3) Modul in das System integrieren und Integrationstest.
Wichtig für den praktischen Einsatz sind Angaben zum Zeit- und Speicherbedarf des Programms in Abhängigkeit von der Größe des zu lösenden Problems.

Für die Implementierung kommen verschiedene strukturierte *Programmiersprachen* in Frage [Seb93]. Eng verbunden mit der Implementierung ist die Evaluierung des Gesamtsystems, die prüft, ob die Anforderungen erfüllt sind (Validierung) und ob das IuK-System korrekt arbeitet (Verifikation). Einzusetzende Testarten sind Formaltest (Erkennen von syntaktischen Fehlern), Logiktest (Erkennen von semantischen Fehlern), Einzeltest (individuelles Testen der Module), Integrationstest (kombiniertes Testen von Modulen), Systemtest (Labortest des Gesamtsystems) und Abnahmetest (Test unter Anwendungsbedingungen).

Die Phasen der Systementwicklung sind die Basis für verschiedene Vorgehensweisen, von denen der lineare rückgekoppelte Wasserfall-Ansatz [Roy70], der zyklische Spiral-Ansatz und das Prototyping [Boe88] die größte praktische Bedeutung erlangt haben. Ein einfacher sequentieller Durchlauf der Phasen ist in den meisten Fällen nicht möglich, da Fehler bzw. Mängel nicht sofort, sondern erst in späteren Phasen entdeckt werden und zur Korrektur wieder in frühere Phasen zurückgesprungen werden muss. Die Vorteile des *Wasserfall-Ansatzes* bestehen im iterativen Vorgehen unter der Berücksichtigung von Feedback zwischen den Phasen und in der konsequenten Dokumentation der Phasenmodelle; nachteilig ist, dass der Anwender häufig Schwierigkeiten hat, sich das zukünftige Endprodukt auf Grundlage der vorliegenden Spezifikationen vorzustellen.

Dieser Nachteil kann vermieden werden, wenn die Entwicklung durch *Prototypen* des zu realisierenden IuK-Systems begleitet und mit Hilfe des vorliegenden Inputs und des gewünschten Outputs durch den Anwender kontinuierlich evaluiert wird. Ziel des Prototyping ist es, durch vorzeigbare Systemversionen die Lücke zwischen Anforderungsdefinition und realisiertem System schon möglichst früh zu schließen. Die Erstellung eines Prototyps ist ein abgeschlossenes Projekt; dient der Prototyp dem Anwender zur Formulierung der Anforderungen an das System, so bezeichnet man ihn als explorativ; versucht er bestimmte Systemfunktionen zu simulieren, so bezeichnet man ihn als experimentell; entspricht der Prototyp einer ersten Systemversion, nennt man ihn evolutionär.

Der Spiral-Ansatz trägt dem Risiko der Systementwicklung Rechnung und versucht, die Vorteile des Wasserfall-Ansatzes mit denen des Prototyping zu verbinden. Er besteht aus mehreren Zyklen. Jeder Zyklus beginnt mit der Anforderungsspezifikation, gefolgt von einer Kosten-Nutzen-Analyse. Darauf folgend werden die Basisphasen wieder aufgerufen. Dadurch wird das Phasenkonzept mehrfach durchlaufen. Das Ergebnis der einzelnen Zyklen können auch Prototypen sein.

Literatur

Bal89   Balzert, H., *Die Entwicklung von Software-Systemen*, Mannheim, 1989

Boe88   Boehm, B.W., A spiral model of software development and enhancement, *IEEE Computer* 21(5), 1988, 61-72

Bru85   Brunthaler, S., Konstruktion von Anwendersoftware in Analogie zum methodischen Konstruieren, *Konstruktion* 37 (7), 1985

Chu70   Churchman, C.W., *Einführung in die Systemanalyse*, München, 1970

Din73   Dinkelbach, W., Modell - ein isomorphes Abbild der Wirklichkeit, in: E. Grochla, N. Szyperski, N. (Hrsg.), *Modell- und computergestützte Unternehmensplanung*, Wiesbaden, 1973, 152-162

GD93	Gonzalez, A.J., Dankel, D.D., *The Engineering of Knowledge-based Systems*, Englewood Cliffs, 1993
Gun85	Guntram, U., Die allgemeine Systemtheorie. Ein Überblick, *Zeitschrift für Betriebswirtschaftslehre* 55(3), 1985, 296-323
HB91	Heinrich, L.J., Burgholzer, P., *Systemplanung*, 2 Bände, München, 1991
KKS79	Kimm, R., Koch, W., Simonsmeier, W., Tontsch, F., *Einführung in das Software Engineering*, Berlin, 1979
Myo98	Mylopoulos,J., Characterizing information modeling techniques, in: P. Bernus, K. Mertins, G. Schmidt (eds.), *Handbook on Architectures of Information Systems*, Berlin, 1998
MT75	Mesarowic, M.D., Takahara, Y., *General Systems Theory: Mathematical Foundations*, New York, 1975
PB93	Pahl, G., Beitz, W., *Konstruktionslehre. Methoden und Anwendungen*, Berlin, 1993
Roy70	Royce, W., Managing the development of large software systems, *Proc. IEEE WESCON*, 1970, 1-9
Seb93	Sebesta, R.W., *Concepts of Programming Languages*, Redwood City, 1993
Som89	Sommerville, I., *Software Engineering*, Wokingham, 1989
You88	Yourdon, E., *Managing the System Life Cycle*, Englewood Cliffs, 1988

4 Modellierung der Problembeschreibung

Modelle von betrieblichen IuK-Systemen dienen der Repräsentation betriebswirtschaftlicher Anforderungen an die Beschaffung, Verarbeitung und Weitergabe von Informationen im und über das Unternehmen hinaus. Entsprechend der Architektur LISA unterscheidet man verschiedene Sichten auf IuK-Systeme; dieses und das folgende Kapitel haben ihren Schwerpunkt auf der Sicht des *Modellzwecks*, d.h. auf Modellen zur Problembeschreibung und Modellen zur Problemlösung. Im Sinne einer Integration ist es wichtig, dass eine weitestgehende Übereinstimmung zwischen beiden Modelltypen herrscht.

Die Problembeschreibung hat entsprechend LISA Beziehungen zu den Sichten auf die Modellrealisierung (Lebenszyklus), auf die Elemente (Daten, Funktionen und Kommunikation) sowie auf die Detaillierung und organisatorische Einbettung des IuK-Systems in das Anwendungsumfeld. Die Beziehungen zur Modellrealisierung bleiben in diesem Kapitel weitgehend auf das Analysemodell beschränkt. Auch wird auf eine explizite Organisationsmodellierung verzichtet; ihre Berücksichtigung wird im Rahmen der Überlegungen zur integrierten Modellierung im übernächsten Kapitel diskutiert.

Zur Modellierung des Modellzwecks im engeren Sinne ist die Sicht auf die Modellelemente von besonderer Bedeutung. Ohne Anspruch auf Vollständigkeit werden im Folgenden einige Techniken zur Daten-, Funktions- und Kommunikationsmodellierung vorgestellt. Zwar wird die Beschreibung des Problems hauptsächlich durch die Daten geprägt, aber auch Funktionen, Kommunikationsbeziehungen und zusätzliche Randbedingungen kennzeichnen ein Problem. Die Grenze von Problembeschreibung und Problemlösung ist sehr oft fließend und ergibt sich erst durch eine eingehende Analyse des Anwendungsmodells.

Zur Problembeschreibung kann entweder mit der Erstellung des Daten- oder des Funktions- oder auch des Kommunikationsmodells begonnen werden. Zur Sicherstellung einer einheitlichen Datenstruktur wird häufig empfohlen, mit der Erstellung des Datenmodells zu beginnen. Grundsätzlich gilt aber, dass alle drei Modellelemente wechselseitige Abhängigkeiten aufweisen und somit auch die Erstellung ihrer individuellen Modelle verzahnt erfolgen sollte. Im Folgenden wird in Abschnitt 4.1 auf die Datenmodellierung, in Abschnitt 4.2 auf die Funktionsmodellierung und in Abschnitt 4.3 auf die Kommunikationsmodellierung eingegangen. Ist das

Wissen über diese Modellelemente noch nicht hinreichend dokumentiert und strukturiert, bedarf es einer entsprechenden Wissensmodellierung. Bei dieser fällt es besonders schwer, eine genaue Abgrenzung der Problembeschreibung von der Problemlösung vorzunehmen. Aus diesem Grund werden Fragen der Modellierung von Wissen erst im Rahmen der Ausführungen zur integrierten Modellierung behandelt. Bei der Datenmodellierung werden an manchen Stellen auch Techniken für Design und Implementierung vorgestellt, während bei der Funktions- und Kommunikationsmodellierung nur das Analysemodell behandelt wird.

4.1 Datenmodellierung

Datenmodelle stellen die statische Struktur der Problembeschreibung (Datenstruktur) dar und geben Antwort auf die Frage, *womit etwas passiert*. Sie dienen der formalen Repräsentation von Informationen aus einem wohldefinierten, abgegrenzten Anwendungsbereich. Datenmodelle werden im Rahmen von Analyse, Design und Implementierung erstellt. Die Spezifikation des jeweiligen Datenmodells kann wiederum über ein Datenmodell erfolgen. Ziel der Datenmodellierung ist eine möglichst redundanzfreie, konsistente, korrekte, vollständige und integrierte Datenhaltung.

Für die Datenmodellierung im Rahmen der Analyse kann man neben anderen Beschreibungstechniken *Jackson-Diagramme* [Jac75] und das *Entity-Relationship-Modell* (ERM) [Che76] als Entwurfssprachen benutzen. Jackson-Diagramme strukturieren Daten als Bäume. Die Wurzel repräsentiert das Datum in aggregierter Form. Dieses wird über die verschiedenen Stufen des Baums bis hin zu den Blättern immer weiter bis zu seinen elementaren Bestandteilen aufgelöst. Ein Jackson-Diagramm repräsentiert 'part_of' Beziehungen. In Abbildung 4.1.-1 ist das Beispiel eines Jackson-Diagramms für Daten, die sich auf Kunden beziehen, angegeben. Daten, die alternativ vorkommen, sind durch '+', Wiederholungen von Daten durch '*' gekennzeichnet.

Für das ERM existieren inzwischen viele Varianten und Erweiterungen. Hier sollen nur die wichtigsten Aspekte der Basisversion kurz besprochen werden. Ihre Hauptbestandteile sind *Entitytypen* und *Entities*, *Beziehungstypen* und *Beziehungen* sowie deren *Attribute*.

Ein Entity ist ein identifizierbares *Objekt* der Anwendungswelt. Eine Menge gleichartiger Objekte lässt sich zu einem Entitytyp zusammenfassen. Beziehungen bzw. Beziehungstypen stellen logische Verknüpfungen zwischen Entities bzw. Entitytypen dar. Ein Beziehungstyp repräsentiert eine Menge gleichartiger Beziehungen. Man unterscheidet bezüglich der *Kardinalität* 1:1-, 1:N- und N:M-Beziehungen bezogen auf die beteiligten Entitytypen. Entities und Entitytypen sowie Beziehungen und Beziehungstypen lassen sich durch Attribute weiter beschreiben. Attribute haben einen Zulässigkeitsbereich bezogen auf erlaubte Werte, genannt Domäne oder auch Wertebereich. Zur Unterscheidung einzelner Entities und Beziehungen werden identifizierende Attribute (Schlüsselattribute) vergeben.

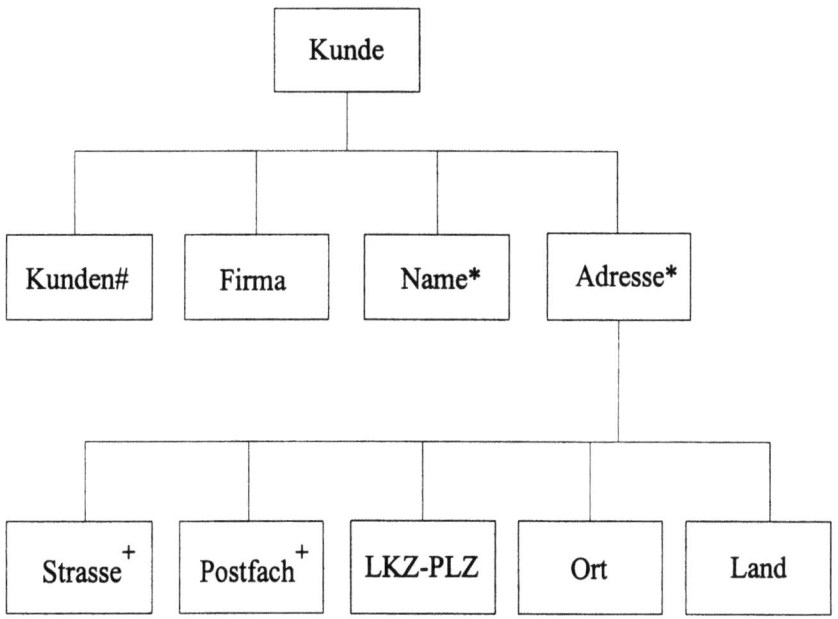

Abb. 4.1.-1: *Jackson-Diagramm für Kundendaten*

Ein ERM lässt sich als Graph repräsentieren, bestehend aus Knoten als Rechtecke und Rauten sowie Kanten mit entsprechenden Beschriftungen. In Abbildung 4.1.-2 ist ein N:M-Beziehungstyp (B.Typ) j bezogen auf die Entitytypen (E.Typ) i und k dargestellt. Die Notation der Kardinalitäten ist so zu interpretieren, dass eine Ausprägung von Entitytyp i mit M Ausprägungen von Entitytyp k in Beziehung vom Typ j steht und eine Ausprägung von Entitytyp k Beziehungen vom Typ j zu N Ausprägungen des Entitytyps i hat.

Abb. 4.1.-2: *ERM-Datenmodell*

Beispiel 4.1.-1: Eine Ausprägung eines ERM wird am Beispiel der Auftragsbearbeitung erläutert. Relevante Entitytypen sind Kundenauftrag (**KA**), Fertigungsauftrag (**FA**), Arbeitsplan (**AP**), Verrichtung (**V**) und Ressource (**RES**); Beziehungstypen sind gehört_zu, beschreibt, enthält und bearbeitet. In Abbildung 4.1.-3 ist das entsprechende ERM dargestellt; auf die Angabe von Attributen wurde verzichtet.

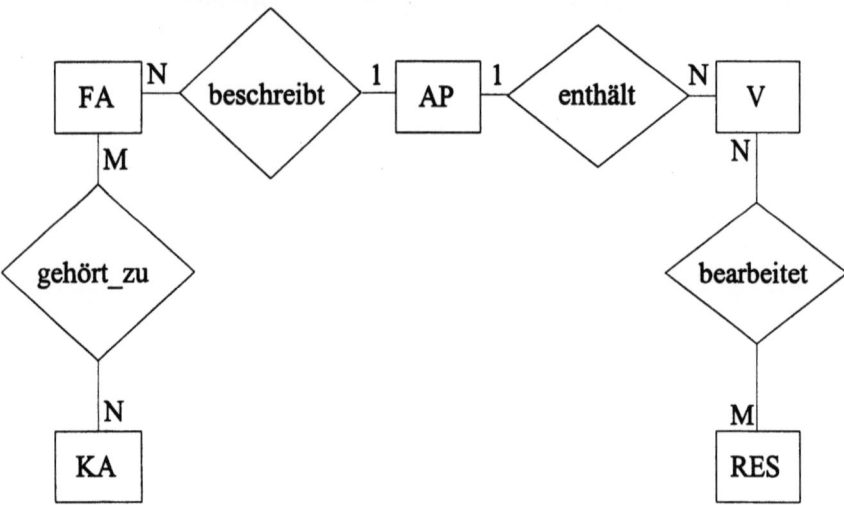

Abb. 4.1.-3: *ERM für die Auftragsbearbeitung*

Die Erstellung des ERM kann entsprechend der folgenden Schritte erfolgen:
(1) Verbale Spezifikation der Anwendungswelt.
(2) Auffinden von Entities und Beziehungen.
(3) Geeignete Entity- und Beziehungstypen durch Aggregation ableiten.
(4) Dekomposition in Teilmodelle.

(5) Kardinalitäten bestimmen.
(6) Festlegung von identifizierenden und zusätzlichen Attributen.

Traditionelle Datenmodelle für das Design sind hierarchisch, netzförmig oder relational. Das *hierarchische* Datenmodell orientiert sich an einem gerichteten Baum, mit dem ausschließlich 1:N-Beziehungen darstellbar sind; N:M-Beziehungen sind nur durch mehrere 1:N-Beziehungen mit entsprechender Redundanz abbildbar. Der Zugriff auf einen Datensatz erfolgt entsprechend der gegebenen Baumstruktur. Beim *Netzwerk*-Datenmodell gibt es keinen dedizierten Wurzelknoten. Auch hier sind elementar nur 1:N-Beziehungen darstellbar, jedoch können durch Einführung eines verbindenden Entitytyps auch N:M-Beziehungen direkt repräsentiert werden. Der Zugriff erfolgt entsprechend der möglichen Pfade im Netzwerk, insbesondere gibt es verschiedene Einstiegsmöglichkeiten. Folgendes Beispiel soll das Arbeiten auf einem hierarchischen und einem netzförmigen Datenmodell verdeutlichen.

Beispiel 4.1.-2: Es sollen die Fragen beantwortet werden, (1) welche Artikel von einem bestimmten Kunden nachgefragt werden und (2) welche Kunden einen bestimmten Artikel nachfragen. Für das hierarchische Datenmodell bedeutet dies, dass die Knoten auf der *Typebene* von der Form (/ Kunden# / Firma / Adresse /) und (/ Best# / Artikel / Preis /) sein müssen. Eine Ausprägung des Modells ist in Abbildung 4.1.-4 dargestellt. Kunde 4712 fragt die Artikel Alpha und Gamma nach, Kunde 4711 darüberhinaus Artikel Beta. Artikel Alpha wird also von den Kunden 4711 und 4712 nachgefragt. Beim netzförmigen Datenmodell wird zur Beantwortung der Fragen neben den schon bekannten Dateien die *Verbindungsdatei* (/ Best# / Kunden# /) zur Abbildung einer Kundenbestellung eingeführt. Eine Darstellung des Beispiels als netzförmiges Datenmodell ist in Abbildung 4.1.-5 angegeben. Die Zugriffe zur Beantwortung der beiden obigen Fragen sind durch Pfeile gekennzeichnet.

Die Dokumentation eines Datenmodells erfolgt im Data Dictionary. Dabei muss eine vorgegebene Syntax eingehalten werden. Ein Beispiel für die Beschreibung von Kundendaten ist in Tabelle 4.1.-1 gegeben. Dabei wird jeder Eintrag durch '=' eingeleitet; Aufzählung, Wiederholung, optionale Existenz und Auswahl von Alternativen werden durch '+', '{Datenelement}', '(Datenelement)' und '$[A_i|A_j|A_k]$' repräsentiert. Kommentare werden durch '@Kommentar@' vereinbart.

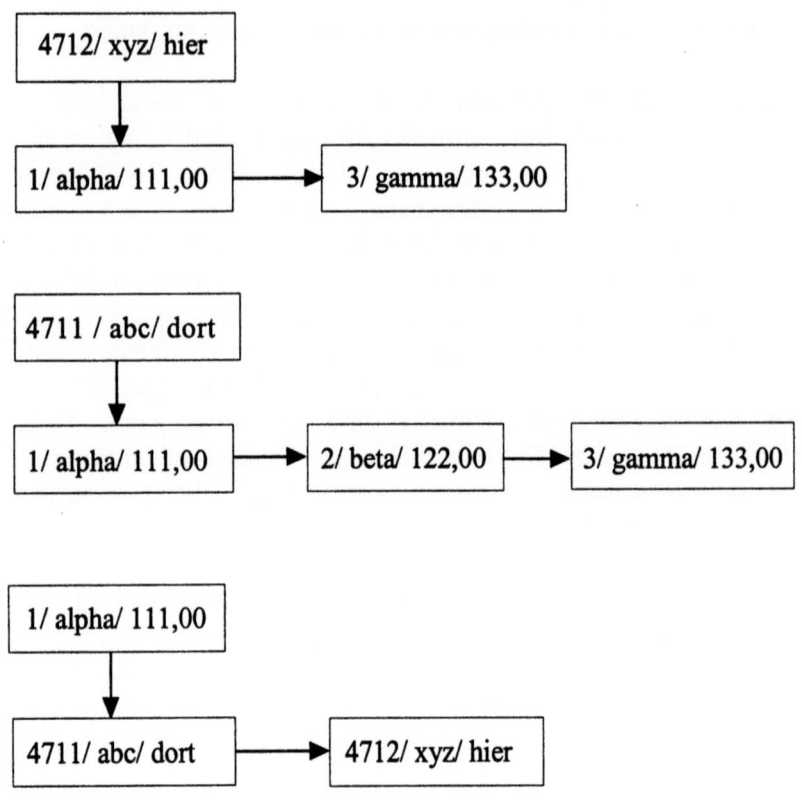

Abb. 4.1.-4: *Beispiel für ein hierarchisches Datenmodell*

```
Kundendatei      = {Kunde}
Kunde            = Kunden#   +   Firma   +   Name   +
                   {Adresse}
Kunden#          = 1...99999
                   @dies ist ein Datenelement@
Firma            = Firmenbezeichnung
Name             = Nachname + Vorname1 + (Vorname2)
Adresse          = [Strasse|Postfach]  +  LKZ-PLZ  +
                   Ort + (Land)
```

Tab. 4.1.-1: *Data Dictionary Einträge für Kundendaten*

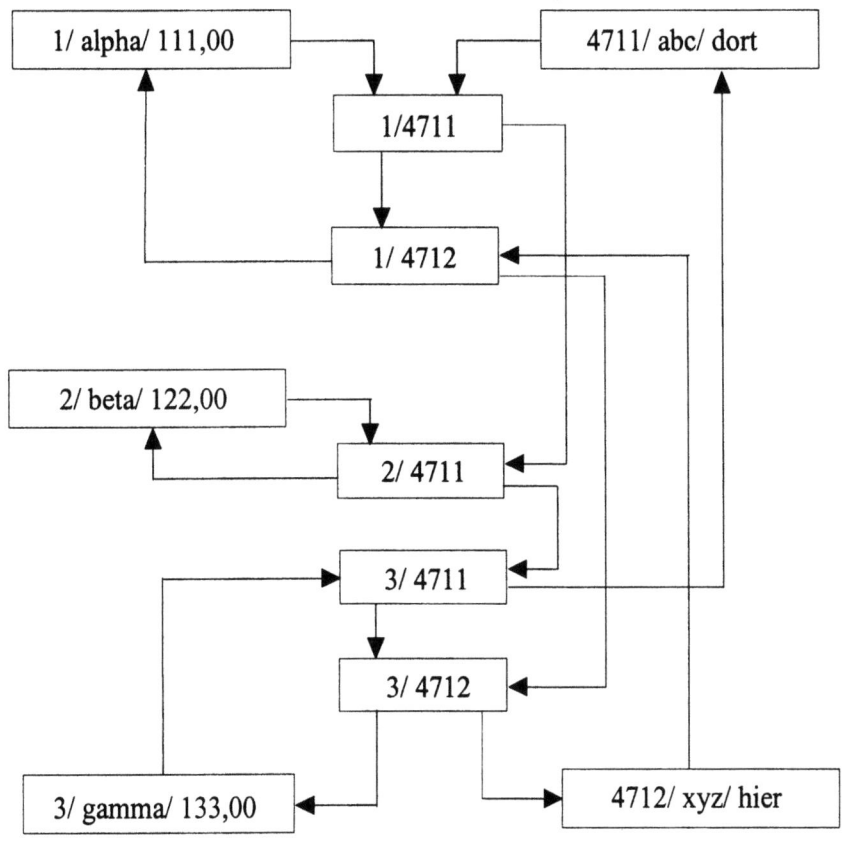

Abb. 4.1.-5: *Beispiel für ein netzförmiges Datenmodell*

Ein Nachteil von hierarchischen und netzförmigen Datenmodellen ist die a priori Festlegung des Zugriffs auf die einzelnen Datensätze. So müssen zur Beantwortung der Fragen (1) und (2) aus Beispiel 4.1.-2 die in den Abbildungen 4.1.-4 und 4.1.-5 dargestellten Zugriffspfade angegeben werden. Eine größere Flexibilität im Zugriff erhält man durch das *Relationenmodell* [Cod70]. Eine Relation R ist die Teilmenge des kartesischen Produkts von Basismengen W. Beim Relationenmodell wird eine Relation durch Attribute beschrieben, d.h. $R(A_1, A_2, ..., A_n) \subseteq W(A_1) \times W(A_2) \times ... \times W(A_n)$ mit A_i als Attribut und $W(A_i)$ als Wertebereich von A_i. Eine Relation besteht aus Tupeln, die sich auch als Tabellen darstellen lassen. Relationen haben u.a. die folgenden Eigenschaften:
- Alle Tupel einer Relation (Zeilen der Tabelle) unterscheiden sich.
- Die Tupel unterliegen keiner Ordnung.
- Die Elemente eines Tupels unterliegen keiner Ordnung.

Relationen sind durch *Schlüssel* identifizierbar, wobei Primärschlüssel, kurz Schlüssel, der eindeutigen Identifizierung dienen und Fremdschlüssel weitere Zugriffswege kennzeichnen. Bei der Überführung des konzeptionellen ERM in das logische Relationenmodell wird für jeden Entitytyp und jeden N:M-Beziehungstyp eine Relation eingeführt. 1:1- und 1:N-Beziehungstypen werden aufgelöst und ihre Attribute werden bei den beteiligten Entitytypen über Fremdschlüssel repräsentiert. Die Aufnahme der Fremdschlüssel hat bei 1:N-Beziehungstypen so zu erfolgen, dass der Entitytyp mit der Kardinalität N einen Teil des Primärschlüssels des Beziehungstyps als Fremdschlüssel erhält.

Grundlegende Operationen auf Relationen sind, wie in Abbildung 4.1.-6 dargestellt, Vereinigung, Schnitt, Differenz, Restriktion, Projektion, Join, Produkt und Division [Dat94]. Die Vereinigung zweier Relationen führt zur Zusammenführung ihrer Tupel. Beim Schnitt verbleiben Tupel, die beiden Relationen gemeinsam sind. Bildet man die Differenz zwischen zwei Relationen, so erhält man Tupel der ersten Relation, die verschieden sind von allen Tupeln der zweiten Relation. Projektion stellt einen Spaltenausschnitt und Restriktion einen Zeilenausschnitt dar. Der Join verbindet Elemente zweier Relationen, die zu definierende Gemeinsamkeiten aufweisen. In Abbildung 4.1.-6 werden beispielsweise Elemente aus X mit Elementen aus V verbunden, die den gleichen Partner bezüglich Y und U haben. Das Produkt zweier Relationen ist das kartesische Produkt der beteiligten Elemente. Bei der Division zweier Relationen bleiben nur die Elemente des Dividenden übrig, deren Partner die Relation des Divisors ausmachen.

Zur Verringerung der Redundanz von Relationen normalisiert man diese [RC93]. Man unterscheidet mehrere *Normalformen*, wobei hier nur die ersten drei vorgestellt werden:
(1) Eine Relation R ist in erster Normalform (1.NF), wenn alle ihre Attribute elementare Attribute sind, d.h. wenn R keine weiteren Relationen enthält.
(2) Eine Relation R ist in zweiter Normalform (2.NF), wenn sie in 1.NF ist und jedes Nichtschlüssel-Attribut nur vom gesamten Primärschlüssel von R und nicht bereits von einer Teilmenge des Schlüssels funktional abhängig ist. Ein Attribut A einer Relation R ist funktional abhängig von einem oder mehreren Attributen B, ..., Z aus R, wenn zu jedem Zeitpunkt gilt, dass jedem Wert von B, ..., Z genau ein Wert von A zugeordnet ist.

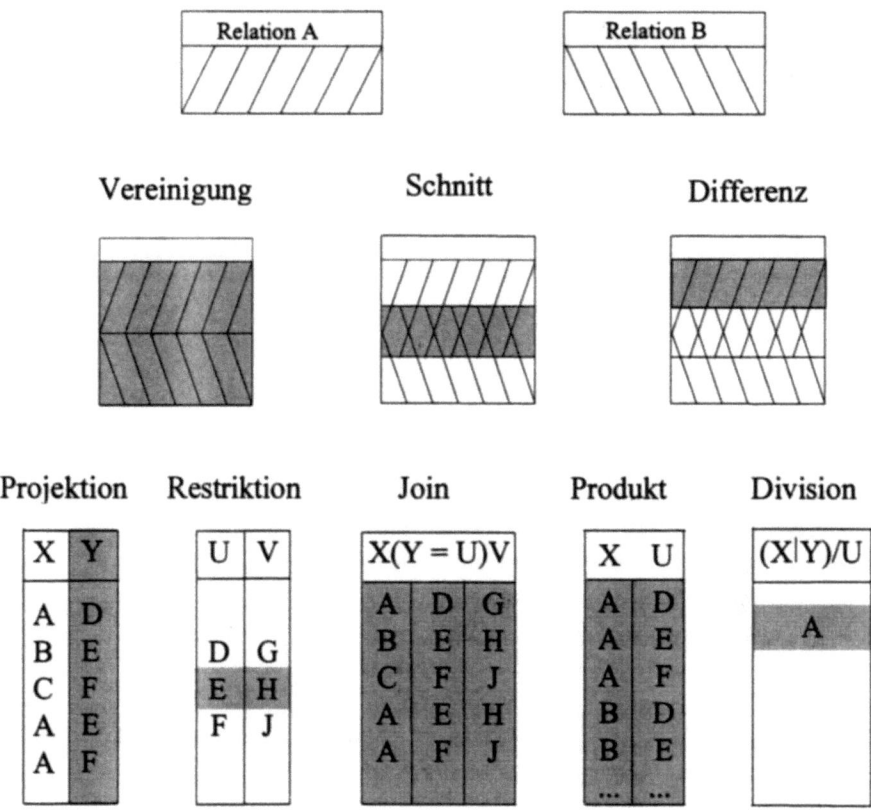

Abb. 4.1.-6: *Operationen auf Relationen*

(3) Eine Relation R ist in dritter Normalform (3.NF), wenn sie in 2.NF ist und kein Nichtschlüssel-Attribut transitiv (über andere Nichtschlüssel-Attribute) vom Primärschlüssel von R abhängig ist. Es seien A, B und C drei verschiedene Attribute einer Relation R. Wenn C funktional von B abhängig ist und B funktional von A abhängt, dann ist damit auch C funktional abhängig von A. Gilt ferner, dass A nicht funktional abhängig von B ist, so sagt man, C ist transitiv abhängig von A.

Beispiel 4.1.-3: Die Normalisierung soll am Beispiel der Entity- und Beziehungstypen **FA**, **V** und **bearbeitet (B)** aus Beispiel 4.1.-1 verdeutlicht werden; die Attribute sind so ausgewählt, dass eine Normalisierung erforderlich ist. Attribute, die Primärschlüssel repräsentieren, sind unterstrichen. F# steht für Fertigungsauftrags-Nummer und V# für Verrichtungs-Nummer.

RFA   (<u>F#, Zeichnungs#</u>, Arbeitsplan, Endtermin, Kunden#,
        KAdresse, KName, Toleranz)
RV   (<u>V#</u>, Bezeichnung, Maschine)
RB   (<u>F#, Zeichnungs#, V#</u>, Status, Alternativarbeitsgang)

Alle drei Relationen befinden sich bereits in 1.NF; RV befindet sich sogar schon in 3.NF. RFA befindet sich noch nicht in 2.NF, da das Attribut Toleranz nicht funktional abhängig vom gesamten Schlüssel, sondern nur vom Attribut Zeichnungs# ist. Die Normalisierung von RFA ergibt RFA1 (<u>F#, Zeichnungs#</u>, Arbeitsplan, Endtermin, Kunden#, KAdresse, KName) und RFA2 (<u>Zeichnungs#</u>, Toleranz). RB befindet sich auch noch nicht in 2.NF, da das Attribut Status nur funktional abhängig ist von den Attributen F# und V#. Die Normalisierung von RB ergibt RB1 (<u>F#, Zeichnungs#, V#</u>, Alternativarbeitsgang) und RB2 (<u>F#, V#</u>, Status). Jetzt sind auch bereits die Relationen RFA2, RB1 und RB2 in 3.NF. Es bleibt noch die weitere Normalisierung von RFA1, da die Attribute KAdresse, KName transitiv über das Attribut Kunden# von den Schlüsselattributen F# und Zeichnungs# abhängig sind. Es ergibt sich nun RFA11(<u>F#, Zeichnungs#</u> Arbeitsplan, Endtermin, Kunden#) und RFA12(<u>Kunden#</u>, KAdresse, KName). Damit sind alle Relationen in 3.NF.

Auf der Implementierungsebene wird häufig als Sprache *SQL* (Structured Query Language) benutzt. Mit ihr lassen sich die Operationen der Relationenalgebra auf dem Relationenmodell definieren. Das folgende Beispiel zur Auftragsbearbeitung basiert auf der SQL-Notation.

Beispiel 4.1.-4: Es soll die Frage beantwortet werden, zu welchem Kunden der Fertigungsauftrag 213 gehört. Dazu müssen zunächst die Tabellen FA11 und FA12 erstellt und mit Daten gefüllt werden. Auf die Darstellung der Dateneintragung wird verzichtet.

```
CREATE TABLE FA11
    (F# INT,
    Zeichnungs# INT,
    Arbeitsplan CHAR(10),
    Endtermin DATE,
    Kunden# INT,
    PRIMARY KEY (F#,Zeichnungs#));

CREATE TABLE FA12
    (Kunden# INT,
    KAdresse CHAR(20),
    KName CHAR (20),
    PRIMARY KEY (Kunden#));
```

Mit

```
SELECT KName, KAdresse   oder   SELECT KName, KAdresse
FROM   FA12                     FROM   FA12, FA11
WHERE  Kunden#                  WHERE  FA11.F# = 213
IN     (SELECT Kunden#          AND    FA11.Kunden# =
        FROM FA11                      FA12.Kunden#;
        WHERE F# = 213);
```

wird die Frage beantwortet.

Vorteile des relationalen Datenmodells sind das leichte Hinzufügen, Löschen und Verändern von Relationen und Tupeln und eine fast beliebige Flexibilität bei der Auswertung des Datenbestandes. Erweiterte Anforderungen an Datenmodelle entstehen durch Hyper- bzw. Multimedia-Systeme. Auch ist inzwischen erkannt worden, dass aus Gründen der Rechenzeit nicht immer eine extensive Normalisierung von Vorteil ist. So gibt es Datenmodelle, bei denen eine Relation nicht mehr in der 1. Normalform vorliegen muss, d.h. ein Attribut einer Relation kann wiederum eine Relation sein. Ebenso versuchen objektorientierte Datenmodelle, erweiterten Anforderungen gerecht zu werden [Heu92].

4.2 Funktionsmodellierung

Die Funktionsmodellierung im Rahmen der Problembeschreibung dient der Darstellung der Anforderungen an die Problemlösung, indem sie die benötigten Funktionen benennt, in ihrem Aufbau anordnet, für jede Funktion die aus betriebswirtschaftlicher Sicht nötigen Schritte beschreibt und die Input-Output-Beziehungen der einzelnen Funktionen zur Umgebung abbildet. Die Funktionsmodellierung beantwortet hier die Frage, *was passieren muss*, wenn eine Funktion aufgerufen wird. Das Ergebnis sind Vorgaben, die die algorithmische Spezifikation der Umwandlungsvorschrift von Input in Output zu beachten hat. Diese erfolgt dann im Rahmen der Modellierung der Problemlösung. In diesem Abschnitt wird die Funktionsmodellierung nur im Sinne der Zerlegung, der Abbildung elementarer Schritte und der Spezifikation der Input-Output-Beziehungen betrachtet; detaillierte Überlegungen zur Funktionsmodellierung aus algorithmischer Sicht werden im nächsten Kapitel angestellt.

Funktionsmodellierung aus fachlicher Sicht erfolgt meistens entsprechend des Prinzips der schrittweisen Verfeinerung bzw. Top Down, d.h. die Systemaufgabe wird in einzelne Funktionen zergliedert und Funktionen werden in elementare Schritte heruntergebrochen. Globale Funktionszusammenhänge sind in Kontextdiagrammen und über Diagrammhierarchien darstellbar. Techniken zur Funktionsmodellierung für die Analyse sind Funktionsbäume und Datenflussdiagramme.

Funktionsbäume beschreiben hierarchische Zerlegungen von Funktionen aus verschiedenen Perspektiven, ausgehend vom Prozess bis auf die Ebene von betriebswirtschaftlich nicht mehr sinnvoll zerlegbaren Elementarfunktionen. Aus horizontaler Sicht muss über die Gliederung und aus vertikaler Sicht über den Detaillierungsgrad des Baumes entschieden werden.

Beispiel 4.2.-1: In Abbildung 4.2.-1 ist als Beispiel der Ausschnitt eines Funktionsbaums für die Auftragsbearbeitung angegeben. Dabei werden die Funktionen 'Fertigungsauftrag anlegen (`FA_anlegen`)', 'Termine bestimmen (`TER_bestimmen`)', 'Arbeitsplan erstellen (`AP_erstellen`)', 'Ressourcen bestimmen (`RES_bestimmen`)', 'Verrichtungen erzeugen (`V_erzeugen`)' und 'Ressourcen reservieren (`RES_reservieren`)' unterschieden. Die Gliederung auf horizontaler Ebene ist nicht vollständig ausgebildet; auf vertikaler Ebene sind Aufgaben der Arbeitsvorbereitung dargestellt.

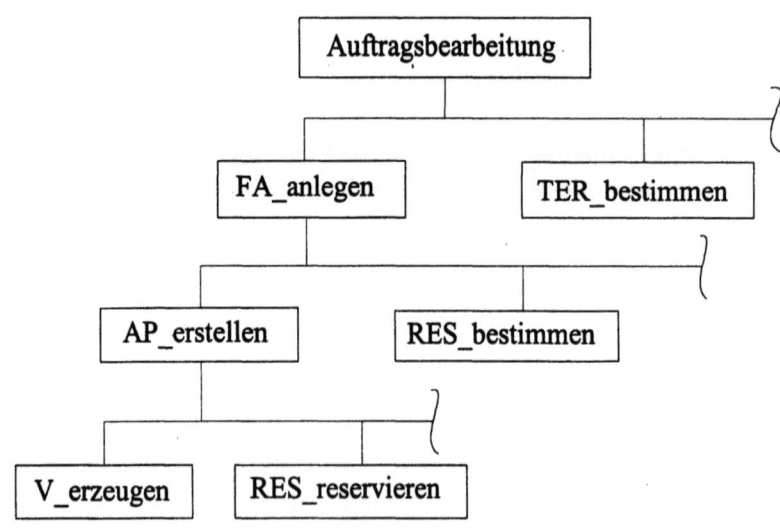

Abb. 4.2-1: *Funktionen der Auftragsbearbeitung*

Datenflussdiagramme beschreiben Funktionen unter Verwendung von Daten. Sie beschreiben, was ein System leistet bzw. welche Anforderungen gestellt werden, aber nicht, wie diese erfüllt werden. In der Notation nach

[DeM78] werden Datenflüsse als Pfeile, Funktionen (Kreise oder Ellipsen), Datenspeicher (offene Rechtecke), sowie Datenquellen und -senken (geschlossene Rechtecke) als Knoten dargestellt. Pfeile, die auf eine Funktion hinführen, repräsentieren die Input- und Pfeile, die von ihr wegführen, die Outputdaten. Bei Datenspeichern bedeutet dies analog schreibenden und lesenden Zugriff. Weiter unterscheidet man äußere Datenflüsse zwischen System und Quellen bzw. Senken und innere Datenflüsse zwischen Funktionen und Datenspeichern. Die Notation von Datenflussdiagrammen ist in Abbildung 4.2.-2 dargestellt.

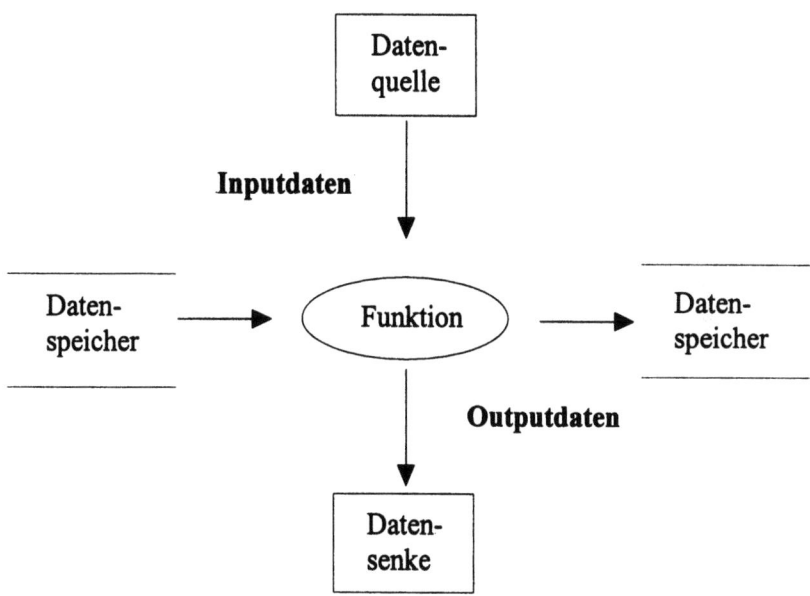

Abb. 4.2.-2: *Elemente von Datenflussdiagrammen*

Beispiel 4.2.-2: Das Beispiel eines Datenflussdiagramms für die Auftragsbearbeitung ist in Abbildung 4.2.-3 angegeben. Die Systemumgebung wird durch den Kundenauftrag KA (Quelle) und den grob verplanten Fertigungsauftrag FA (Senke) gebildet. Die durch einen Kundenauftrag nachgefragte Eigenleistung bildet den Input der Funktion FA_anlegen. Diese erzeugt eine Liste der Teile, die für den Kundenauftrag zu fertigen sind. Für jedes einzelne Teil ist ein Arbeitsplan zu erstellen. Dies geschieht durch die Funktion AP_erstellen. Das Ergebnis sind Arbeitspläne für jedes zu fertigende Teil. Mit Hilfe dieser Arbeitspläne lassen sich für jedes Teil durch die Funktion V_erzeugen die durchzuführenden Verrichtungen und die entsprechenden Bearbeitungsdauern bestimmen. Die Dauern dienen dann der Funktion TER_bestimmen als Eingabe. Diese Funktion legt die zeitlich zulässigen Intervalle der Fertigung für jedes Teil fest. Sind die Intervalle bestimmt, können mit Hilfe der Funktion RES_bestimmen die kapazitativ zulässigen Zeitintervalle bestimmt werden. Diese werden benutzt, um mit Hilfe der Funktion RES_reservieren eine Quittung über die Einplanung der Fertigungsaufträge auszustellen. Zusätzliche Inputdaten für die einzelnen Funktionen werden aus den Datenspeichern entnommen.

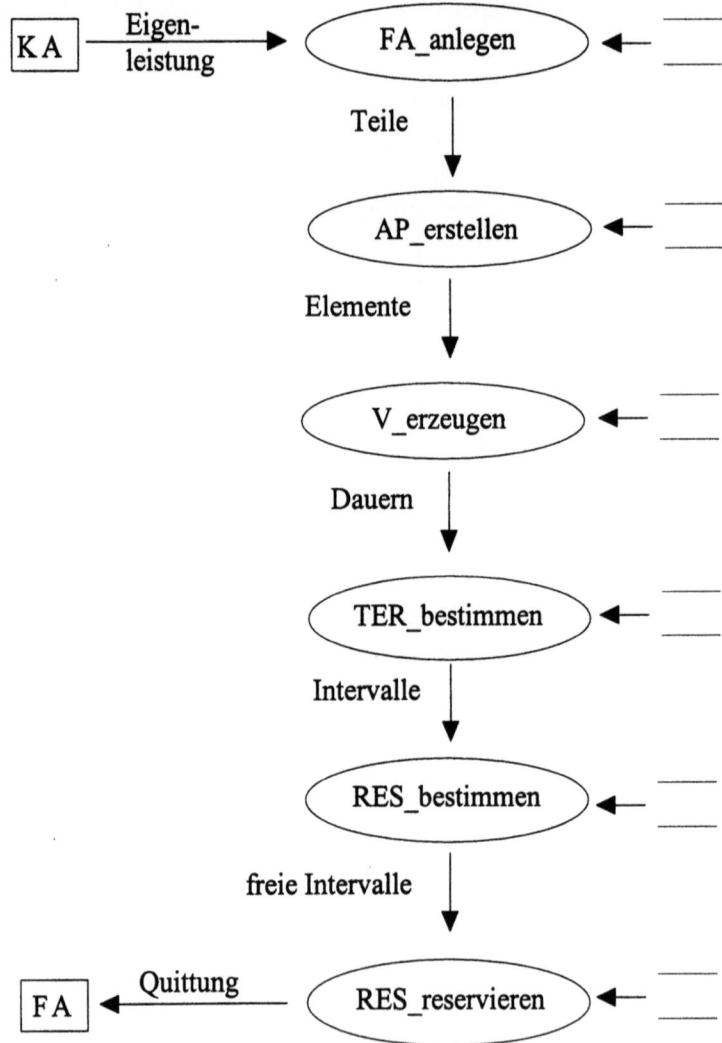

Abb. 4.2.-3: *Datenflussdiagramm für die Auftragsbearbeitung*

Um genauer festzulegen, was jede einzelne Funktion leisten soll, müssen der Input genau spezifiziert, die fachlich elementaren Schritte aufgezählt und schließlich der resultierende Output festgelegt werden. Das folgende Beispiel verdeutlicht das Vorgehen.

Beispiel 4.2.-3: Als Beispiel für die betriebswirtschaftliche Spezifikation einer Funktion soll die von TER_bestimmen dienen; sie ist in Tabelle 4.2.-1 dargestellt.

```
TER_bestimmen

INPUT:
Dauern der Verrichtungen,
Liefertermine für Teile;

SCHRITTE:
(1) Spätester_Beginntermin :=
    Liefertermin - Bearbeitungsdauern - Puffer;
(2) Frühester_Beginntermin :=
    Heute + Vorbereitungszeit;

OUTPUT:
Frühester und spätester Beginn der Fertigung;
```

Tab. 4.2.-1: *Spezifikation der Funktion* TER_bestimmen

Die Erstellung des Funktionsmodells im Rahmen der Problembeschreibung kann entsprechend folgender Schritte erfolgen:
(1) Input und Output des Systems bestimmen.
(2) Elementare Funktionen identifizieren und Funktionsbaum erstellen.
(3) Input und Output elementarer Funktionen bestimmen.
(4) Datenflussdiagramm erstellen, das die Umwandlung von Input in Output zeigt.
(5) Arbeitsweise jeder Funktion aus betriebswirtschaftlicher Sicht be schreiben.

4.3 Kommunikationsmodellierung

Die Modellierung der Kommunikation dient der Repräsentation der Beziehungen der Modellelemente aus *zeitlicher* Sicht, beschreibt die Abläufe und dient somit der Darstellung von dynamischem Systemverhalten bzw. der Interaktion von Funktionen. Das Kommunikationsmodell legt fest, *wann etwas passiert*; dazu müssen *Ereignisse, Bedingungen, Zustände* und *Transitionen* repräsentiert werden. Geeignete Darstellungstechniken zur Kommunikationsmodellierung sind Zustandsübergangsdiagramme und Petri-Netze.

4.3.1 Zustandsübergangsdiagramme

Zustandsübergangsdiagramme bestehen aus den Elementen Ereignis, Zustand und Transition. Ein Ereignis ist der Wert eines Signals und hat keine Zeitdauer. Ein Zustand spezifiziert die Antwort auf ein Ereignis und ist aktiv für eine Zeitdauer. Zustände lassen sich durch die Ausführung von Funktionen beschreiben. Ein Zustand trennt Ereignisse und ein Ereignis trennt Zustände. Das Ereignis, das einen Zustandswechsel auslöst, heißt Transition. Die Transition aktiviert die Funktionen des empfangenden Zustands und deaktiviert die des abgebenden. Transitionen benötigen nur einen Augenblick, werden nicht genauer spezifiziert und können an zusätzliche Bedingungen geknüpft werden.

Beispiel 4.3.-1: In Tabelle 4.3.-1 ist ein Muster für eine Zustandsbeschreibung im Rahmen der Auftragsbearbeitung angegeben. Zustandsnamen werden mit Funktionsnamen gleichgesetzt.

```
ZUSTANDSNAME:     FA_anlegen
BESCHREIBUNG:     Teile des KA, die in Eigenfertigung erstellt
                  werden, erhalten den Status eines FA
AUSLÖSENDE
EREIGNISSE:       KA_erfasst
BEDINGUNGEN:      Eigenfertigung möglich
FOLGENDE
EREIGNISSE:       FA_angelegt
```

Tab. 4.3-1: *Beispiel für eine Zustandsbeschreibung*

Ein Zustandsübergangsdiagramm ist ein Graph, dessen Knoten verschiedene *Zustände* eines Systems repräsentieren und dessen Pfeile Übergänge (*Transitionen*) von einem Zustand zu einem anderen darstellen. Zustandsübergangsdiagramme wurden ursprünglich für die Beschreibung des Verhaltens von endlichen Automaten entwickelt. Es gibt viele Möglichkeiten, Zustandsübergangsdiagramme darzustellen. Die folgenden Ausführungen geben einen Überblick und basieren auf [DFM98].

Das Zustandsübergangsdiagramm spezifiziert die Reihenfolge von Zuständen in Abhängigkeit von Ereignissen; eine Folge von Ereignissen oder Zuständen entspricht einem Pfad im Zustandsübergangsdiagramm. Zustände werden manchmal mit aktiven Funktionen und Transitionen

werden dann mit dem Namen des auslösenden Ereignisses und einzuhaltender Bedingung markiert. Eine mögliche Notation von Zustandsübergangsdiagrammen ist in Abbildung 4.3.-1 angegeben.

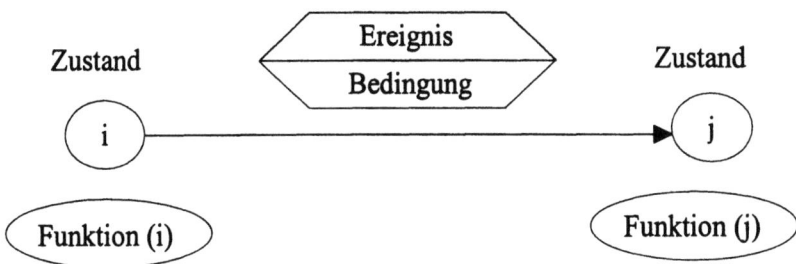

Abb. 4.3.-1: *Notation von Zustandsübergangsdiagrammen*

Beispiel 4.3.-2: Als erstes Beispiel für die Kommunikationsmodellierung soll wieder die Auftragsbearbeitung dienen. Als Ereignisse werden unterschieden KA_erfasst (Kundenauftrag ist erfasst), FA_angelegt (Fertigungsauftrag ist angelegt), AP_erstellt (Arbeitsplan ist erstellt), V_erzeugt (Verrichtungen sind erzeugt), TER_bestimmt (Termine liegen fest), RES_frei (Ressourcen sind verfügbar) und FA_geplant (Ressourcen sind reserviert). Das Kommunikationsmodell ist in Abbildung 4.3.-2 dargestellt; Bedingungen für die Zustandsübergänge sind >Eigenfertigung möglich<, >Arbeitsplan noch nicht vorhanden<, >Fertigung ist technisch möglich<, >Liefertermine liegen vor< und >knappe Ressourcen werden benötigt<. Zur Erreichung des Zustands RES_reservieren muss keine Bedingung eingehalten werden. Startund Endzustand des Diagramms sind entsprechend markiert.

Die Grundlagen von Zustandsübergangsdiagrammen legten Mealy [Mea55] und Moore [Moo56]. Ziel war es, die internen Zustände eines Systems aus Beobachtungen der Beziehungen zwischen dem Input und dem Output abzuleiten. Ein Zustandsübergangsdiagramm (Mealy-Maschine) lässt sich durch das Sechs-Tupel *(S, I, O, δ, γ, s_0)* formal präzisieren. Dabei bedeuten:
- *S* ist die endliche Menge von Zuständen,
- *I* ist ein endliches Eingabe-Alphabet,
- *O* ist ein endliches Ausgabe-Alphabet,
- *δ: S x I → S* ist die Zustandsübergangsfunktion,
- *γ: S x I → O* ist die Ausgabefunktion und
- s_0 ∈ *S* ist der Anfangszustand.

Die δ-Funktion beschreibt die neuen Zustände des Systems und die γ-Funktion beschreibt den entsprechenden Output, d.h. die Informationen, die bei einem Zustandsübergang ausgegeben werden.

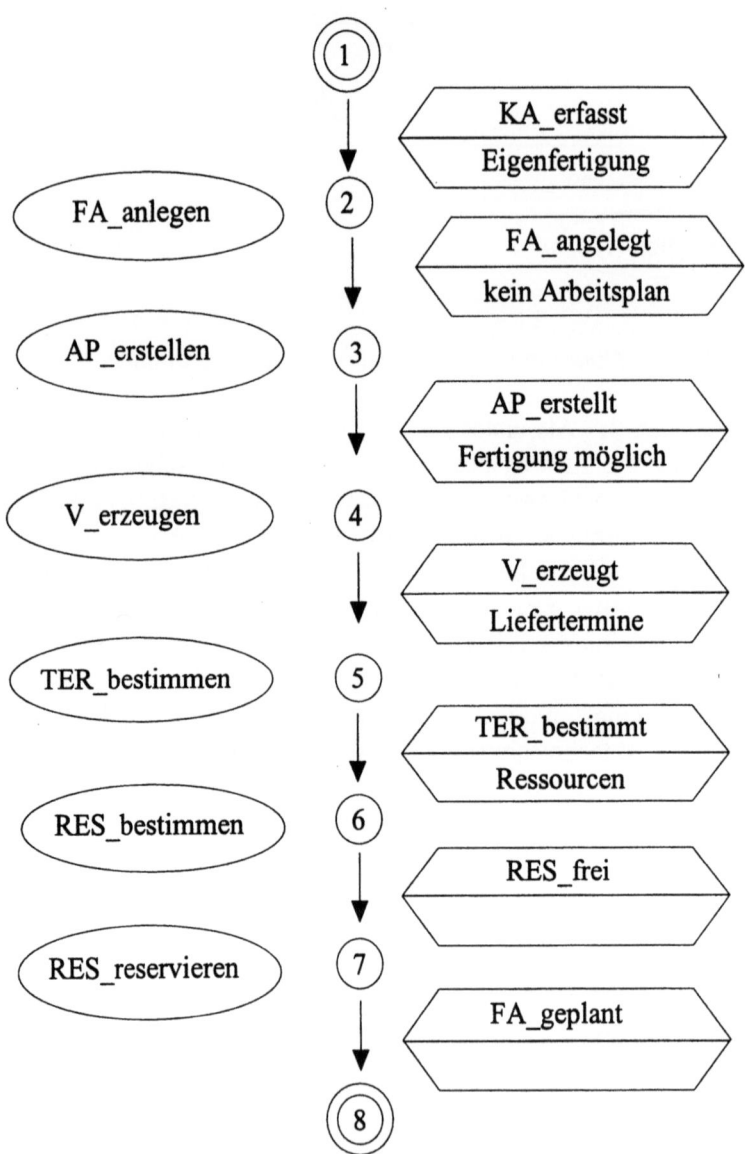

Abb. 4.3.-2: *Kommunikationsmodell Auftragsbearbeitung*

Beispiel 4.3.-3: In Abbildung 4.3.-3 ist ein einfaches Beispiel eines Zustandsübergangsdiagramms als Mealy-Maschine dargestellt. Zustände sind als Knoten und Zustandsübergänge als Pfeile repräsentiert. Das Beispiel beschreibt einen Stapel, der entweder leer sein (ε) oder bis zu zwei Elemente aus der Menge $\{a,b\}$ enthalten kann. Es sind sieben Zustände dargestellt, die mit den jeweiligen Elementen, die sich im Stapel befinden, markiert sind. Das Eingabe-Alphabet I ist beschrieben durch $\{push_a, push_b, pop, top\}$. Dabei bedeuten $push_a$ und $push_b$, dass die Elemente a und b in den Stapel aufgenommen werden, *pop*, dass das Element von der ersten Position des Stapels eliminiert wird und *top*, dass es eliminiert und wieder aufgenommen wird. Das Ausgabe-Alphabet O ist $\{a,b,\lambda,error\}$. λ ist ein Platzhalter für eine beliebige Information. Die Werte des Input und der γ-Ausgabefunktion sind an den Pfeilen vermerkt. Eine Markierung x/y mit $x \in I$ und $y \in O$ einer Transition von Zustand s nach Zustand t bedeutet, dass $\gamma(s,x) = y$. Für die Zustandsübergangsfunktion folgt, dass $\delta(s,x) = t$ ist. Die Eingabe $push_b$ im Zustand a bewirkt einen Übergang zum Zustand ab und erzeugt eine beliebige Ausgabe λ. Wendet man *top* und *pop* auf den leeren Stapel (ε) an, so ist die Ausgabe *error*, da diese Operationen in diesem Zustand nicht ausgeführt werden können. Das gleiche Ergebnis liefert $push_a$ oder $push_b$, wenn diese Operationen auf einen vollen Stapel angewendet werden. Die Schleife zu Zustand a, die mit top/a markiert ist, bedeutet, dass diese Operation beliebig oft auf diesen Zustand angewendet werden kann und dass die Ausgabe jedesmal a ist.

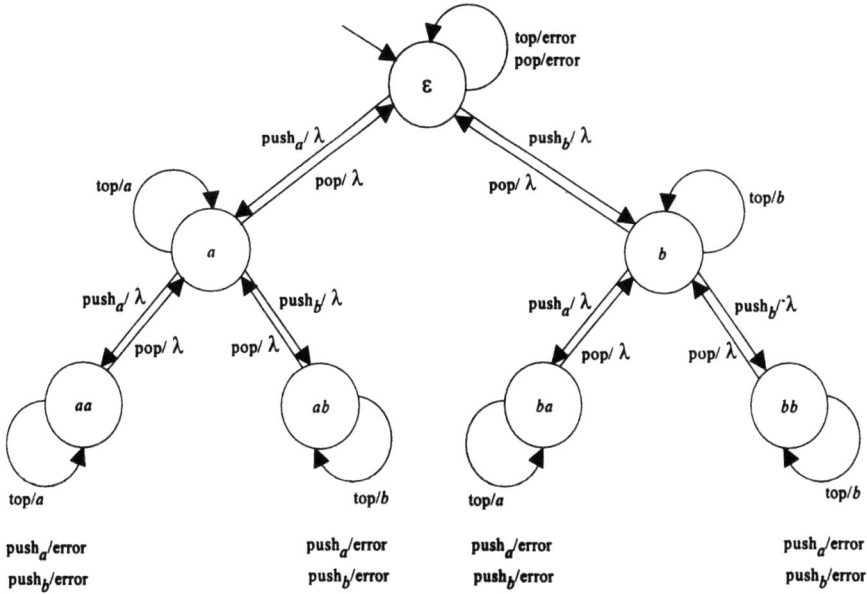

Abb. 4.3.-3: *Zustandübergangsdiagramm einer Mealy-Maschine*

Das Grundmodell der Mealy-Maschine weist einige Nachteile auf. Es gibt keine Möglichkeit, Hierarchien oder Parallelität abzubilden. Es ist auch unwirtschaftlich, da die Anzahl der Zustände, die man zur Darstellung des Systemverhaltens braucht, bei linearer Zunahme der Systemgröße exponentiell wächst. So gilt für das Beispiel 4.3.-3, dass bei 2 Elementen im Stapel 7 Knoten darzustellen sind. Bei 3 Elementen würde man 15 Knoten zur Darstellung benötigen und bei n wären dies schon $2^{n+1}-1$ Um diese Nachteile zu überwinden, wurden von Harel [Har87, Har88] *State Charts* vorgeschlagen. State Charts sind Zustandsübergangsdiagramme mit der zusätzlichen Eigenschaft, dass *Hierarchien* und *ungerichtete Kommunikation* darstellbar sind.

Beispiel 4.3.-4: Das State Chart einer Flugzeugmontage ist in Abbildung 4.3.-4 dargestellt. Wie man erkennt, besteht es aus einer Menge von markierten Knoten (Zuständen) und einer Menge von markierten Pfeilen (Transitionen). Die Darstellung entspricht der von Zustandsübergangsdiagrammen, jedoch unterscheidet sich die Abbildungsvorschrift. Hierarchie wird dadurch ausgedrückt, dass man Super-Zustände einführt, die Sub-Zustände und interne Transitionen enthalten. Es gibt zwei Arten von Super-Zuständen: *Oder*-Zustände und *Und*-Zustände. Sub-Zustände von Und-Zuständen werden durch gestrichelte Linien voneinander getrennt. So sind *airplane_plant*, *counter_1*, *counter_2* und *assembly* Oder-Zustände, und *working* ist ein Und-Zustand. Der Anfangszustand eines Super-Zustands wird durch einen kleinen Pfeil markiert. So ist *init* der Anfangszustand des Super-Zustands *assembly*.

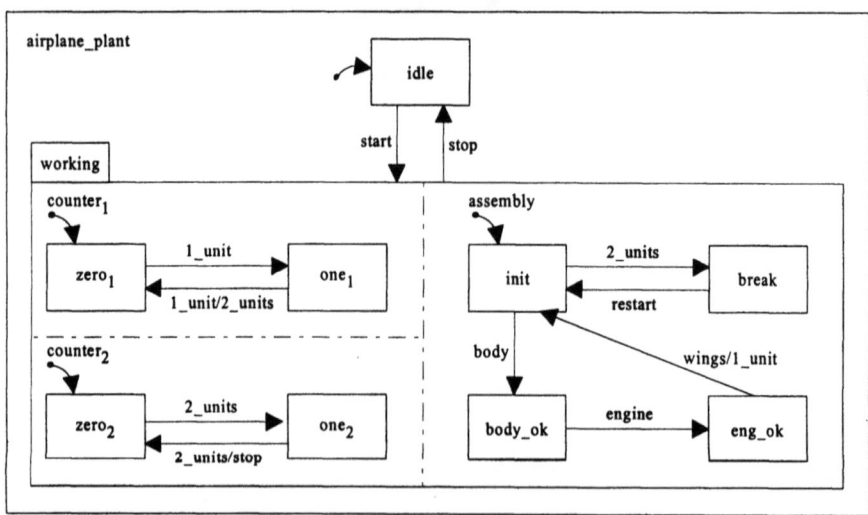

Abb. 4.3.-4: *Beispiel eines State Charts*

4.3 Kommunikationsmodellierung

Die Ausführung eines State Charts erfolgt in diskreten Zeitschritten. Nehmen wir an, dass das State Chart in Abbildung 4.3.-4 nur aus dem Super-Zustand *assembly* bestehe. Dieser Knoten ist ein Oder-Zustand. Übergänge zwischen Zuständen werden entweder durch ein Ereignis oder durch das Paar externes Ereignis / internes Ereignis beschrieben. Ein Ereignis verbraucht keine Zeit. Ein internes Ereignis wird auch als Signal bezeichnet, das zur ungerichteten internen Kommunikation verwendet wird. Die Ausführung des Super-Zustands *assembly* bedeutet, einem Pfeil zu folgen, wenn das Ereignis, das der Markierung des Pfeils entspricht, eintritt. Tritt beispielsweise das Ereignis *2_units* ein, findet ein Zustandswechsel von *init* nach *break* statt.

Jeder State Chart kann sich zu jedem Zeitpunkt in nur einem Sub-Zustand eines Oder-Zustands befinden. Die Schleife *body, engine, wings/1_unit* beschreibt die Montage eines Flugzeugs aus drei Teilen und das Eintreten des internen Ereignisses, dass eine Einheit eines Flugzeugs nach Durchlauf der Schleife fertiggestellt ist. Die Ausführung eines Und-Zustands bedeutet, dass seine Sub-Zustände parallel ausgeführt werden. Tabelle 4.3.-2 zeigt das Verhalten des State Chart aus Abbildung 4.3.-4, wenn die Ereignisse in der angegebenen Reihenfolge eintreten.

time	state	external event	internal event
1	idle	start	
2	($zero_1$, $zero_2$, init)	body	
3	($zero_1$, $zero_2$, body_ok)	engine	
4	($zero_1$, $zero_2$, eng_ok)	wings	
	($zero_1$, $zero_2$, init)		1_unit
5	(one_1, $zero_2$, init)	body	
6	(one_1, $zero_2$, body_ok)	engine	
7	(one_1, $zero_2$, eng_ok)	wings	
	(one_1, $zero_2$, init)		1_unit
	($zero_1$, $zero_2$, init)		2_units
8	($zero_1$, one_2, break)	restart	
9	($zero_1$, one_2, init)	body	
10	($zero_1$, one_2, body_ok)	engine	
11	($zero_1$, one_2, eng_ok)	wings	
	($zero_1$, one_2, init)		1_unit
12	(one_1, one_2, init)	body	

13	$(one_1, one_2, body\_ok)$	engine
14	(one_1, one_2, eng_ok)	wings
	$(one_1, one_2, init)$	1_unit
	$(zero_1, one_2, init)$	2_units
	$(zero_1, zero_2, break)$	stop
15	idle	

Tab. 4.3.-2: *Ausführung des State Chart 'airplane_plant'*

Zustandsübergangsdiagramme und State Charts werden häufig eingesetzt. So werden sie benutzt, um die Interaktion von *Objekten* eines Systems zu beschreiben. Der Zustand eines Objekts lässt sich durch die Liste seiner *Attribute* (Variablen) und ihrer aktuellen Werte angeben. Die Knoten des Zustandsübergangsdiagramms für ein Objekt repräsentieren die Zustände, in denen sich das Objekt befinden kann. In Abbildung 4.3.-5 ist das *erweiterte Zustandsübergangsdiagramm* des Objekts Stapel dargestellt. Es unterscheidet sich von der Mealy-Maschine dadurch, dass Zustandsvariablen, die durch Knoten repräsentiert sind, explizit enthalten sind. Dadurch lassen sich mehrere Knoten einer Mealy-Maschine durch nur einen Knoten eines erweiterten Zustandsübergangsdiagramms abbilden.

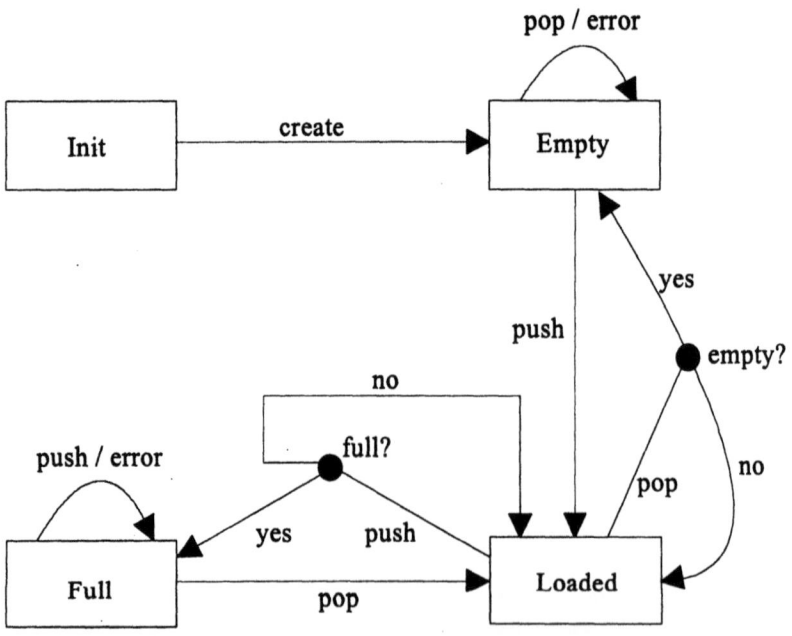

Abb. 4.3.-5: *Erweitertes Zustandsübergangsdiagramm des Stapel*

Die Knoten des Beispiels repräsentieren die Zustände *Init, Empty, Loaded* und *Full. Init* ist der Anfangszustand. Der Knoten *Loaded* repräsentiert den Zustand, bei dem der Stapel mit einigen Elementen aufgefüllt ist; er entspricht den Knoten *a* und *b* aus Abbildung 4.3.-3; der Knoten *Full* entspricht den Knoten *aa, ab, ba, bb*. Die Anzahl der Knoten des erweiterten Zustandsübergangsdiagramms in Abbildung 4.3.-5 ist unabhängig von der Anzahl der Elemente im Stapel. Bei einer Darstellung mit der Mealy-Maschine würde die Anzahl der Knoten exponentiell mit der Anzahl der Elemente wachsen.

Pfeile des erweiterten Zustandsübergangsdiagramms repräsentieren *Funktionen* (Operatoren). Die Bezeichnung des Pfeils ist der Funktionsname; optional wird hinter einem Schrägstrich zusätzlich das Ergebnis einer Funktion angegeben. Das Objekt 'bewegt' sich auf einem Pfeil von einem Zustand zum nächsten dadurch, dass eine Funktion ausgeführt wird. Die Spitze eines Pfeils kann in eine *Bedingung* münden (schwarzer Kreis), von der aus sich mehrere Pfeile fortsetzen. Durchlaufen wird der jeweilige Pfeil, für den die Bedingung wahr ist. Die Arbeitsweise der Funktionen ist häufig außerhalb von Zustandsübergangsdiagrammen genau spezifiziert.

Zur Darstellung von Realzeit-Systemen werden Varianten von Harels State Charts verwendet. Eine dieser Varianten ist Real-Time Object-Oriented Modeling (ROOM) [SGW94]. ROOM benutzt einfache Formalismen und umfasst die syntaktischen Elemente Actor, Port, Protocol, State Machine und Data Class. *Ports* sind Kommunikationsschnittstellen, *Actors* sind Prozesse oder Teilprozesse, die über Ports kommunizieren; *Protocol* bezeichnet die Menge der zulässigen Nachrichten über die Ports. Ein *Actor* wird durch zwei Diagramme dargestellt. Das ROOM-Strukturdiagramm repräsentiert die Kommunikationsverbindungen zwischen den Teilprozessen und das ROOMchart die Zustandsübergänge des Actors. Abbildung 4.3.-6 zeigt das ROOM-Strukturdiagramm für den Prozess *AirplanePlant* aus Beispiel 4.3.-4. Das Verhalten entspricht dem im State Chart von Abbildung 4.3.-4 dargestellten. Der Port *externalCom* erlaubt die Kommunikation von *AirplanePlant* mit der Außenwelt. Der Prozess *AirplanePlant* besteht aus drei Teilprozessen: *assembly, counter1* und *counter2*. Diese haben ebenfalls Ports, zwischen denen bei Vorliegen einer Kantenverbindung Kommunikation möglich ist. Der Prozess *assembly* erhält Nachrichten von der Umwelt. Ist eine Einheit eines Flugzeugs fertiggestellt, schickt *assembly* eine Nachricht zu *counter1* durch den Port *oneUnit*. Sind zwei Einheiten fertig, schickt *counter1* eine Nachricht zu *counter2* und zu *assembly* via Ports *twoUnitsR1* und *twoUnitsR2*. Sind vier Einheiten fertig, schickt *counter2* eine Nachricht zu *assembly* über den Port *stop*. Das Und-Zustandsübergangsdiagramm für *working* aus Abbildung 4.3.-4 wird also in Abbildung 4.3.-6 durch drei Actors repräsentiert, da Und-Zustandsübergangsdiagramme parallel ausgeführt werden.

In Abbildung 4.3.-7 wird das Verhalten des Teilprozesses *assembly* genauer als ROOMchart dargestellt. Die Darstellung ist der des Oder-Zustandsdiagramms *assembly* aus Abbildung 4.3.-4 sehr ähnlich. Wenn der Actor eine Nachricht erhält, dann wird die Transition ausgeführt, die mit dieser Nachricht markiert ist. Die Ausführung kann dazu führen, dass die Variablen des Actors modifiziert werden oder dass eine Nachricht an einen anderen Actor durch einen Port gesandt wird. Die in Abbildung 4.3.-7 dargestellten Zustandsübergänge entsprechen denen des Oder-Zustands *assembly* aus Abbildung 4.3.-4.

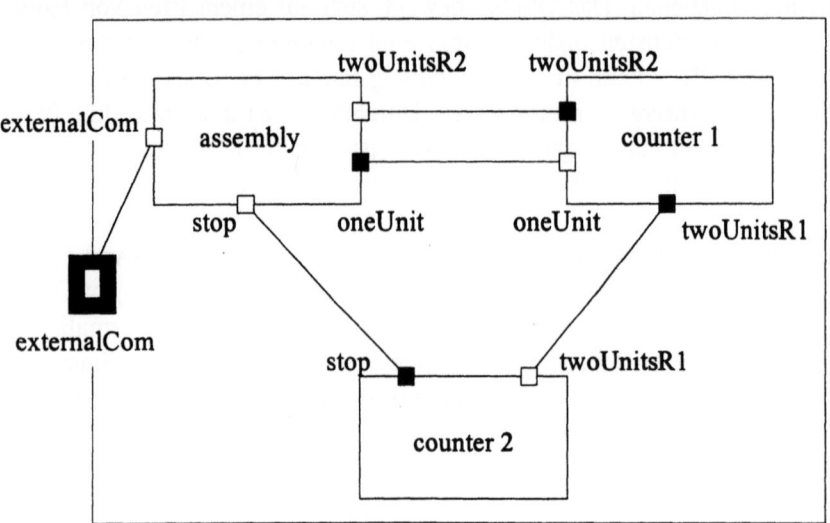

Abb. 4.3.-6: *ROOM-Strukturdiagramm für den Prozess AirplanePlant*

Der Hauptunterschied zwischen einem ROOMchart und einem State Chart besteht in der Repräsentation von Nebenläufigkeit und Kommunikationsverhalten. Und-Zustände sind in ROOMcharts nicht erlaubt; Nebenläufigkeit wird durch Actors repräsentiert. Ereignisse in ROOMcharts werden nicht an alle Actors ungerichtet ausgesendet, sondern gerichtet als Nachrichten über Ports kommuniziert.

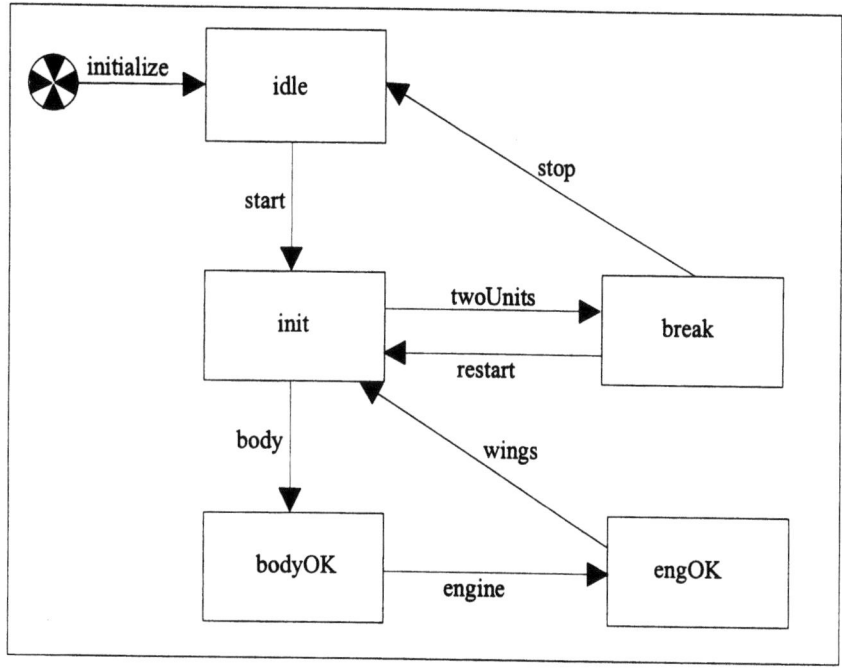

Abb. 4.3.-7: *ROOMchart für den Teilprozess assembly*

Die Erstellung des Kommunikationsmodells mit Zustandsübergangsdiagrammen kann entsprechend dem folgenden Vorgehen erfolgen:
(1) Szenarien typischer und außergewöhnlicher Prozesse entwerfen.
(2) Ereignisse identifizieren und eine Ereignisliste für jedes Szenario aufstellen.
(3) Ereignisse in Interaktion beschreiben.
(4) Zustandsübergangsdiagramm für jeden Prozess erstellen.
(5) Verbindung einzelner Zustandsübergangsdiagramme über gemeinsame Ereignisse. Das Ergebnis sind lokale und globale Zustandsübergangsdiagramme als Kommunikationsmodell.

4.3.2 Petri-Netze

Eine weitere Technik zur Kommunikationsmodellierung sind Petri-Netze, die im Folgenden dargestellt werden. Die Ausführungen basieren auf [Pro98]. Ein Petri-Netz lässt sich durch das Fünf-Tupel (P, T, A, W, M_0) beschreiben.

- $P = \{p_1, p_2, ..., p_n\}$ ist eine endliche Menge von *Zuständen*. Zustände werden durch Kreise repräsentiert.

- $T = \{t_1, t_2, ..., t_q\}$ ist eine endliche Menge von *Zustandsübergängen* (*Transitionen*). Transitionen werden durch Rechtecke repräsentiert.
- $A \subseteq (P \times T) \cup (T \times P)$ ist eine endliche Menge von Pfeilen. Ein Pfeil verbindet einen Zustand mit einer Transition oder eine Transition mit einem Zustand, aber niemals eine Transition mit einer Transition oder einen Zustand mit einen Zustand.
- $W: A \rightarrow |N$ ist eine *Bewertungsfunktion*, die jedem Pfeil ein positives ganzzahliges Gewicht zuordnet. Hat ein Pfeil kein Gewicht, so wird angenommen, dass sein Gewicht eins ist. Petri-Netze heißen *gewöhnlich*, wenn alle Gewichte aller Pfeile eins sind.
- $M_0: P \rightarrow |N_0$ ist eine *Anfangsmarkierung*. $M_0(p)$ ist die anfängliche Anzahl von Marken auf dem Zustand p.

Beispiel 4.3.-5: Für das Petri-Netz in Abbildung 4.3.-8 gelten folgende Aussagen:
- $P = \{p_1, p_2, p_3, p_4, p_5\}$
- $T = \{t_1, t_2, t_3, t_4, t_5\}$
- $A = \{(p_1,t_2), (t_2,p_2), (p_2,t_3), (t_2,p_3), (p_3,t_4), (t_4,p_4), (p_3,t_5), (t_1,p_5), (p_5,t_5)\}$

Weiterhin sind $W(p_1,t_2) = 2$; $W(t_1,p_5) = 1$ (da das Gewicht am Pfeil fehlt) und $W(p_5,t_5) = 4$. Die Anfangsmarkierung ist $M_0 = [3,1,2,0,1]$, da $M_0(p_1) = 3$, $M_0(p_2) = 1$, $M_0(p_3) = 2$, $M_0(p_4) = 0$ und $M_0(p_5) = 1$ sind.

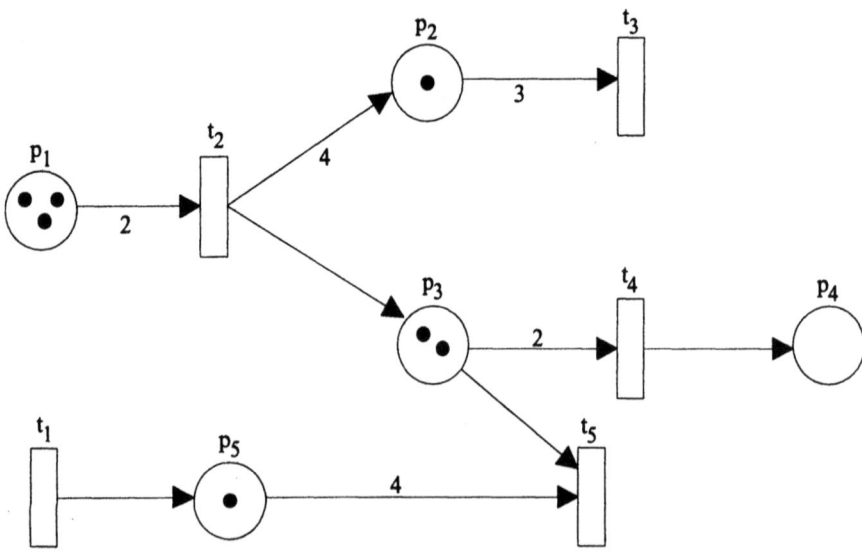

Abb. 4.3.-8: *Beispiel eines Petri-Netzes*

Zur genaueren Beschreibung von Petri-Netzen benutzen wir die folgende Notation:
- $^\circ t$ ist die Menge der *Eingabezustände* der Transitionen t, d.h. die Menge der Zustände p, so dass $(p,t) \in A$.
- t° ist die Menge der *Ausgabezustände* der Transition t, d.h. die Menge der Zustände p, so dass $(t,p) \in A$.
- $^\circ p$ ist die Menge der Eingabetransitionen für den Zustand p, d.h. die Menge der Transitionen t, so dass $(t,p) \in A$.
- p° ist die Menge der Ausgabetransitionen von Zustand p, d.h. die Menge der Transitionen t, so dass $(p,t) \in A$.

Falls $^\circ t = \varnothing$ ($^\circ p = \varnothing$), dann heißt t (p) eine Quellentransition (ein Quellenzustand). Falls $t^\circ = \varnothing$ ($p^\circ = \varnothing$), dann heißt t (p) eine Senkentransition (ein Senkenzustand). Beispielsweise bedeutet dies für das Beispiel in Abbildung 4.3.-8:
- $^\circ t_5 = \{p_3, p_5\}$,
- $t^\circ{}_2 = \{p_2, p_3\}$, $t^\circ{}_3 = \varnothing$,
- $^\circ p_4 = \{t_4\}$, $^\circ p_1 = \varnothing$, $^\circ p_2 = \{t_2\}$,
- p_1 ist ein Quellenzustand,
- t_1 ist eine Quellentransition,
- t_3 und t_5 sind Senkentransitionen,
- p_4 ist ein Senkenzustand.

Man sagt, dass eine Transition t *aktiv* ist, falls p eine Anzahl von Marken enthält, die größer oder gleich dem Gewicht $W(p,t)$ sind. Ist M die Markierung eines Petri-Netzes, dann kann die Definition formal wie folgt geschrieben werden: $t \in T$ ist aktiv genau dann, wenn für alle $p \in {}^\circ t$, $M(p) \geq W(p,t)$. Beispielsweise bedeutet in Abbildung 4.3.-8, dass t_2 aktiv ist, da $M_0(p_1) > W(p_1,t_2)$, und t_5 nicht aktiv ist, da $M_0(p_5) < W(p_5,t_5)$.

Eine Transition t eines *gewöhnlichen* Petri-Netzes ist genau dann aktiv, wenn jeder ihrer Eingabezustände wenigstens eine Marke enthält. Eine aktive Transition t kann *schalten*, muss aber nicht. Wenn eine Transition t schaltet, bedeutet dies:
- $W(p,t)$-Marken werden von jedem Eingabezustand $p \in {}^\circ t$ entfernt und
- $W(t,p)$-Marken werden zu jedem Ausgabezustand $p \in t^\circ$ hinzugefügt.

Beispielsweise bedeutet dies für das in Abbildung 4.3.-8 dargestellte Petri-Netz, dass beim Schalten von t_2 zwei Marken von p_1 entfernt und vier Marken zu p_2 und eine Marke zu p_3 hinzugefügt werden. Nachdem t_2 geschaltet hat, ist die Markierung $M = [1,5,3,0,1]$.

Eine Quellentransition ist immer aktiv. Wenn eine Quellentransition schaltet, werden *W(t,p)* Marken zu jedem Ausgabezustand dieser Transition hinzugefügt. Eine Senkentransition kann schalten, wenn sie aktiv ist. Wenn eine Senkentransition schaltet, dann werden *W(t,p)* Marken von den Eingabezuständen dieser Transition entfernt. Wir wollen annehmen, dass ausgehend von einer Anfangsmarkierung des Petri-Netzes in Abbildung 4.3.-8 die folgenden Aktivitäten auftreten: t_1 schaltet dreimal hintereinander, t_5 schaltet einmal, t_2 schaltet einmal, und t_3 schaltet einmal. Nachdem t_1 dreimal geschaltet hat, ergibt sich die Markierung $M_1 = [3,1,2,0,4]$. Nachdem t_5 einmal geschaltet hat, wird $M_2 = [3,1,1,0,0]$. Nachdem t_2 einmal schaltet, wird die Markierung $M_3 = [1,5,2,0,0]$. Schließlich schaltet die Transition t_3 einmal und die Markierung wird zu $M_4 = [1,2,2,0,0]$. Abgekürzt schreiben wir M_0-σ-M_4, wobei σ = <$t_1, t_1, t_1, t_5, t_2, t_3$>.

Man beachte, dass beispielsweise σ' = <t_5, t_1, t_1, t_2, t_3> (mit der gleichen Menge von Transitionen) nicht schaltbar ist, da t_5 nicht schalten kann, wenn wir von der Anfangsmarkierung M_0 ausgehen. Wir bezeichnen die Menge der Markierungen, die von M_0 aus ableitbar ist, mit $R(M_0)$. Für das Beispiel bedeutet dies, dass $M_i \in R(M_0)$ für $i = 1,2,3,4$ ist.

Siphone und Fallen sind für *gewöhnliche* Petri-Netze definiert. Eine Menge *P(s)* von Zuständen heißt *Siphon*, wenn jede Transition $t \in T$, die einen Ausgabezustand in *P(s)* hat, auch wenigstens einen Eingabezustand in *P(s)* hat. In anderen Worten ist *P(s)* dann ein Siphon, wenn für *t°∩P(s)≠∅* auch *°t∩P(s)≠∅* gilt. Für einige Transitionen *t* mag gelten *t°∩P(s)=∅* und *°t ∩P(s)≠∅*. Siphone können sich entleeren, wenn ihre Transitionen schalten. Ein Siphon in einem Petri-Netz ist ein Hinweis darauf, dass der Entwurf des Systems einen Fehler enthalten könnte.

Eine Menge *P(t)* von Zuständen heißt *Falle*, falls jede Transition, die einen Eingabezustand in *P(t)* hat, auch wenigstens einen Ausgabezustand in *P(t)* hat. Formal heißt das, *P(t)* ist eine Falle, wenn für *°t∩P(t)≠∅* auch *t°∩ P(t)≠∅* gilt. Für manche Transitionen *t* kann gelten *°t∩P(t)=∅* und trotzdem *t°∩P(t)≠∅*. Eine Falle, die Marken enthält, wird niemals leer werden; die Anzahl der Marken in einer Falle kann beliebig groß werden. Auch eine Falle kann als Hinweis gedeutet werden, dass der Entwurf des Systems einen Fehler enthalten könnte.

Eine *einfache Schleife* in einem Petri-Netz ist ein Pfad, der von einem Zustand (Transition) über andere Zustände (Transitionen) zurück zu diesem Zustand (Transition) führt und der jeden Zustand (Transition) nicht mehr als einmal enthält. In Abbildung 4.3.-9 sind $\gamma_1 = <t_1, p_2, t_2, p_3, t_4, p_1>$ und $\gamma_2 = <t_1, p_2, t_2, p_3, t_3, p_6, t_5, p_4, t_4, p_1>$ zwei einfache Schleifen.

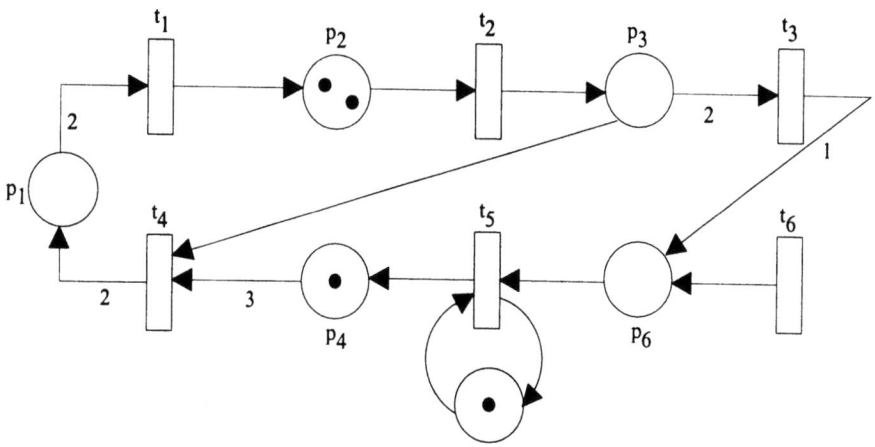

Abb. 4.3.-9: *Beispiel eines Petri-Netzes mit Schleifen*

Eine *Selbstschleife* ist eine einfache Schleife, die nur einen Zustand und nur eine Transition enthält. $\gamma = <t,p>$ ist eine Selbstschleife, wenn $\{t\} = p^\circ = {}^\circ p$. In Abbildung 4.3.-9 ist $\gamma_3 = <t_5, p_5>$ eine Selbstschleife.

Der *Erreichbarkeitsbaum* eines Petri-Netzes repräsentiert alle Markierungen, die von einer Anfangsmarkierung M_0 durch das Schalten von Transitionen erreicht werden können. Um solch einen Baum aufzustellen, beginnt man mit der Anfangsmarkierung M_0, die die Wurzel des Baumes auf Ebene 0 bildet. Dann betrachten wir alle Transitionen, die durch M_0 aktiviert sind und berechnen die neuen Markierungen, die wir erhalten, wenn alle diese Transitionen schalten. Jede dieser neuen Markierungen repräsentiert wiederum einen Knoten des Erreichbarkeitsbaumes auf Ebene 1. Im Beispiel in Abbildung 4.3.-9 ist $M_0 = [0,2,0,1,1,0]$ und die folgenden Transitionen können von M_0 aus schalten:
- t_2, was zu einer Markierung $M_1^1 = [0,1,1,1,1,0]$ führt und
- t_6, was zu einer Markierung $M_2^1 = [0,2,0,1,1,1]$ führt.

In diesem Fall enthält Ebene 1 des Erreichbarkeitsbaumes zwei Knoten. Die Ebene 2 wird dadurch gebildet, dass alle Transitionen schalten, die nach M_1^1 und M_2^1 aktiv sind. Wenn wir mit M_1^1 starten, ergeben sich durch Schalten von
- t_2 die Markierung $M_1^1 = [0,0,2,1,1,0]$,

- t_6 die Markierung $M_2^1 = [0,1,1,1,1,1]$.

Wenn wir mit M_2^1 starten, ergeben sich durch Schalten von
- t_2 die Markierung $M_3^2 = [0,1,1,1,1,1]$,
- t_5 die Markierung $M_4^2 = [0,1,1,2,1,0]$,
- t_6 die Markierung $M_5^2 = [0,2,0,1,1,2]$.

Die ersten drei Ebenen des Erreichbarkeitsbaumes des Petri-Netzes aus Abbildung 4.3.-9 sind in Abbildung 4.3.-10 dargestellt. Die Knoten auf der dritten Ebene werden dadurch gebildet, dass wir alle möglichen Schaltungen aller Knoten auf der zweiten Ebene untersuchen usw. Man kann sich leicht vorstellen, dass ein Erreichbarkeitsbaum eine unendliche Anzahl von Ebenen haben kann und damit auch eine unendliche Anzahl von Knoten. Dies ist auch der Fall für das Petri-Netz, das in Abbildung 4.3.-9 dargestellt ist, denn die Quellentransition t_6 kann beliebig häufig schalten.

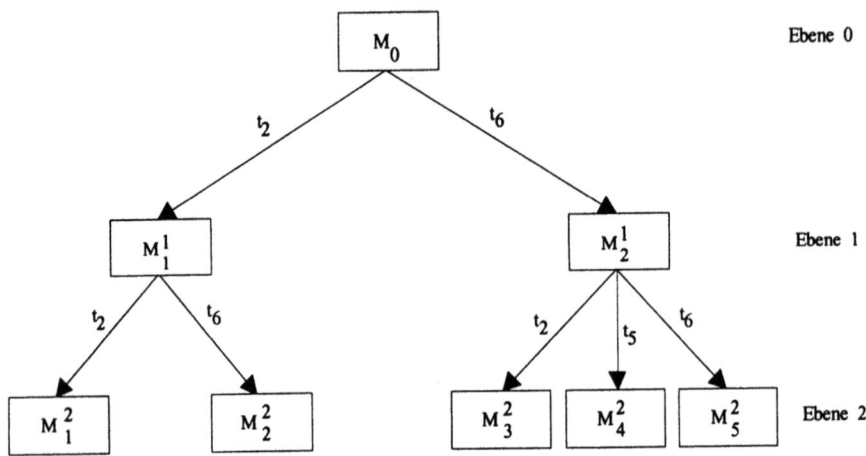

Abb. 4.3.-10: *Erreichbarkeitsbaum*

In Petri-Netzen lassen sich auch zeitliche Informationen über Zustände und über Transitionen detailliert abbilden. Die Zeit, die einem Zustand zugeordnet wird, repräsentiert die Zeitdauer, die eine Marke nach ihrer Ankunft in diesem Zustand verweilen soll. Im Folgenden werden wir Zeiten Transitionen zuordnen. Nehmen wir an, es gibt eine Zeitdauer θ, die der Transition t zugeordnet ist und dass t aktiv ist. Wenn t zur Zeit μ schaltet, bedeutet dies, dass
- $W(p,t)$-Markierungen von jedem $p \in {}^\circ t$ zur Zeit μ entnommen und
- $W(t,p)$-Markierungen zu jedem $p \in t^\circ$ zur Zeit $\mu+\theta$ hinzugefügt werden.

Im Zeitintervall $[\mu, \mu+\theta]$ verschwinden Markierungen in der Transition. Dieses Modell kann so interpretiert werden, dass jetzt ein Zustandsübergang abgebildet werden soll, der einen Input verarbeitet, der durch die Markierungen der Eingabezustände repräsentiert wird. Der Output des Übergangs entspricht den Markierungen, die nach der Verarbeitung auf den Ausgabezuständen liegen. Die Zeitdauer, die einer Transition zugeordnet wird, kann sowohl deterministisch als auch stochastisch sein, abhängig von der Anwendung, die repräsentiert werden soll.

Beispiel 4.3.-6: Ein Beispiel zur Berücksichtigung zeitlicher Informationen ist in Abbildung 4.3.-11 angegeben. Es ist ein System mit zwei Maschinen M_1 und M_2, die in Serie arbeiten, darzustellen. Es wird nur ein Produkt gefertigt.

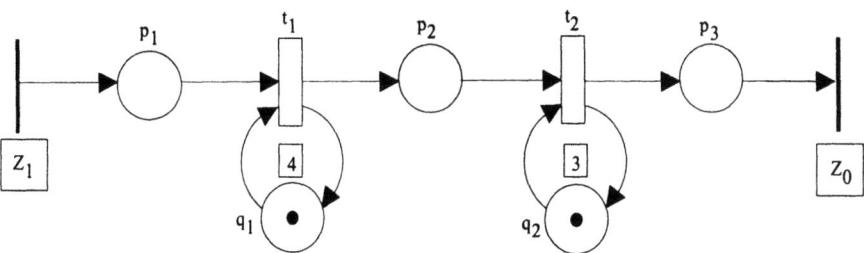

Abb. 4.3.-11: *Modell eines Flow Shops*

t_1 (t_2) repräsentiert die Verrichtungen, die M_1 (M_2) ausführt. Die Selbstschleifen (q_1,t_1) und (q_2,t_2) werden eingeführt, um zu verhindern, dass t_1 und t_2 mehr als einmal zur gleichen Zeit schalten, denn eine Maschine kann höchstens eine Verrichtung zu einem Zeitpunkt ausführen. Die eingerahmten Zahlen repräsentieren die Bearbeitungsdauern. Die eingerahmten Variablen sind Zufallsvariable: Z_1 ist die Zufallsvariable, die Zeiten des Eintreffens von Aufträgen angibt; Z_0 ist die Zufallsvariable, die die zeitliche Nachfrage nach dem Produkt repräsentiert. p_1 (p_2) repräsentiert das Eingangslager von M_1 (M_2) und p_3 repräsentiert den Lagerbestand an Endprodukten.

Ein *Zustandsgraph* ist ein gewöhnliches Petri-Netz, bei dem jeder Zustand genau eine Eingabetransition und genau eine Ausgabetransition hat. In Abbildung 4.3.-12 ist ein Zustandsgraph angegeben, dessen Markierung $M_0=[1,3,0,4,2]$ ist. Folgende Aussagen über Zustandsgraphen lassen sich herleiten:

- Die Anzahl von Marken in einer einfachen Schleife eines Zustandsgraphen ist invariant (konstant) für jede Reihenfolge von Schaltungen der Transitionen.
- Eine Anfangsmarkierung eines Zustandsgraphen lässt sich wieder erreichen, wenn jede der Transitionen genau einmal geschaltet hat.
- In einem Zustandsgraphen gibt es genau dann keine Deadlocks (Verklemmungen), wenn jede einfache Schleife wenigstens eine Markierung enthält. Wäre M_0=[0,3,0,4,0] die Ausgangsmarkierung des in Abbildung 4.3.-12 dargestellten Zustandsgraphen, dann könnten Deadlocks nicht ausgeschlossen werden, da die einfache Schleife γ = <t_1, p_1, t_2, p_3, t_4, p_5> keine Markierungen enthält.

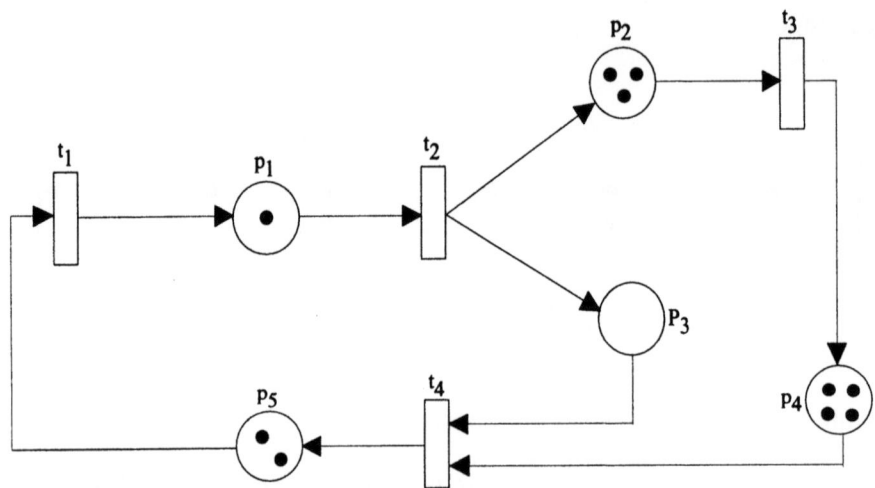

Abb. 4.3.-12: *Beispiel eines Zustandsgraphen*

Ein Zustandsgraph, dem deterministische Zeiten zugeordnet sind, heißt deterministischer Zustandsgraph. Es sei γ eine einfache Schleife in einem deterministischen Zustandsgraphen, $\mu(\gamma)$ die Summe der Schaltzeiten, die die Transitionen in γ verbrauchen und $M(\gamma)$ die Anzahl der Markierungen in γ. Dann ist $C(\gamma)=\mu(\gamma)/M(\gamma)$ die *Zykluszeit* von γ. Eine kritische Schleife ist die, die die maximale Zykluszeit aufweist. Um das Zeitverhalten eines deterministischen Zustandsgraphen zu verbessern, muss man versuchen, die Zykluszeit auf einer kritischen Schleife zu verringern.

Literatur

Che76   Chen, P.P., The entity-relationship model: towards a unified view of data, *ACM Transactions on Database Systems* 1 (1), 1976, 9-36

Cod70   Codd, E.F., A relational model for large shared data banks, *Communications of the ACM* 13(6), 1970, 377-387

Dat94   Date, C.J., *An Introduction to Database Systems*, Reading, 1994

DeM78   DeMarco, T., *Structured Analysis and System Specification*, New York, 1978

DFM98   Desharnais, J., Frappier, M, Mili, A., State transition diagrams, in: P. Bernus, K. Mertins, G. Schmidt, *Handbook on Architectures of Information Systems*, Berlin, 147-166, 1998

Har87   Harel, D., Statecharts: A visual formalism for complex systems, *Science of Computer Programming* 8, 231-274, 1987

Har88   Harel, D., On visual formalisms, *Communications of the ACM* 31(5), 514-530, 1988

Heu92   Heuer, A., *Objektorientierte Datenbanken, Konzepte, Modelle, Systeme*, Reading, 1992

Jac75   Jackson, M.A., *Principles of Program Design*, London, 1975

Mea55   Mealy, G.H., A method for synthesising sequential circuits, *Bell System Tech. J.* 34(5), 1045-1079, 1955

Moo56   Moore, E.F., Gedanken-experiments on sequential machines, *Annals of Mathematics Studies* 34, 129-153, 1956

Pro98   Proth, J.-M., Petri Nets, in: P. Bernus, K. Mertins, G. Schmidt, *Handbook on Architectures of Information Systems*, Berlin, 1998

RC93   Rob, P., Coronel, C.M., *Database Systems, Design, Implementation and Management*, Belmont CA, 1993

Rei85 Reisig, W., *Systementwurf mit Netzen*, Berlin, 1985

SGW94 Selic, B., Gullekson, G., Ward, P.T., *Real-Time Object-Oriented Modeling*, Chichester, 1994

5 Modellierung der Problemlösung

Problemlösen bedeutet die Anwendung von *Verfahren* auf die Problembeschreibung mit dem Ziel der Lösungsfindung. Eine Problemlösung ist immer dann erforderlich, wenn ein Modell, das einen gegebenen *Ist-Zustand* beschreibt, in ein Modell für einen gewünschten *Soll-Zustand* überführt werden soll. Die Diskussion der Problembeschreibung war Gegenstand des vorangegangenen Kapitels. Die Problemlösung wird repräsentiert durch die Verwendung der Daten entsprechend Input und Output, durch die Funktionen entsprechend der Konkretisierung der Bearbeitungsvorschrift zur Erfüllung der Anforderungen und durch die Kommunikation mit dem realisierten Datenaustausch auf den Kanälen. Die Repräsentation erfolgt in einem Modell, das die Frage beantwortet, welches Ergebnis erzeugt wird. Schwerpunkt dieses Teils ist die Suche nach der Problemlösung durch geeignete *Algorithmen*. Algorithmen liefern eine Lösung bestimmter Güte (Effektivität) in bestimmter Zeit (Effizienz). Wir betrachten überwiegend Probleme, mit denen Anforderungen an eine Optimierung verknüpft sind.

Ein Problem Π ist durch eine allgemeine Frage gekennzeichnet, die beantwortet werden soll. Π wird präzisiert durch eine Beschreibung der Anforderungen, denen die Antwort auf die Frage genügen soll. Eine Problemausprägung I von Π ordnet allen Problemparametern spezifische Werte zu. Man unterscheidet zwischen Entscheidungsproblemen, Konstruktionsproblemen und Optimierungsproblemen. Ein *Entscheidungsproblem* Π_E ist gekennzeichnet durch die Menge von Ausprägungen I von Π und eine Zahl $k \in \mathbb{R}$. Die Frage lautet, ob es eine zulässige Lösung für Π gibt, deren Lösungswert $\leq k$ bzw. $\geq k$ ist. Ein *Konstruktionsproblem* Π_K ist gekennzeichnet durch eine Menge von Ausprägungen I von Π und eine Zahl $k \in \mathbb{R}$. Die Frage lautet, welche der zulässigen Lösungen einen Lösungswert $\leq k$ bzw. $\geq k$ hat. Ein *Optimierungsproblem* Π_O ist gekennzeichnet durch eine Menge von Ausprägungen I von Π und eine Wertfunktion. Die Frage lautet, welche der zulässigen Lösungen den minimalen bzw. maximalen Wert der Wertfunktion liefert. Mit Hilfe eines Investitionsproblems soll die Unterscheidung in Entscheidungs-, Konstruktions- und Optimierungsproblem verdeutlicht werden.

Beispiel 5.-1: Wir wollen annehmen, dass verschiedene Investitionsobjekte realisiert werden können, jedoch ist das verfügbare Budget begrenzt. Jedes Investitionsobjekt hat einen Wert und erfordert einen Investitionsbetrag.

Eine Ausprägung des Investitionsproblems gibt an, wieviele Objekte zur Verfügung stehen, ihre Werte, den jeweils erforderlichen Betrag und die Höhe des Budgets. Die verschiedenen Probleme lassen sich wie folgt formulieren.

Entscheidungsproblem
Gegeben: Eine Menge von Objekten A = $\{a_1, a_2, ..., a_n\}$ mit Werten $v(a_i)$ und erforderlichen Beträgen $w(a_i)$, ein ganzzahliges Budget b und ein Mindestwert y.
Frage: Gibt es eine Teilmenge A'$\subseteq$A, so dass für die $a_i \in$ A' gilt: $\Sigma\ v(a_i) \geq$ y und $\Sigma\ w(a_i) \leq$ b? Die Antwort lautet 'ja' oder 'nein'.

Konstruktionsproblem
Gegeben: Eine Menge von Objekten A = $\{a_1, a_2, ..., a_n\}$ mit Werten $v(a_i)$ und erforderlichen Beträgen $w(a_i)$, ein ganzzahliges Budget b und einen Mindestwert y.
Frage: Für welche Teilmenge A'$\subseteq$A gilt, dass für die $a_i \in$ A': $\Sigma\ v(a_i) \geq$ y und $\Sigma\ w(a_i) \leq$ b? Die Antwort spezifiziert die Elemente der Teilmenge.

Optimierungsproblem
Gegeben: Eine Menge von Objekten A = $\{a_1, a_2, ..., a_n\}$ mit Werten $v(a_i)$ und erforderlichen Beträgen $w(a_i)$, ein ganzzahliges Budget b und einen Mindestwert y.
Frage: Für welche Teilmenge A'$\subseteq$A gilt, dass für die $a_i \in$ A': $\Sigma\ v(a_i)$ maximal ist und $\Sigma\ w(a_i) \leq$ b? Die Antwort muss den maximal erreichbaren Wert und die zugehörige Teilmenge der ausgewählten Objekte angeben.

Alternativ zum Optimalitätsanspruch kann man auch einem Akzeptanzanspruch folgen. Das Ziel der *Optimalität* ist es, das Problem bestmöglich zu lösen; das der *Akzeptanz* ist eine Problemlösung, die den Entscheidungsträger zufrieden stellt. Strebt man Optimalität an, so müssen optimale (exakte) Verfahren angewendet werden. Akzeptanz zu erreichen, ist das Feld der heuristischen Verfahren, kurz Heuristiken. Eine *Heuristik* ist ein Lösungsverfahren, für das nicht bewiesen werden kann, dass die optimale Lösung gefunden wird. Ziel des Vorgehens zur Problemlösung ist es, einen problemangepassten Ausgleich von Effektivität und Effizienz bei der Auswahl der Verfahren zu erreichen.

Ein Algorithmus A löst ein Problem Π dann, wenn er für alle Ausprägungen I von Π immer eine Lösung für Π findet. Die Zeitkomplexität bzw. der Zeitaufwand eines Algorithmus wird vereinbarungsgemäß in Abhängigkeit vom Umfang der Problemausprägung gemessen. Dieser ist die

Eingabe für einen Algorithmus und wird dargestellt als eine endliche Liste von Symbolen S aus einer endlichen Menge eines Symbolvorrats, genannt Alphabet Σ. Die Beschreibung der Problemausprägung I von Π ist abhängig von der verwendeten Repräsentation. Die Eingabelänge, auch genannt Umfang L[I] einer Ausprägung I von Π ist definiert als die Anzahl der Symbole $S \in \Sigma$ auf der Basis einer Kodierungsvorschrift. Die *Zeitkomplexität* eines Algorithmus bezeichnet die maximal auftretende Anzahl der elementaren Rechenoperationen für jedes L[I] und wird in O(f(L[I])) gemessen. Eine Funktion g(x) ist O(f(x)), wenn Konstanten c und $x_0 \in |N$ existieren, so dass $|g(x)| \leq c|f(x)|$ für alle Werte $x \geq x_0$ ist.

Ein wichtiger Bestandteil der Inputlänge ist die Größe der auftretenden Zahlen. Theoretisch können diese Zahlen jeden beliebigen Wert annehmen, doch in der Praxis ist die Zahlengröße meist beschränkt. Man kann sie aus Erfahrungswerten ableiten. Geht man von einer beschränkten Zahlengröße aus, genügt es, die Eingabelänge durch die Anzahl der auftretenden Zahlen zu beschreiben, so dass man ein Aufwandmaß der Form O(f(n)) erhält, wobei n die Anzahl der auftretenden Zahlen angibt. Ein *polynomialer* Algorithmus liegt vor, wenn seine Aufwandsfunktion f(n) eine polynomiale Funktion ist. Jeder Algorithmus, dessen Aufwand nicht durch ein Polynom in n abgeschätzt werden kann, soll als *exponentieller* Algorithmus bezeichnet werden. Die Unterscheidung zwischen diesen beiden Algorithmentypen ist von besonderer Bedeutung, wenn Probleme mit großen Problemausprägungen gelöst werden sollen.

Tabelle 5.-1 gibt einen Überblick über die Rechenzeit von Algorithmen mit verschiedenen Aufwandsfunktionen f(n) für eine gewählte Basisrechenzeit, die der heutigen Informationstechnologie entspricht. Algorithmen, die eine polynomial begrenzte Zeitkomplexität von $O(n^c)$ für kleine c (c = 1,2,3) haben, gelten als effizient bzw. schnell.

Beispiel 5.-2: Zur Aufwandsabschätzung eines Algorithmus soll das Quadrieren und Verdoppeln einer Zahl betrachtet werden. Um eine n-stellige Zahl zu verdoppeln (Umfang der Eingabe ist n), müssen n-mal zwei Ziffern addiert und eventuell ein Übertrag notiert werden. Die Anzahl von Rechenschritten, auch Laufzeit genannt, ist also proportional zu n. Bei der klassischen Methode des Quadrierens muss zunächst jede Ziffer der Zahl mit jeder anderen Ziffer multipliziert werden; dann müssen zwei Zahlen addiert werden. Anders ausgedrückt, beträgt beim Verdoppeln der Aufwand n Schritte, beim Quadrieren n^2 Schritte. Quadrieren ist also schwerer als Verdoppeln.

n f(n)	10	20	30	40	50	60
n	$1 \cdot 10^{-5}$ sec.	$2 \cdot 10^{-5}$ sec.	$3 \cdot 10^{-5}$ sec.	$4 \cdot 10^{-5}$ sec.	$5 \cdot 10^{-5}$ sec.	$6 \cdot 10^{-5}$ sec.
n^2	$1 \cdot 10^{-4}$ sec.	$4 \cdot 10^{-4}$ sec.	$9 \cdot 10^{-4}$ sec.	$16 \cdot 10^{-4}$ sec.	$25 \cdot 10^{-4}$ sec.	$36 \cdot 10^{-4}$ sec.
n^3	$1 \cdot 10^{-3}$ sec.	$8 \cdot 10^{-3}$ sec.	$27 \cdot 10^{-3}$ sec.	$64 \cdot 10^{-3}$ sec.	$125 \cdot 10^{-3}$ sec.	$216 \cdot 10^{-3}$ sec.
n^5	$1 \cdot 10^{-1}$ sec	3.2 sec.	24.3 sec.	1.7 min.	5.2 min.	13.0 min.
2^n	$1 \cdot 10^{-3}$ sec.	1 sec.	17.9 min.	12.7 Tage	35.7 Jahre	366 Jahrhunderte
3^n	$59 \cdot 10^{-3}$ sec.	58 min.	6.5 Jahre	3855 Jahrhunderte	$2 \cdot 10^8$ Jahrhunderte	$1.3 \cdot 10^{13}$ Jahrhunderte

Tab. 5.-1: *Rechenzeit und Aufwandsfunktionen*

Heuristiken finden Anwendung bei schwer lösbaren Problemen. Ein Problem wird als schwer lösbar bezeichnet, wenn die Lösung nicht mit wirtschaftlich vertretbarem Aufwand erreicht werden kann. Diese Aussage kann präzisiert werden, wenn man die Zeitkomplexität von Algorithmen zur Problemlösung betrachtet. Dazu unterscheidet man zwei Klassen von Problemen, die Klasse P und die Klasse NP [GJ79].

P sei die Klasse von Problemen, für die polynomiale Algorithmen existieren. Ein Problem heißt "vom Typ P", wenn ein Verfahren bekannt ist, das die Lösung für *jede* Problemausprägung vom Umfang n in höchstens n^c Rechenschritten liefert. Dabei darf c irgendeine natürliche Zahl sein, die nicht von n abhängt. Verdoppeln und Quadrieren sind also offensichtlich vom Typ P (mit c=1 und c=2). Ein Problem ist um so schwieriger, je größer das zugehörige c gewählt werden muss.

Beispiel 5.-3: Betrachten wir das alphabetische Sortieren von k Visitenkarten. Viele Menschen würden zunächst die Karte heraussuchen, deren Name am weitesten vorn im Alphabet steht; sie treffen auf diese Karte nach maximal k Schritten. Dann wird das gleiche mit dem Rest noch einmal gemacht, es sind also nochmal maximal weitere k-1 Schritte erforderlich. Am Ende hat man maximal 1+2+...+k-mal eine Visitenkarte in der Hand gehabt, das ist dasselbe wie k(k+1)/2-mal. Da sich k(k+1)/2 durch k^2 abschätzen lässt, ist Sortieren als Problem vom Typ P mit dem Exponenten c=2 erkannt. Man kann es geschickter machen und den Exponenten beinahe auf c=1 drücken. Das hat erhebliche Auswirkungen, da Sortieren in vielen Algorithmen eine fundamentale Rolle spielt.

Alle Probleme vom Typ P sollen als "einfache" Probleme bezeichnet werden. Unter den Problemen, die nach dem heutigen Wissensstand nicht vom Typ P sind, also unter denen, die als "schwierig" bezeichnet werden, gibt es viele, die sich mit Glück dennoch schnell lösen lassen. Will man beispielsweise einen Teiler einer Zahl finden, könnte man einfach raten und damit eine systematische Suche über alle möglichen Teiler zwischen 2 und der Wurzel der Zahl vermeiden. NP sei die Klasse von Problemen, die durch Raten gelöst werden können.

Für die Zuordnung der Probleme zu den Klassen P und NP werden alle Probleme Π als Entscheidungsprobleme Π_E betrachtet. In NP sind alle Probleme enthalten, die mit exponentiellen Algorithmen gelöst werden können. Es ist leicht zu sehen, dass P$\subset$NP, doch ist P=NP eine offene Frage, obwohl starke Vermutungen bestehen, dass eine Gleichheit von P und NP sehr unwahrscheinlich ist. Auf Grund von "Indizienbeweisen" kann man wohl annehmen, dass P$\neq$NP ist. Die Konsequenzen dieser Annahme für die Lösbarkeit von Problemen lassen sich mit den folgenden Überlegungen aufzeigen.

(1) Ein Problem Π' ist reduzierbar auf ein Problem Π ($\Pi' \propto \Pi$), wenn für jede Ausprägung von Π' eine Ausprägung von Π in polynomialer Zeit konstruiert werden kann, so dass, wenn man die Ausprägung von Π lösen kann, man auch die Ausprägung von Π' lösen kann.
(2) Π und Π' sind äquivalent, wenn $\Pi' \propto \Pi$ und $\Pi \propto \Pi'$.
(3) Π ist NP-vollständig, wenn $\Pi \in$ NP und $\Pi' \propto \Pi$ für jedes $\Pi' \in$ NP.
(4) Π ist NP-schwierig, wenn $\Pi' \propto \Pi$ und Π' NP-vollständig ist. Daraus folgt, dass NP-schwierige Probleme wenigstens so schwer lösbar sind wie NP-vollständige Probleme, da sie nicht notwendigerweise zu NP gehören müssen.

Die *Reduzierbarkeit* von Π' auf Π bedeutet, dass Π' als Spezialfall von Π betrachtet werden kann. Daraus ergibt sich ein möglicher anderer Ausgangspunkt für die Einschätzung der Schwierigkeit von Problemen. Gäbe es für Π einen polynomialen Algorithmus, dann gäbe es auch für Π' einen. Kennt man jedoch für Π' noch kein polynomiales Verfahren, so liefert $\Pi' \propto \Pi$ die negative Einschätzung, dass die Aussichten, einen polynomialen Algorithmus für Π zu finden, mindestens so schlecht sind wie für Π'.

Um zu zeigen, dass ein Problem vom Typ P ist, muss ein Lösungsverfahren gefunden werden, das eine Laufzeit der Größenordnung n^c für den

Eingabeumfang n hat. Der Nachweis des Gegenteils ist bei weitem schwieriger. Ein Problem ist *nicht* vom Typ P, wenn niemand ein Verfahren mit einer derart polynomial abschätzbaren Rechenzeit finden kann.

NP-vollständige und NP-schwierige Probleme sind Probleme, für die man bisher keine polynomialen Algorithmen kennt, und es auch unwahrscheinlich ist, sie zu finden, es sei denn P=NP. NP-vollständige Probleme sind schwierige Probleme, bei denen der Nachweis, dass sie sogar vom Typ P sind, sämtliche NP-Probleme zu P-Problemen machen würde. Alles Schwierige wäre dann letztlich doch einfach, was nach der heutigen Kenntnis jedoch unwahrscheinlich ist.

Kann man also von einem Problem Π zeigen, dass sein zugehöriges Entscheidungsproblem Π_E mindestens NP-vollständig ist, so ist die Anwendung von zeitaufwendigen Verfahren zur Lösung von Π vermutlich unvermeidbar, d.h. umgekehrt, es ist unwahrscheinlich, dass polynomiale Algorithmen für dieses Problem existieren, es sei denn P=NP. Das Entscheidungsproblem Π_E ist nicht schwerer als das zugehörige Konstruktionsproblem Π_K. Findet man eine Lösung mit Wert $\leq$ k bzw. $\geq$ k, kann man sofort das Entscheidungsproblem lösen. Genauso kann das Konstruktionsproblem Π_K niemals schwerer als das zugehörige Optimierungsproblem Π_O sein, wenn der Lösungswert von Π_O leicht zu berechnen ist. Angenommen, man findet schnell eine Lösung für Π_O, so braucht man nur den entsprechenden Lösungswert zu berechnen und ihn mit der vorgegebenen Zahl k des Konstruktionsproblems Π_K zu vergleichen. Da Π_E niemals schwerer als Π_K und Π_K niemals schwerer als Π_O sein kann, wenn der Lösungswert von Π_O leicht zu berechnen ist, kann in diesem Fall auch Π_E niemals schwerer als Π_O sein.

Soll ein NP-schwieriges Optimierungsproblem mit einem Verfahren von geringem polynomialen Aufwand gelöst werden, müssen die Anforderungen, die man an die Lösung stellt, abgeschwächt werden. Dabei unterscheidet man zwei Formen der Abschwächung. Bei der ersten wollen wir von einem Algorithmus A, der ein Optimierungsproblem Π_O lösen soll, nicht verlangen, dass er immer die optimale Lösung findet. Die Anforderung wird durch die Bedingung ersetzt, dass der Algorithmus A immer eine zulässige Lösung mit einem Lösungswert, der nahe dem optimalen Wert ist, finden muss. A wird dann *approximativer* Algorithmus bezüglich Π_O genannt. Die zweite Abschwächung besteht darin, dass ein Algorithmus A für Π_O gesucht wird, der beinahe immer eine optimale Lösung erzeugt. Kann man für einen Algorithmus keine im Voraus abschätzbare Lösungsgüte bestimmen, so bedeutet dies nicht unbedingt, dass dieses Verfahren schlecht ist. Es kann häufig eine Problemausprägung optimal lösen oder eine Lösung generieren, die der optimalen Lösung sehr nahe kommt. Solche Verfahren werden als gute Algorithmen im probabilistischen Sinne bezeichnet. A ist ein *probabilistischer* Algorithmus, wenn sich eine Wahrscheinlichkeit angeben lässt, mit der er ein Problem löst oder der Lösung hinreichend nahe kommt.

Es sei I eine Ausprägung von Π_O und $F^*(I)$ der Wert der optimalen Lösung für I. Ein approximativer Algorithmus erzeugt im Allgemeinen eine zulässige Lösung bezüglich I, mit einem Lösungswert $F^\wedge(I)$ kleiner (größer) $F^*(I)$, falls Π_O ein Maximierungsproblem (Minimierungsproblem) ist. Es lassen sich nun verschiedene Arten approximativer Algorithmen definieren.

- A ist ein *absolut approximativer* Algorithmus für ein Problem Π_O genau dann, wenn für jede Ausprägung I von Π_O gilt: $|F^*(I) - F^\wedge(I)| \leq k$ für eine Konstante k.
- A ist ein *f(n)-approximativer* Algorithmus genau dann, wenn für jede Ausprägung I mit Eingabelänge L[I] = n gilt: $|F^*(I) - F^\wedge(I)| \leq f(n)$.
- Ein *ε-approximativer* Algorithmus ist ein f(n)-approximativer Algorithmus, für den $f(n) \leq \varepsilon$ für eine Konstante ε gilt.

Für ein Maximierungsproblem ist $|F^*(I) - F^\wedge(I)| / F^*(I) \leq 1$ für jede zulässige Lösung bezüglich I. Ein ε-approximativer Algorithmus für Maximierungsprobleme muss demnach ε<1 approximative Lösungen erzeugen.

Beispiel 5.-4: Betrachten wir noch einmal das Beispiel 5.-1 mit n=3, b=100, $v(a_i)$ = (20, 10, 19) und $w(a_i)$ = (65, 20, 35). Es sei $x(a_i)$ = 1, falls das Objekt a_i realisiert wird und sonst sei $x(a_i)$ = 0. $x(a_1, a_2, a_3)$ = (1,1,1) ist keine zulässige Lösung, da $\Sigma w(a_i) x(a_i) > b$. $x(a_1, a_2, a_3)$ = (1,0,1) ist eine optimale Lösung mit $\Sigma v(a_i) x(a_i)$ = 39, d.h. $F^*(I)$ = 39 für diese Problemausprägung. $x(a_1, a_2, a_3)$ = (1,1,0) ist suboptimal mit $\Sigma v(a_i) x(a_i)$ = 30. Alle zulässigen Lösungen, in diesem Falle alle 3-elementigen 0/1-Vektoren verschieden von (1,1,1), sind Kandidaten für die Lösung eines approximativen Verfahrens. Wäre die Lösung (1,1,0) Ergebnis eines approximativen Algorithmus für die obige Ausprägung, so gilt F(I) = 30 und damit $|F^*(I)-F^\wedge(I)|$ = 9 und $|F^*(I)-F^\wedge(I)| / F^*(I)$ = 0,23.

Wir wollen das Problem aus Beispiel 5.-4 mit dem folgenden Vorgehen lösen:
(1) Ordne die Objekte nach nicht steigendem $v(a_i) / w(a_i)$.
(2) Falls Objekt a_i realisiert wird, $x(a_i) := 1$ und sonst $x(a_i) := 0$.

Die Objekte werden in der Reihenfolge 3,2,1 betrachtet. Das Ergebnis ist $x(a_i) = (0,1,1)$, von dem wir wissen, dass es nicht optimal ist. Wir betrachten nun eine Problemausprägung mit $n = 2$, $v(a_i) = (2,r)$, $w(a_i) = (1,r)$ und $b = r$. Ist $r > 2$, so ist eine optimale Lösung $x(a_i) = (0,1)$, mit Lösungswert $F^*(I) = r$. Das approximative Verfahren generiert als Lösung $x(a_i) = (1,0)$ mit Lösungswert $F^\wedge(I) = 2$. Somit ergibt sich $|F^*(I)-F^\wedge(I)| = r - 2$. Unser approximatives Verfahren ist aber kein absolut approximatives Verfahren, da sich keine Konstante k angeben lässt, für die $|F^*(I)-F^\wedge(I)| \leq k$ für alle Problemausprägungen I gilt. Da nun aber $|F^*(I)-F^\wedge(I)| / F^*(I) = 1 - 2/r$ und sich dieser Ausdruck 1 nähert für große r, erzeugt das oben angegebene Verfahren immer eine zulässige Lösung, die 1-approximativ ist. Daher ist das Verfahren ein 1-approximativer Algorithmus, jedoch kein ε-approximativer für beliebiges ε, ε<1.

Es ist auch vorstellbar, dass ein Algorithmus A mit ε als zusätzlicher Problemeingabe immer ε-approximative Lösungen erzeugt. A(ε) ist ein *Approximationsschema* genau dann, wenn für jedes ε>0 und jede Problemausprägung I A(ε) eine zulässige Lösung erzeugt, so dass $|F^*(I)-F^\wedge(I)| / F^*(I) \leq \varepsilon$ gilt mit $F^*(I) > 0$. Ein Approximationsschema ist ein *polynomiales* Approximationsschema genau dann, wenn es für jedes feste ε>0 eine Rechenzeit hat, die polynomial in der Problemgröße ist. Ein Approximationsschema, dessen Rechenzeit polynomial in der Problemgröße und 1/ε ist, heißt *vollständig polynomiales* Approximationsschema.

5.1 Problemlösen im Zustandsraum

Eine Möglichkeit zur Repräsentation des Vorgehens zum Finden von Problemlösungen ist das Zustandsraumkonzept. Es basiert auf zwei Bausteinen, *Zuständen* und *Operatoren*. Zustände lassen sich durch Eigenschaften und deren Werte charakterisieren; Operatoren erzeugen neue Zustände aus alten Zuständen. In ihrer Wirkung haben sie Ähnlichkeit mit Transitionen, die im Rahmen der Kommunikationsmodellierung vorgestellt wurden. Der Zustandsraum enthält alle durch Operatoren erzeugbaren Zustände. Der *Anfangszustand* wird aus der Problembeschreibung abgeleitet, der *Zielzustand* ist die Anwort auf die gestellte Frage bzw. die Problemlösung, und *Zwischenzustände* entstehen bei der Lösungssuche; sie sind entweder Teile der Problemlösung oder werden wieder verworfen [Mei78]. Zur Verdeutlichung soll das folgende Beispiel dienen.

5.1 Problemlösen im Zustandsraum

Beispiel 5.1.-1: Gegeben sei ein Graph mit Knoten und Kanten; Knoten repräsentieren Aufträge, die bearbeitet werden müssen, und Kanten repräsentieren Bearbeitungsübergänge zwischen einzelnen Aufträgen. Die Kanten sind bewertet mit den Kosten der Bearbeitungsübergänge. Die Frage lautet, in welcher Reihenfolge sind die Aufträge zu bearbeiten, damit sie mit kostenminimalen Bearbeitungsübergängen durchgeführt werden können. Das in Abbildung 5.1.-1 dargestellte Modell und die Ausprägungen des Attributs "Kosten" k(u,v), dargestellt in der Matrix, sind als Bestandteil der Problembeschreibung angegeben.

Die Repräsentation der Problemlösung erfolgt durch Zustände und Operatoren. Zustände werden durch bereits bearbeitete Aufträge beschrieben; Operatoren sind von der allgemeinen Form:

WENN	Zustand $z_i = u$
UND	Zustand $z_{i+1} = v$ ist von u aus direkt erreichbar
DANN	erzeuge Zustand v unter Berücksichtigung von k(u,v)
SONST	Stop

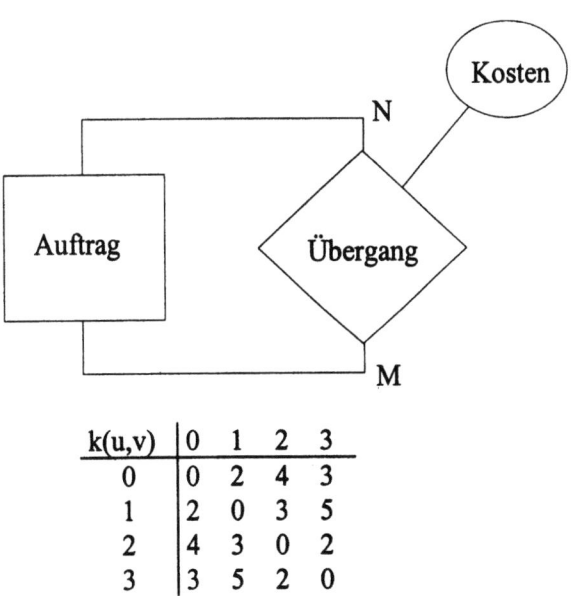

Abb. 5.1.-1: *Beschreibung des Beispielproblems*

Eine kompakte Darstellung des Beispielproblems für die Lösungsfindung im Zustandsraum kann Abbildung 5.1.-2 entnommen werden. Der Anfangszustand wird durch den Knoten 0 und der Zielzustand durch den Knoten 123 repräsentiert; im Knoten 0 ist noch kein Auftrag bearbeitet und im Knoten 123 sind alle Aufträge mit minimalen Kosten durchgeführt.

Operatoren werden durch Pfeile abgebildet. Die Kosten sind an den jeweiligen Zuständen vermerkt.

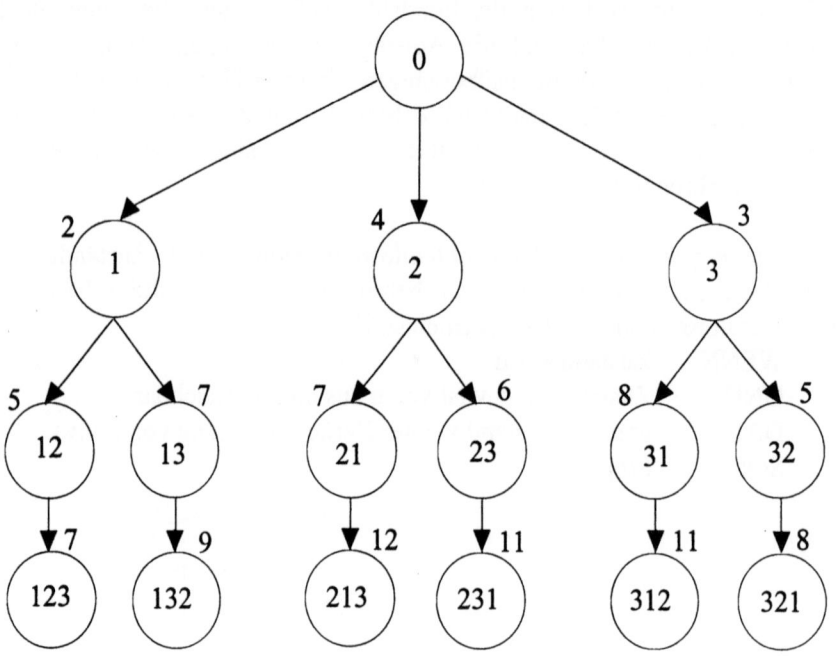

Abb. 5.1.-2: *Zustandsraumdarstellung*

Die Elemente der Menge der Zustände $Z = \{z_i \mid i=1, ..., m\}$ lassen sich durch Eigenschaften und deren Ausprägungen charakterisieren. Verschiedene Zustände unterscheiden sich durch ihre Differenzen. Um Zustände zu erzeugen, benötigt man die Menge der Operatoren $Q = \{q_j \mid j=1, ..., m\}$. Wird ein Operator angewendet, so verändert er die Ausprägungen der Eigenschaften des vorliegenden Zustands und erzeugt dadurch einen neuen Zustand im Zustandsraum. Ein Operator muss nicht auf jeden Zustand und auf einen Zustand muss nicht jeder Operator anwendbar sein. Vielmehr ist die Anwendbarkeit eines Operators an die Einhaltung bestimmter Bedingungen, der *Inputbedingungen*, geknüpft. Operatoren lassen sich durch ihre Inputbedingungen und durch die Veränderung von Ausprägungen der Eigenschaften der Zustände kennzeichnen. Es sei $q_j \in Q$ ein Operator und $z_i \in Z$ ein Zustand, auf den q_j zulässig anwendbar ist; damit ergibt sich $z_i(q_j) = z_{i+1}$.

Beispiel 5.1.-2: Ein weiteres Beispiel soll die Modellierung der Problemlösung im Zustandsraum erläutern. Es handelt sich um das Verschiebespiel aus Abbildung 5.1.-3 mit Anfangszustand (a) und Endzustand (e).

(a)   (e)

Abb. 5.1.-3: *Anfangs- und Endzustand des Verschiebespiels*

Ein Zustand ist hier gegeben durch die jeweilige Konfiguration der mit Nummern versehenen Elemente auf dem aus 3 x 2 Feldern bestehenden Brett. Eine Operation ist die Bewegung eines Felds und durch genau zwei Zustände beschreibbar, die seinen In- und Output darstellen. Die Abbildung 5.1.-4. beschreibt einen Operator durch die Variablen $x_1,...,x_6$.

x_1	x_2
x_4	x_3
x_6	x_5

⇔

x_1	x_2
x_3	x_4
x_6	x_5

Abb. 5.1.-4: *Operatorendarstellung für das Verschiebespiel*

Eine andere Form der Repräsentation orientiert sich an der Matrixdarstellung der Zustände. Für einen beliebigen Zustand z_i kann man die Lage des Leerfeldes mit z_{kl} angeben, wobei k der Zeilenindex und l der Spaltenindex ist. Die Operatoren kann man jetzt durch die Verschiebung des Leerfeldes kompakter beschreiben:

(1) Nach rechts
$z_{kl} := z_{kl+1},$ falls l<2;
$z_{kl} := z_{kl},$ falls l=2;

(2) Nach links
$z_{kl} := z_{kl-1},$ falls l>1;
$z_{kl} := z_{kl},$ falls l=1

(3) Nach oben
$z_{kl} := z_{k-1 l},$ falls k>1;
$z_{kl} := z_{kl},$ falls k=1;

(4) Nach unten
$z_{kl} := z_{k+1 l},$ falls k<3;
$z_{kl} := z_{kl},$ falls k=3

Beispiel 5.1.-3: Als weiteres Beispiel dient ein Optimierungsproblem, das Rundreiseproblem. Gegeben sei eine Menge von Orten S, $|S| = m$, mit Entfernungskosten $k_{ij} \in \mathbb{N}_0$. Gesucht ist eine Rundreise, in der jeder Ort genau einmal enthalten ist und die entstehenden Kosten minimal sind. Eine Ausprägung dieses Problems wurde bereits durch Beispiel 5.1.-1 beschrieben.

Jeder Zustand des Rundreiseproblems besteht aus denjenigen Orten, die bereits besucht worden sind. Der Anfangszustand besteht also nur aus einem Ort, dem Startort, zu dem man am Ende der Tour zurückkehrt. Der Endzustand ist eine kostenminimale Rundreise. Die Operatoren sind die Fahrten zwischen Paaren von Orten. Vom Startort aus sind Fahrten zu allen übrigen Orten möglich. Wählt man z.B. den Ort 1 als Startort, so sind Fahrten von 1 nach 2, von 1 nach 3 etc. möglich. Hat man sich für die Fahrt von 1 nach 2 entschieden, so kann man auf den resultierenden Zustand 1-2 nicht mehr alle Operatoren anwenden. So ist z.B. der Operator "Fahre von 2 nach 1" nicht anwendbar, weil dann kein zulässiger Zustand entsteht, sondern eine unvollständige Rundreise (Kurzzyklus).

Die Modellierung der Zustände kann in Listen erfolgen. Die Operatoren können durch den Start- und Zielort jeder Fahrt beschrieben werden, z.B. (1,2), (1,3) etc. oder aber auch durch transformierbare Zustände wie etwa 1>(1-2), 1>(1-3) etc. Die Modellierung kann auch in einem mathematischen Kalkül geschehen. Dazu wird die Variable x_{ij} eingeführt, die den Wert 1 annimmt, wenn in der Rundreise die Fahrt von i nach j enthalten ist und sonst den Wert 0, d.h. $x_{ij} \in \{0,1\} \; \forall i,j \in S$. Da jeder Ort genau einmal angefahren und genau einmal verlassen wird, gilt $\Sigma_{i=1,\ldots,m} \; x_{ij} = 1 \; \forall j \in S$ und $\Sigma_{j=1,\ldots,m} \; x_{ij} = 1 \; \forall i \in S$.

Um Kurzzyklen auszuschließen, muss man weitere Nebenbedingungen in Form von Ungleichungen einführen. Dies sei hier exemplarisch für Kurzzyklen, die nur aus zwei Orten bestehen, gezeigt.

$x_{12} + x_{21} \leq 1$;
$x_{13} + x_{31} \leq 1$; $x_{23} + x_{32} \leq 1$;
...
$x_{1m} + x_{m1} \leq 1$; $x_{2m} + x_{2m} \leq 1$; ...; $x_{m-1m} + x_{mm-1} \leq 1$.

Dazu kommen noch die Nebenbedingungen, die Kurzzyklen mit 3, 4, ..., m-1 Orten ausschließen. Da eine Rundreise mit minimalen Gesamtkosten gesucht wird, lautet die Zielfunktion $\Sigma_i \Sigma_j \; x_{ij} \; k_{ij} \rightarrow \min$.

Wie man sieht, steigt die Anzahl der zu formulierenden Restriktionen mit wachsendem m schnell an. Der Lösungsaufwand ist bei Problemen mit sehr vielen Orten nicht mehr vertretbar. Das Problem ist NP-vollständig.

5.1 Problemlösen im Zustandsraum

Mit der Repräsentation des Rundreiseproblems als ganzzahliges mathematisches Programm ist der Raum der zulässigen Lösungen vollständig beschrieben. Ein Lösungsverfahren hätte den Zustandsraum nur noch möglichst geschickt abzusuchen. Bei der Repräsentation in Listen existiert dagegen noch kein Zustandsraum; er muss erst noch konstruiert werden. Ein Lösungsverfahren muss in diesem Fall also (1) laufend neue Zustände *erzeugen* und (2) *prüfen*, ob sie eine Lösung für das Problem sind.

Um (1) von einem gegebenen Zustand z_i aus zu realisieren, muss ein Operator q_j aufgerufen und auf seine Anwendbarkeit geprüft werden. Ist der Operator anwendbar, wird der Zustand entsprechend der Vorschriften des Operators transformiert und ein neuer Zustand erzeugt. In (2) wird getestet, ob der neue Zustand eine Lösung ist. Ist das nicht der Fall, wird ein anderer Operator auf z_i anzuwenden versucht oder, wenn die Menge der Operatoren erschöpft ist, von einem anderen Zustand aus versucht, den Zustandsraum zu erzeugen. Ein einfaches systematisches Verfahren ist in Abbildung 5.1.-5 angegeben.

Wenn man die Zustände als Knoten und die Operatoren als Pfeile repräsentiert, kann man, wie wir schon gesehen haben, Zustandsräume als Graphen darstellen. Wenn die Operatoren wie in Abbildung 5.1.-4 reversibel sind, d.h. jeder der Zustände sowohl Input als auch Output eines Operators sein kann, dann ersetzt man die Pfeile durch Kanten. Der den Zustandsraum abbildende Graph ist ein Baum. Der Anfangszustand ist die Wurzel des Baumes. Durch Anwendung der zulässigen Operatoren werden nun, ausgehend von der Wurzel auf der ersten Stufe s=1, neue Zustände erzeugt. Formal entspricht dies der Entfaltung der Wurzel, wobei deren Nachfolger entstehen. Ergibt eine Prüfung, dass keiner dieser Nachfolger der Endzustand ist, so werden in der zweiten Stufe s=2 die Knoten weiter entfaltet und analysiert. So wird fortgefahren, bis auf der Stufe s=t ein Zustand erzeugt und geprüft wird, der als Lösung akzeptiert wird, oder das Verfahren abbricht.

Bei der Suche im Zustandsraum sind Entscheidungen bei der Zustands- und Operatorenwahl zu treffen. Bei der *Zustandswahl* sind die Zustände zu bestimmen, die weiter analysiert werden, das heißt von denen aus durch Anwendung von Operatoren weitere Zustände erzeugt werden (*Analysefunktion*). Im einzelnen kann die Zustandswahl folgende Entscheidungen umfassen.

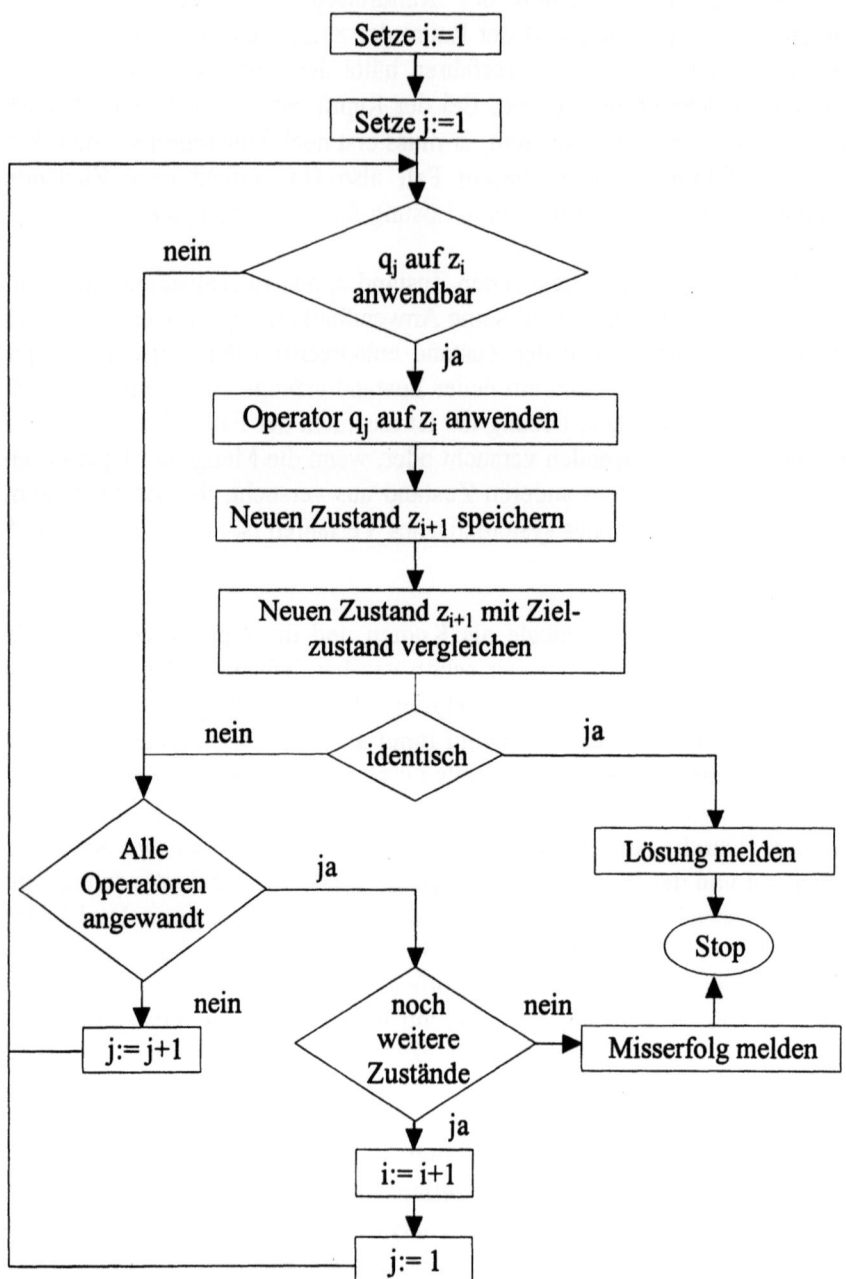

Abb. 5.1.-5: *Programmablaufplan zur Suche im Zustandsraum*

(1) Welche der erzeugten Zustände von der weiteren Analyse gänzlich ausgeschlossen werden (*Ausschlussentscheidung*); werden keine Kno-

ten ausgeschlossen, so bezeichnen wir das als vollständige Analyse, sonst als beschränkte Analyse.
(2) Wie erzeugte Zustände zur weiteren Analyse bewertet werden; hier wird bestimmt, wie die Qualität der einzelnen Knoten bezüglich der Problemlösung zu bemessen ist (*Bewertungsentscheidung*).
(3) Welche der nicht ausgeschlossenen Zustände als nächste analysiert werden; hier wird die Reihenfolge festgelegt, in der die Knoten des Baumes abgearbeitet werden (*Reihenfolgeentscheidung*).

Bei der *Operatorenwahl* sind die Operatoren zu bestimmen, die auf einen ausgewählten Zustand anzuwenden sind (*Erzeugungsfunktion*). Hierdurch werden Anzahl und Art der nachfolgenden Knoten festgelegt. Im einzelnen kann die Operatorenwahl folgende Entscheidung umfassen:
(1) Welche der zulässigen Operatoren nicht angewendet werden (*Ausschlussentscheidung*); bleiben alle zulässigen Operatoren anwendbar, spricht man von einer vollständigen Erzeugung. Werden zulässige Operatoren wegen fehlender Relevanz von der Anwendung ausgeschlossen, liegt eine beschränkte Erzeugung vor.
(2) Wie zulässige Operatoren bewertet werden (*Bewertungsentscheidung*).
(3) In welcher Reihenfolge die Operatoren zur Entfaltung eines Zustandes eingesetzt werden (*Reihenfolgeentscheidung*).
Verfahren mit vollständiger Analyse- und vollständiger Erzeugungsfunktion lösen ein Problem optimal.

Die bei der Zustands- und Operatorenwahl zu treffenden Entscheidungen treten wie folgt auf. Man beginnt beim Anfangszustand, der Wurzel des zu konstruierenden Baumes, mit der Operatorenwahl. Es kommt eine vollständige oder beschränkte Erzeugung in Frage. Werden die Operatoren nicht simultan auf einen Zustand angewandt, d.h. werden die Folgezustände nicht alle parallel erzeugt, so ist eine Reihenfolgeentscheidung zu treffen. Diese kann systematisch, d.h. unabhängig von den Operatoren getroffen werden, oder sie erfolgt gezielt durch ihre Bewertung. Auf einige Bewertungsmöglichkeiten wird später noch eingegangen. Die Reihenfolgeentscheidung hat wesentlichen Einfluss auf den Suchaufwand, weil sie bestimmt, welche Folgezustände zuerst erzeugt werden. Sind Zustände erzeugt und geprüft, wird durch die Zustandswahl festgelegt, welche von ihnen analysiert werden und in welcher Reihenfolge das geschieht. Dies ist im Rahmen einer vollständigen oder beschränkten Analyse festzulegen. Die Reihenfolge kann unabhängig von einer Beurteilung der Zustände systematisch festgelegt werden, oder sie wird gezielt über die Bewertung der Knoten bestimmt. Die Reihenfolgeentscheidung hat auch hier, wie bei der Operatorenwahl, wesentlichen Einfluss auf den Suchaufwand. Wenn man die

Möglichkeiten der Zustands- und Operatorenwahl miteinander verbindet, kann man die blinde und die gezielte Suche unterscheiden.

5.1.1 Blinde Suche

Bei der blinden Suche werden Zustands- und Operatorenwahl ohne Bezug zum angestrebten und bisher erreichten Zustand festgelegt. Blinde, wenn auch systematische Festlegung, kann bei der Ausschluss- und der Reihenfolgeentscheidung auftreten. Blinder Ausschluss liegt beispielsweise vor, wenn man eine konstante oder eine in Abhängigkeit der Stufe des Baumes variable Anzahl von Zuständen bzw. Operatoren ausschließt. Die Reihenfolge der Operatoren kann man blind z.B. nach ihrer Numerierung, die der Zustände z.B. in Abhängigkeit ihrer Erzeugung festlegen. Im Folgenden werden einige Suchprinzipien vorgestellt, die die Reihenfolgeentscheidung blind festlegen. Man unterscheidet breiten- und tiefenorientierte Suche.

Bei der *breitenorientierten* Suche werden die Knoten in der Reihenfolge ihrer Erzeugung auch analysiert. Die Reihenfolge der Knotenanalyse korrespondiert mit der Reihenfolge der Operatorenanwendung. Bei der *tiefenorientierten* Suche wird der jeweils zuletzt bzw. zuerst erzeugte Knoten als nächster analysiert. Dadurch wird erst ein Ast des Baumes bis zu seiner maximalen Tiefe erzeugt, bevor man einen weiteren Ast entfaltet. Wenn bei beiden Suchprinzipien die Erzeugung vollständig ist, so ist es auch die Analyse, so dass die Verfahren die optimale Lösung finden.

Man kann breiten- und tiefenorientierte Suche auch verbinden, indem man einen Ast bis zu einer begrenzten Tiefe erzeugt, dann in die Breite geht, einen weiteren erzeugt und wieder in der Tiefe begrenzt analysiert. Dies ist das Prinzip der begrenzten tiefenorientierten Suche. Die Begrenzung wird durch eine Schranke für die maximale Tiefe gegeben. Nach dem Prinzip der begrenzten tiefenorientierten Suche wird dann jeweils derjenige Knoten als nächster entfaltet, bei dem der Abstand seiner Tiefe zur Schranke minimal ist. Gibt es mehrere solcher Knoten, wird derjenige entfaltet, der zuletzt erzeugt worden ist. Es ist einsichtig, dass dieses Prinzip ohne Schwierigkeiten zur Grundlage optimaler Lösungsverfahren gemacht werden kann, wenn man z.B. die Schranke für die maximale Tiefe systematisch erhöht.

Beispiel 5.1.-4: Wir verdeutlichen das Konzept der blinden Suche an dem Verschiebespiel aus Abbildung 5.1.-3. Zunächst verwenden wir das breitenorientierte Prinzip. Die Erzeugung sei vollständig, die Reihenfolge der zulässigen Operatoren systematisch wie folgt festgelegt: Bewegung des Leerfeldes nach links, nach oben, nach rechts, nach unten. Abbildung 5.1.-6 zeigt den Baum. Die Knoten sind in der Reihenfolge ihrer Analyse nummeriert. Der Ast (1), (3), (6), (11), (17), (23) zeigt den Pfad zur Lösung mit 5 Zügen. Es mussten 24 Knoten erzeugt und davon 23 geprüft werden, bevor die Lösung gefunden wurde; ein beträchtlicher Aufwand zur Lösung einer so einfachen Aufgabe.

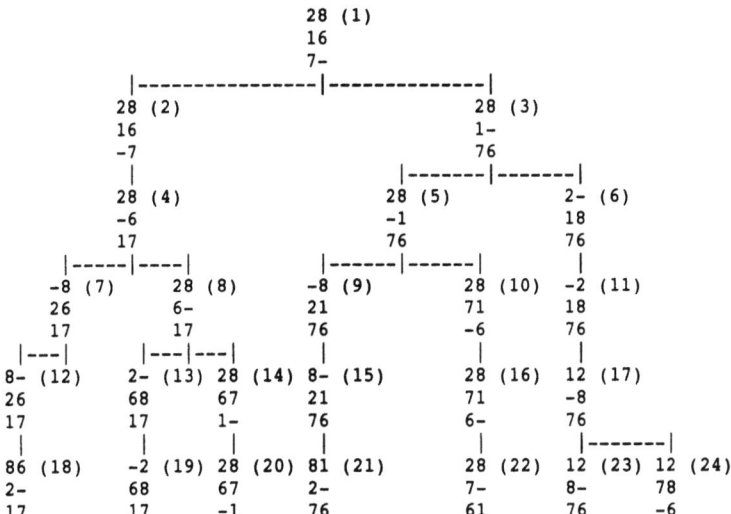

Abb. 5.1.-6: *Blinde breitenorientierte Suche*

Wir werden nun versuchen, das Verschiebespiel mit dem tiefenorientierten Prinzip zu lösen. Dabei ergibt sich der linke Ast mit den Knoten (2), (3), (4) und (5) aus Abbildung 5.1.-7.

Der vollständige Baum der Abbildung 5.1.-7 wird erzeugt, wenn man das Verschiebespiel mit dem Prinzip der begrenzten tiefenorientierten Suche bearbeitet und die Schranke für die maximale Tiefe mit 5 vorgibt. Da wir von der breitenorientierten Suche wissen, dass der Endzustand in 5 Zügen gefunden werden kann, ist damit die Lösungsfindung sichergestellt. Darüber hinaus werden manchmal auch vergleichsweise weniger Knoten erzeugt und geprüft.

Alle Verfahren, die nach den vorgestellten Prinzipien arbeiten, erzeugen und analysieren Zustandsräume orientierungslos. Durch Einbau von Heuristiken ist man in der Lage, die Suche gezielter durchzuführen.

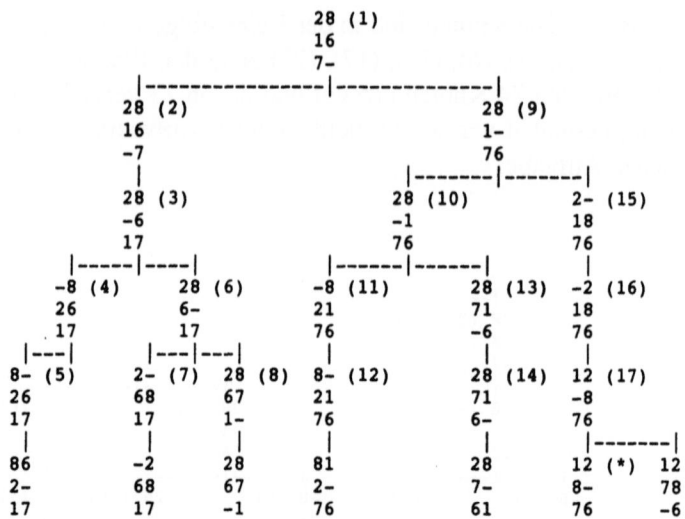

Abb. 5.1.-7: *Blinde tiefenorientierte Suche*

5.1.2 Gezielte Suche

Die gezielte Suche versucht, die Zustands- und Operatorenwahl durch Heuristiken so festzulegen, dass der Endzustand möglichst erreicht und der Suchaufwand möglichst gering wird. Will man ein optimales Lösungsverfahren, so müssen Erzeugung und Analyse vollständig sein. Heuristiken können dabei die Reihefolgeentscheidungen unterstützen. Dazu müssen Zustände und Operatoren bewertet werden. Je besser die Bewertungsentscheidung, desto weniger Knoten werden erzeugt und analysiert, d.h. desto geringer ist der Suchaufwand. Besteht man nicht auf einer optimalen Lösungsfindung, so sind beschränkte Erzeugung und Analyse die Kernstücke der Verfahren, die es durch Heuristiken festzulegen gilt. Auch hierzu müssen Operatoren und Zustände bewertet werden.

Die Qualität der Bewertungsentscheidung bestimmt sowohl die Güte der erreichbaren Lösung als auch den Suchaufwand. Wir besprechen im Folgenden einige prinzipielle Möglichkeiten, Bewertungsentscheidungen zu treffen. Dies kann allerdings nicht unabhängig davon geschehen, ob das Lösungsverfahren optimal oder heuristisch sein soll.

Vollständige Analyse und Erzeugung

Bei optimalen Verfahren hat die Bewertung die Aufgabe, die Reihenfolge der Anwendung von Operatoren der vollständigen Erzeugung und/oder die

Reihenfolge der Entfaltung von Zuständen der vollständigen Analyse festzulegen. Die Bewertung eines Knotens soll Informationen darüber liefern, wie sinnvoll es ist, ihn als nächsten zu entfalten mit dem Ziel, den Suchaufwand möglichst gering zu halten. Der geringste Aufwand entsteht, wenn nur Knoten erzeugt und analysiert werden, die auf dem kürzesten Weg vom Anfangszustand a zum Zielzustand e liegen. Dann besteht der Baum aus nur einem verzweigungslosen Ast von a nach e. Mit der *vollständig vorausschauenden abschätzenden* Bewertung kann man unter den zu analysierenden Knoten denjenigen identifizieren, der mit größter subjektiver Wahrscheinlichkeit auf dem kürzesten Weg liegt.

Um einen Knoten x zu bewerten, muss man zweierlei bedenken. Einmal hat man bereits Suchaufwand betrieben, um von a nach x zu kommen. Zum anderen wird man noch Knoten erzeugen und analysieren, um von x nach e zu gelangen. Wenn die Kanten der Wege im Baum alle gleich bewertet sind, entspricht der Aufwand des Weges von a nach x der Länge dieses Weges k(a,x). Für den kürzesten Weg von a nach x definieren wir die Knotenbewertung von x mit

$g(x) = k(a,x)$.

Zur Ermittlung des Aufwandes des verbleibenden Weges sei k(x,e) die Anzahl der Kanten auf einem Weg von x nach e. Wir definieren die Knotenbewertung von x für den kürzesten Weg von x nach e mit

$h(x) = \min\{k(x,e)\}$.

Daraus ergibt sich für die Bewertungsfunktion eines Knotens x

$f(x) = g(x) + h(x)$.

Der Wert f(x) gibt die Länge des kürzesten Weges von a nach e über x an. Dieser Wert lässt sich exakt nur ex post bestimmen, wenn der Baum bereits erzeugt und der Endzustand gefunden wurde. Ex ante sind wir auf eine Abschätzung von f(x) angewiesen. Wir nehmen $\overline{f}(x)$ als Abschätzung für f(x) und $\overline{h}(x)$ als Abschätzung für h(x). Die Genauigkeit von $\overline{h}(x)$ hängt ab von der Stärke der Heuristiken, die der Problemlöser in die Funktion $\overline{f}(x)$ einbauen kann. $\overline{h}$ wird deshalb heuristische Information genannt. Das beste $\overline{h}(x)$ wäre eine Funktion identisch mit h(x), was zu einem Minimum des Suchaufwandes führte. Wenn $0<\overline{h}(x)\leq h(x)$, d.h. wenn die Abschätzung eine untere Schranke ist, lässt sich zeigen, dass ein Lösungsverfahren, das $\overline{f}(x) = g(x) + \overline{h}(x)$ in der oben genannten Weise benutzt,

(a) den kürzesten Weg von a nach e findet und dabei
(b) weniger Knoten entfaltet als ein Verfahren mit $\overline{h}(x)=0$.

Ferner lässt sich zeigen, dass, wenn man für $\overline{h}(x)$ die größtmögliche untere Schranke für h(x) definiert, am wenigsten Knoten erzeugt werden, ohne (a) zu verletzen. Allerdings erfordert die Ermittlung besserer Schranken im Allgemeinen auch einen größeren Rechenaufwand, so dass dadurch der für den Suchprozess nötige Aufwand wiederum steigt. Es ist also bei der Angabe von Schranken darauf zu achten, dass der Selektionsvorteil durch ein trennschärferes $\overline{h}(x)$ nicht durch den Aufwand zu dessen Berechnung überkompensiert wird.

Wir demonstrieren die gezielte Suche mit vollständig vorausschauender abschätzender Bewertung an dem bereits bekannten Verschiebespiel. Im Vordergrund steht die Berechnung der Abschätzung $\overline{h}(x)$. Wenn wir im Anfangszustand a beginnen, soll $\overline{h}(a)$ also eine Abschätzung der Anzahl der Züge sein, mit denen man möglichst schnell zum Zielzustand e kommt. Nun ist dies sicherlich davon abhängig, wieviele der Felder sich in der falschen Position befinden, wenn man a mit e vergleicht. Diese heuristische Überlegung können wir für eine erste Abschätzung heranziehen und definieren

$\overline{h}_1(x)$: Anzahl der Felder, die noch nicht in ihrer endgültigen Position sind.

Der Anfangszustand wird bewertet mit $\overline{f}(a)=0+4$, da g(a)=0 und die Felder 1, 2, 6 und 8 falsch liegen. Auf der ersten Stufe werden die Knoten (6, 2, -) und (4, 3, 2) der Abbildung 5.1.-8 erzeugt. Für sie ist g(x)=1 und $\overline{f}(x)$ wird wie folgt berechnet.

$$s = 1 \quad \overline{f}(2) = 1 + 5 = 6 \qquad s = 2 \quad \overline{f}(5) = 2 + 3 = 5*$$
$$\overline{f}(3) = 1 + 3 = 4* \qquad \overline{f}(6) = 2 + 3 = 5*$$

Der Knoten (4, 3, 2) hat das kleinste $\overline{f}(x)$ und wird weiter entfaltet, so dass sich in Stufe 2 die Knoten (5, 4, 3) und (5, 5, 4) ergeben. Sie weisen beide den minimalen Wert auf, so dass auch beide entfaltet werden und ihre Nachfolger in der nächsten Stufe zu bewerten sind. Der vollständige Baum bei Verwendung von $\overline{f}(x) = g(x) + \overline{h}_1(x)$ ist in Abbildung 5.1.-8 dargestellt.

Die Knotennummern geben die Bewertung, die Reihenfolge der Erzeugung und die Reihenfolge der Analyse des jeweiligen Knotens an. Wie man sieht, wird der kürzeste Weg zum Ziel auch hier gefunden, allerdings werden aufgrund der in $\overline{h}_1(x)$ implizierten Heuristik bedeutend weniger Knoten erzeugt und entfaltet als etwa bei den blinden Verfahren.

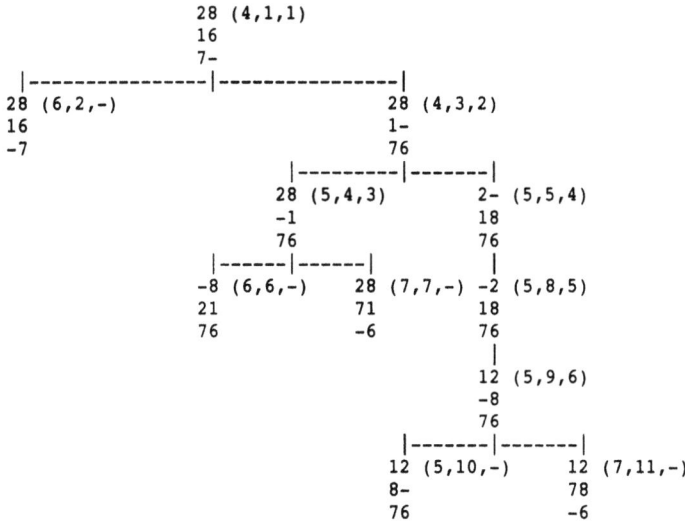

Abb. 5.1.-8: *Gezielte Suche mit vollständiger Bewertung*

Der Suchaufwand lässt sich noch weiter reduzieren, wenn die heuristische Funktion verbessert wird. $\overline{h}_1(x)$ ist nicht sehr selektiv, weil sie nichts darüber aussagt, welche Entfernungen noch zu überwinden sind, um die endgültige Position zu realisieren. Wenn man dies berücksichtigt, kann man definieren

$\overline{h}_2(x)$: Summe der Entfernungen der Felder von ihrer endgültigen Position.

Es ergibt sich so für den Anfangsknoten die Bewertung $\overline{f}(a) = 1 + 1 + 1 + 0 + 2 = 5$, wobei sich die Zahlen in der Summe auf die Felder 1,2,6,7 und 8 beziehen. Bei Anwendung von $\overline{f}(x) = g(x) + \overline{h}_2(x)$ reduziert sich der Baum auf einen Zweig, der ganz ohne breitenorientierte Suche auskommt.

Das Prinzip der vollständig vorausschauenden abschätzenden Bewertung lässt sich auch zur Lösung von Optimierungsproblemen benutzen. Wenn der Endzustand minimale Kosten aufweisen soll und die Operatoren mit Kosten bewertet sind, so ist ein Lösungsweg mit minimalen Kosten gesucht. Ein Beispiel für eine solche Formulierung ist das bereits vorgestellte Rundreiseproblem. Eine gängige Abschätzung ergibt sich, wenn man die Bedingungen, die Kurzzyklen verbieten, fallen lässt. Es entsteht dadurch ein sehr schnell lösbares Problem, dessen Lösungswert als untere Schranke dienen kann. Es ist sicher, dass keine Lösung des Ausgangsproblems einen kleineren Zielfunktionswert haben kann als eine solche, die jeden Ort mit seinem kostengünstigsten Nachbarn verbindet. Bei vielen Optimierungsproblemen ist die Konstruktion guter Abschätzungen $\overline{f}(x)$, die Schranken für f(x) sind, schwieriger vorzunehmen als beim Rundreiseproblem. Die Angabe guter Schranken ist somit ein zentrales Problem der gezielten optimalen Suchverfahren, die mit diesem Bewertungsprinzip arbeiten.

Die vollständig vorausschauende abschätzende Knotenbewertung kann auch bei heuristischen Lösungsverfahren benutzt werden, wenn $\overline{h}(x)$ keine untere Schranke mehr für h(x) ist (bei Minimierungsproblemen). Der Suchaufwand kann verringert werden, da weniger Knoten analysiert werden müssen und der Aufwand zur Berechnung von $\overline{h}(x)$ meist geringer wird. Als sehr leistungsfähig hat sich dabei eine durchschnittliche Abschätzung erwiesen, die nicht mit einzelnen, sondern mit summarischen Bewertungen arbeitet.

Beschränkte Analyse und Erzeugung

Es gibt eine Reihe von Prinzipien, mit denen man Erzeugung und Analyse gezielt beschränken kann. Bevor wir darauf eingehen, wollen wir zwei grundlegende organisatorische Entscheidungen ansprechen, die für die Beschränkung wichtig sind. Das eine ist die Stufung; sie ist das Prinzip zur Beschränkung der Analyse. Das andere ist der Freiheitsgrad; er ist das Prinzip zur Beeinflussung der Erzeugung. Stufung meint, dass von den durch vollständige Erzeugung generierten Knoten nur ein Teil analysiert wird. Werden alle Knoten einer Stufe bis auf einen ausgeschlossen, so wird der Ausschluss zur Auswahl. Der Freiheitsgrad kennzeichnet die Anzahl von zulässigen Operatoren, die auf jeder Stufe anwendbar sind. Wird diese Anzahl mit steigender Stufe tendenziell kleiner, so spricht man von abnehmendem, wird sie größer, von zunehmendem Freiheitsgrad. Der abnehmende Freiheitsgrad ist eine organisatorische Ausschlussentscheidung, die unabhängig von dem gezielten Ausschluss über Bewertung erfolgt. Gezielte Auswahlentscheidungen über Bewertungen sind für solche Verfahren besonders wichtig, die abnehmenden Freiheitsgrad haben und bei denen auf jeder Stufe genau ein Operator anzuwenden bzw. ein Zustand weiter zu analysieren ist.

Es sollen nun einige Prinzipien vorgestellt werden, die hilfreich bei der Angabe gezielter beschränkter Erzeugungs- und Analysefunktionen sind. Die Prinzipien betreffen vornehmlich die Bewertungen, die die Auswahl- bzw. Ausschlussentscheidungen fundieren. Auswahlprinzipien selbst sind rarer. Der Einfluss der Bewertung auf die Reihenfolge wird nur der Vollständigkeit halber angesprochen. Die Bewertungsprinzipien von Zuständen und Operatoren werden gemeinsam besprochen. Dies ist sinnvoll, da die Zustände einer Stufe aus der Operatorenwahl der vorherigen Stufe resultieren. Insofern werden Bewertung und Ausschluss von Operatoren sich vielfach aus der Bewertung von Folgezuständen ableiten bzw. die Bewertung und der Ausschluss von Zuständen werden sich mit der Bewertung von Operatoren begründen lassen.

Die Bewertungsprinzipien unterscheiden sich durch die Informationen, die sie bei der Ermittlung der Bewertung berücksichtigen. Im einfachsten Fall wird nur auf die bereits in der Problembeschreibung gegebenen Informationen zurückgegriffen, sonst auch auf Informationen, die das heuristische Verfahren bei der Konstruktion des Zustandsraumes erzeugt. Von einem zu analysierenden Zustand aus betrachtet, der sich auf einer beliebigen Stufe $s=k$ befinden mag, gibt es im Wesentlichen vier Teile des Zustandsraumes:

(1) Den zu Verfahrensbeginn auf der Stufe $s=0$ vorliegenden Zustandsraum; er ist leer oder enthält einen Anfangszustand.
(2) Den bis zum Analysezustand auf den Stufen $0<s\leq k$ bereits erzeugten Zustandsraum.
(3) Den durch Anwendung von Operatoren auf den ausgewählten Zustand direkt erzeugbaren Teil des Zustandsraumes auf der Stufe $s=k+1$.
(4) Den noch nicht erzeugten, auf den Stufen $k+1<s\leq t$ erzeugbaren Teil des Zustandsraumes.

Entsprechend gibt es vier Gruppen von Bewertungsprinzipien:
(1) *Problemdatenbewertung* (statische Bewertung): Diese Bewertungsverfahren berücksichtigen nur den in $s=0$ vorliegenden Zustandsraum. Damit ist man auf die mit der Problembeschreibung gegebenen Daten angewiesen. Da sich die Problemdaten im Verfahrensablauf nicht ändern, bezeichnet man die Verfahren auch als statisch.
(2) *Zurückschauende Bewertung* (dynamische Bewertung): Bei diesem Bewertungsverfahren wird der bereits erzeugte Teil des Zustandsraumes berücksichtigt. Vom Analysezustand in $s=k$ aus muss man bei stufenweiser Konstruktion des Zustandsraumes auf diesen Teil zurückschauen. Da durch die im Verfahrensablauf dazukommenden Informationen die Problemdaten ergänzt werden, ist die Informationsbasis veränderbar. Die Verfahren werden deshalb auch als dynamisch bezeichnet.

(3) *Aktuelle Bewertung*: Hier werden die Informationen berücksichtigt, die durch Analyse des ausgewählten Knotens unmittelbar zugänglich werden. Das sind für das Verfahren die aktuellsten Informationen über den Zustandsraum der Stufe s=k+1.

(4) *Vorausschauende Bewertung*: Bei diesen Verfahren werden Teile des Zustandsraumes betrachtet, die auch durch aktuelle Analyse nicht zugänglich sind. Diese liegen auf der Stufe k+1<s≤t, was vom Analysezustand aus gesehen einer Vorausschau gleichkommt. Die Verfahren unterscheiden sich im Wesentlichen durch die Tiefe der Vorausschau, die Größe des in der Tiefe konstruierten Zustandsraumes sowie die Eigenschaften der zur Bewertung herangezogenen Zustände. Diese Merkmale definieren die drei wichtigsten Verfahren der vorausschauenden Bewertung.

(4.1) *Begrenzt vorausschauende exakte Bewertung*: Hier wird eine $\bar{s}$-stufige Vorausschau gemacht, mit 1<$\bar{s}$<t-k. Dabei wird der unter dem Analysezustand befindliche Teil des Zustandsraumes in begrenzter Tiefe vollständig oder beschränkt unter Verwendung eines optimalen Verfahrens erzeugt. Die Bewertung der Operatoren ist deshalb exakt, bezogen auf den in der Begrenzung enthaltenen Teil des Zustandsraumes.

(4.2) *Vollständig vorausschauende abschätzende primale Bewertung*: Hier wird die Vorausschau bis zur maximalen Tiefe des Zustandsraumes in s=t getrieben und eine zulässige Lösung des Problems erzeugt. Diese wird auch primale Lösung genannt. Natürlich kann man wegen des Aufwandes die primale Lösung nur durch ein extrem beschränktes Erzeugungsverfahren konstruieren. Der Wert der zulässigen Lösung ist eine Abschätzung des Wertes der besten Lösung und kann gut als obere Schranke dienen im Sinne von "schlechter kann die beste Lösung nicht sein".

(4.3) *Vollständige vorausschauende abschätzende duale Bewertung*: Auch hier wird die Vorausschau bis zur maximalen Tiefe getrieben. Allerdings wird nicht das ursprüngliche Problem vom Analysezustand aus gelöst, sondern ein relaxiertes Problem. Dieses erhält man aus dem ursprünglichen Problem, in dem man Anforderungen vernachlässigt, die die Lösung besonders erschweren. Die Lösung des relaxierten Problems ist im Allgemeinen keine zulässige Lösung für das ursprüngliche Problem und wird deshalb als duale Lösung bezeichnet. Den Wert der dualen Lösung kann man als Abschätzung des Wertes der besten Lösung des ursprünglichen Problems ansehen. Hat das duale Problem dieselbe Zielfunktion wie das primale und wird seine Lösung mit einem optimalen Verfahren erzeugt und die Bewertung analytisch durchgeführt, so ist die duale Bewertung eine untere

Schranke für den Wert der besten Lösung des primalen im Sinne von "besser kann die beste Lösung nicht sein".

Ist ein Teil eines Baumes bewertet, erfolgt die Ausschluss- oder Auswahlentscheidung. Sie ist natürlich von dem Bewertungsprinzip nicht unabhängig, insbesondere nicht in ihrer Begründung und Leistungsfähigkeit, weshalb der Kontext zur Bewertung immer wieder hergestellt wird. Als wesentliche Auswahlprinzipien gelten:

(1) Prinzip des *besten Operators/Zustands*: Dieses Prinzip besagt, dass von den zulässig anwendbaren Operatoren oder weiter zu analysierenden Zuständen derjenige mit der besten Bewertung zu wählen ist. Die Leistungsfähigkeit des Prinzips ist wesentlich vom Bewertungsprinzip abhängig.

(2) Prinzip des *Verlustzuwachses*: Im Gegensatz zum optimistischen Prinzip des besten Operators/Zustands versucht man hier durch eine eher pessimistische Abschätzung zur Auswahl zu kommen. Man schätzt ab, was passiert, wenn man den besten Operator/Zustand nicht auswählt. Die Kalkulation gründet sich auf folgende Überlegungen: Wenn der beste Operator/Zustand nicht gewählt wird, so entsteht ein Verlust, weil man etwa den zweitbesten wählen muss. Die Höhe dieses Verlustes, der Verlustzuwachs, ist ein guter Indikator für die Dringlichkeit der Wahl des besten Operators/Zustands. Im Allgemeinen wird der mindestens entstehende Verlustzuwachs berechnet und der mit dem Maximum gewählt. Deshalb spricht man präziser auch vom Prinzip des max-min-Verlustzuwachses. Das Prinzip führt ceteris paribus zu besseren Auswahlentscheidungen als das des besten Operators/Zustands. In seiner Leistungsfähigkeit ist es natürlich wiederum vom Bewertungsprinzip abhängig.

(3) Prinzip der *n-besten Nachfolger*: Während die Prinzipien des besten Operators und des max-min-Verlustzuwachses genau einen Operator oder Zustand auswählen, ist das Prinzip der n-besten Nachfolger relevant, wenn mehrere Operatoren ausgewählt oder mehrere Zustände weiter analysiert werden sollen. Das Prinzip wird hauptsächlich in Verbindung mit der begrenzt vorausschauenden exakten Bewertung benutzt, wenn dabei vollständige Erzeugung/Analyse vermieden werden soll. Im Allgemeinen ist n so klein, dass die Reihenfolge, in der n Operatoren angewendet oder n Knoten analysiert werden, keine große Rolle spielt.

Die genannten Prinzipien finden in vielen optimalen und heuristischen Algorithmen Anwendung. Beispiele für *heuristische* Suchverfahren sind

Greedy-Verfahren, Hill Climbing, Beam Search, Genetische Algorithmen und Simulated Annealing. Beispiele für *optimale* Suchverfahren sind die vollständige Enumeration, Branch and Bound und der A*-Algorithmus.

Abschließend soll noch auf *Spezifikation* des Modells der Suche im Zustandsraum eingegangen werden. Diese kann beispielsweise durch Jackson-Diagramme, Pseudocode, Programmablaufpläne, Entscheidungstabellen und Struktogramme erfolgen. Zur Verdeutlichung der Möglichkeiten soll die blinde Suche im Zustandsraum durch Struktogramm, Entscheidungtabelle und Pseudocode beschrieben werden. Diese sind in Abbildungen 5.1.-9 bis 5.1.-11 dargestellt. Aus Platzgründen ist das Struktogramm in Abbildung 5.1.-10 in zwei Teile zerlegt worden.

In Abbildung 5.1.-9 ist die Entscheidungstabelle zur blinden Suche im Zustandsraum dargestellt. Dabei werden vier Bedingungen und vier Entscheidungen unterschieden. Bedingung 1 bedeutet, dass der aktuelle Operator auf den Zustand anwendbar ist; 2 bedeutet, dass der neue Zustand mit dem Zielzustand identisch ist; 3 bedeutet, dass alle Operatoren angewandt worden sind und 4, dass noch nicht analysierte Zustände existieren. Entscheidung A bedeutet, Misserfolg melden; B bedeutet, Lösung melden; C bedeutet, einen Operator auf den neuen Zustand anzuwenden und D, dass ein neuer Operator auf einen bekannten Zustand angewendet wird.

BEDINGUNGEN				ENTSCHEIDUNGEN			
1	2	3	4	A	B	C	D
ja	ja				X		
ja	nein	ja	nein	X			
ja	nein	ja	ja			X	
ja	nein	nein					X
nein		ja	ja			X	
nein		ja	nein	X			
nein		nein					X

Abb. 5.1.-9: *Entscheidungstabelle zur blinden Suche im Zustandsraum*

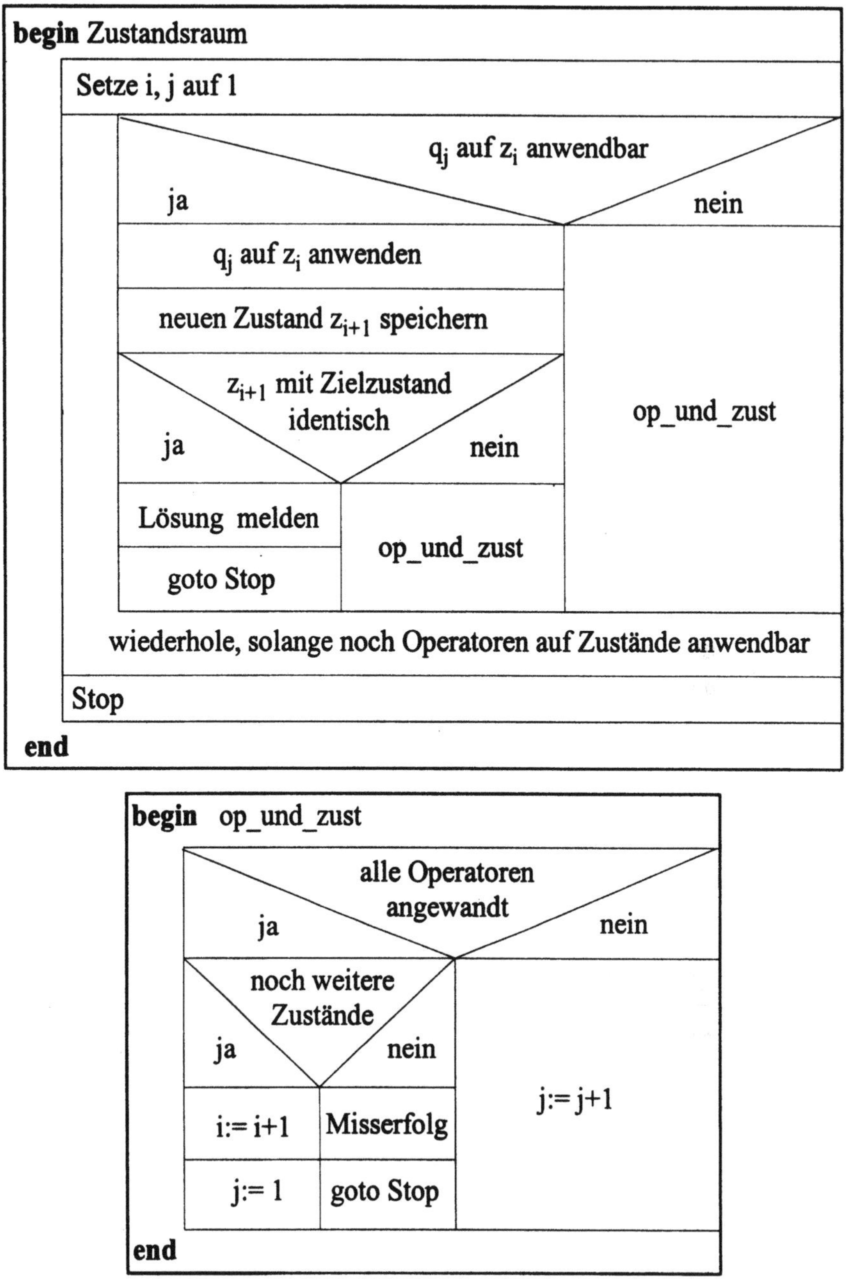

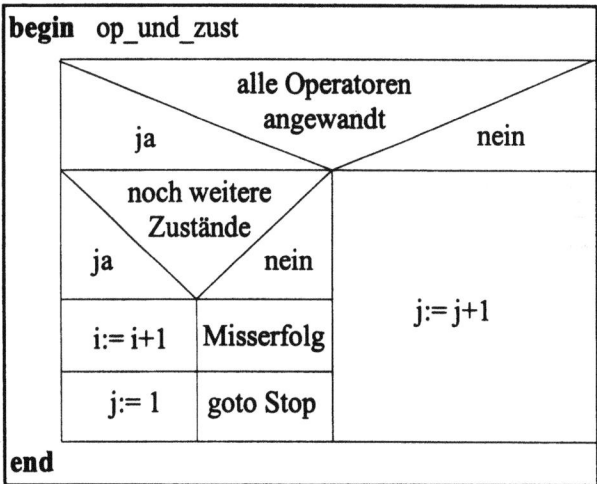

Abb. 5.1.-10: *Struktogramm zur blinden Suche im Zustandsraum*

In Abbildung 5.1.-11 ist der Pseudocode für das Verfahren der blinden Suche im Zustandsraum angegeben. Die Darstellung des Pseudocode orientiert sich an der Programmiersprache Pascal. Ein Block besteht aus einer Folge von Anweisungen und wird durch **begin** und **end** begrenzt. Eine Anweisung kann ein Block, eine Zuweisung, eine Bedingung (**if, case**) eine Schleife (**for, while, repeat**) oder ein Sprung zu einer anderen Anweisung, zum Ende einer Schleife (**exit loop**) oder zum Ende des Algorithmus (**exit**) bedeuten. Kommentare werden durch '--' eingeleitet.

Algorithmus Blinde Suche im Zustandsraum
begin
while Operatoren q_j auf Zustand z_i anwendbar und Zielzustand noch nicht erreicht
  -- die while Schleife entspricht der vollständigen Erzeugungsfunktion
do begin
  erzeuge neuen Zustand
  vergleiche neuen Zustand mit Zielzustand
end;
gehe zum nächsten zu analysierenden Zustand
-- diese Anweisung repräsentiert die vollständige Analysefunktion
end;

Abb. 5.1.-11: *Pseudocode zur blinden Suche im Zustandsraum*

5.1.3 Problemlösung und Problemtyp

Die Art des Vorgehens zum Finden der Problemlösung ist abhängig vom Problemtyp bzw. von der Problembeschreibung. Die meisten betriebswirtschaftlichen Probleme lassen sich auf die folgenden drei Problemtypen reduzieren:

(1) *Analyseproblem* (Wegeproblem)
  Gegeben: ein Anfangszustand, ein oder mehrere Zielzustände, Operatoren;
  Gesucht: Weg(e) vom Anfangszustand zu den Zielzuständen (Operatorenfolge);
  Beispiele: Diagnose, Interpretation, Klassifikation, Überwachung, Lernen.

(2) *Simulationsproblem* (Zielproblem)
  Gegeben: ein Anfangszustand, Operatoren mit Reihenfolge;
  Gesucht: mögliche Zielzustände;
  Beispiele: Experimente, Planspiele, Prognosen.

(3) *Syntheseproblem* (Ziel-Wege-Problem)

5.1 Problemlösen im Zustandsraum

Gegeben: ein Anfangszustand, Anforderungen an den Zielzustand (zeitliche, räumliche Anordnung von Elementen), Operatoren;
Gesucht: Zielzustand, Weg vom Anfangszustand zum Zielzustand (Operatorenfolge);
Beispiele: Planung, Steuerung, Therapie, Konstruktion.

Bei dem in Beispiel 5.1.-1 formulierten Problem handelt es sich um ein Syntheseproblem, bei dem in Beispiel 5.1.-2 um ein Analyseproblem. Modifizierte Formulierungen der Problembeschreibung können zu Simulationsproblemen führen.

Bisher haben wir angenommen, dass die Suche im Zustandsraum mit dem Anfangszustand beginnt. Dies ist aber nicht nötig. Allgemein unterscheidet man bei den Suchrichtungen die *Vorwärts-* und die *Rückwärtsverkettung*. Bei der Vorwärtsverkettung werden von einem Anfangszustand ausgehend über Zwischenzustände Zielzustände gesucht. Dieses Vorgehen nennt man auch datenorientiert, da man von den Inputdaten ausgehend sich auf den Zielzustand zubewegt. Der umgekehrte Weg wird bei der Rückwärtsverkettung eingeschlagen; hier beginnt die Suche in einem möglichen Zielzustand, von dem aus ein vorliegender Anfangszustand erreicht werden soll. Dieses Vorgehen heißt auch lösungsorientiert, da man von der geforderten Lösung ausgehend sich auf den Ausgangszustand zubewegt. Beide Suchrichtungen können, wie schon erwähnt, *tiefen-* oder *breitenorientiert* eingeschlagen werden. Standardvorgehen für Analyseprobleme ist die Rückwärtsverkettung, d.h. ausgehend von möglichen Zielzuständen wird versucht, den bekannten Anfangszustand zu erreichen. Standardvorgehen für Synthese- und Simulationsprobleme ist die Vorwärtsverkettung, d.h. ausgehend vom Anfangszustand wird versucht, einen oder mehrere Zielzustände zu erreichen.

Beispiel 5.1.-5: Folgendes Beispiel zur Auftragsbearbeitung soll die Arbeitsweise von Vorwärts- und Rückwärtsverkettung verdeutlichen. Der Anfangszustand sei: Kundenauftrag trifft ein (A), Auftrag umfasst zu fertigende Eigenbauteile (B), Arbeitsplan liegt vor (C), Ressourcen sind verfügbar (D);

Operatoren:
(1) WENN ein Kundenauftrag vorliegt (A)
    UND er zu fertigende Teile umfasst
    UND Teile Eigenbauteile sind (B)
    DANN wird ein Fertigungsauftrag gebildet (E);

(2) WENN ein Fertigungsauftrag vorliegt (E)
    UND ein Arbeitsplan vorliegt (C)
    DANN kann der Fertigungsauftrag eingeplant werden (F);
(3) WENN ein Fertigungsauftrag vorliegt (E)
    UND ein Arbeitsplan vorliegt (C)
    DANN können Verrichtungen bestimmt werden (G);
(4) WENN Verrichtungen bestimmt sind (G)
    UND Ressourcen verfügbar sind (D)
    DANN kann Fertigung des Teils beginnen (H).

Verkettung: Fertigungsauftrag wird gebildet (E) ↔ Fertigungsauftrag kann eingeplant werden (F) ↔ Verrichtungen können bestimmt werden (G) ↔ Fertigung des Teils kann beginnen (H).

Bei der Reihenfolge der Anwendung von Operatoren und damit der Erzeugung von Zuständen hat man die bereits diskutierten Möglichkeiten. Die Suche lässt sich auch durch die Berücksichtigung zusätzlicher Informationen effizienter gestalten. Ein Beispiel dafür ist die *Problemzerlegung*. Bei der Problemzerlegung benutzt man problemspezifische Informationen zur Dekomposition eines schwierigen Ausgangsproblems in mehrere leichtere Teilprobleme. Jedes dieser Teilprobleme wird gelöst, und die einzelnen Teillösungen werden zur Lösung des Ausgangsproblems zusammengesetzt.

Eine andere Möglichkeit der Problemzerlegung besteht darin, zu erreichende Zwischenzustände für die Lösungssuche zu definieren, um damit über fest definierte Etappen die Lösung zu finden [Cla85]. Die folgende Zerlegung eines Diagnoseproblems in Abbildung 5.1.-12 macht das Vorgehen deutlich:

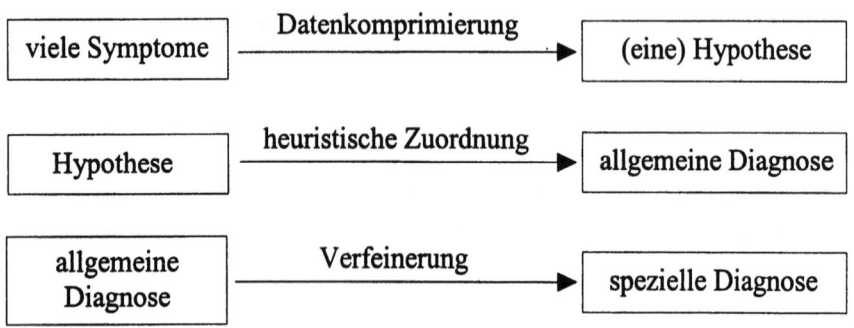

Abb. 5.1.-12: *Schrittweise Problemzerlegung für Diagnoseprobleme*

5.1 Problemlösen im Zustandsraum

So kann beispielsweise ein 'Kundenauftrag' durch Datenkomprimierung als 'schwieriger Auftrag' identifiziert werden. Aus dieser Hypothese kann durch die Zusatzinformation, dass 'Zeitdruck' herrscht, die allgemeine Diagnose abgeleitet werden, dass der 'Kundenauftrag' durch 'Fremdfertigung' erfüllt werden sollte. Im Sinne einer Verfeinerung kann dann durch die Berücksichtigung von 'Lieferzuverlässigkeit' eine spezielle Diagnose gestellt werden, dass der 'Kundenauftrag' ein Fall für den 'Lieferanten x' ist.

Eine weitere Möglichkeit zur Definition von Zwischenzuständen besteht darin, das Problem vor Beginn der Lösungssuche zu zerlegen und entsprechend dem Prinzip der *Problemreduktion* vorzugehen [Nil80]. Beispielsweise folgt die Beschreibung von Planungsproblemen über definitorische Gleichungen diesem Vorgehen. Mit Hilfe solcher Gleichungen lassen sich beispielsweise Gewinn, Umsatz und Produktumsatz wie folgt definieren:

Gewinn	=	Umsatz - Kosten
Umsatz	=	Summe aller Produktumsätze
Produktumsatz	=	Produktpreis × Absatzmenge

Will man jetzt den Gewinn maximieren, besteht eine Möglichkeit darin, zunächst den Produktumsatz, dann den Umsatz und schließlich den Gewinn zu maximieren.

Sind mit Zuständen oder Operatoren Wahrscheinlichkeiten verbunden, so kann eine *probabilistische* Suche entsprechend dem Theorem von Bayes durchgeführt werden. Andere Möglichkeiten, Unsicherheiten auszudrücken, sind Sicherheitsfaktoren [Cla90] und die Dempster-Shafer-Theorie [Dem67, Sha76]. Entsprechend dem Theorem von Bayes wird dem Zielzustand eine Wahrscheinlichkeit zugeordnet, die ein Maß für die Sicherheit der Problemlösung ist. Folgendes Diagnoseproblem soll das Vorgehen bei der probabilistischen Suche verdeutlichen. Ausgehend von einer Beobachtung E (Anfangszustand) sollen die Hypothesen $H_1, ..., H_n$ (Zielzustände) verifiziert werden. Die a priori Wahrscheinlichkeit einer Hypothese $P(H_i)$ gibt die Wahrscheinlichkeit der Richtigkeit von H_i ohne Berücksichtigung von E an. Gesucht ist die bedingte Wahrscheinlichkeit $P(H_i|E)$, d.h. die Wahrscheinlichkeit der Richtigkeit einer Hypothese H_i unter Berücksichtigung einer Beobachtung E und somit

$$P(H_i|E) = P(H_i) P(E|H_i) / (\sum_{j=1,...,n} P(H_j) P(E|H_j)).$$

Dabei gibt die bedingte Wahrscheinlichkeit

$$P(A|B) = P(A \wedge B) / P(B)$$

die Wahrscheinlichkeit für den Sachverhalt an, dass, wenn B vorliegt, auch A vorliegt.

Beispiel 5.1.-6: Folgendes Beispiel verdeutlicht die probabilistische Suche entsprechend dem Theorem von Bayes.

E: Kundenauftrag liegt vor;
H_1: Fertigung kann nicht beginnen, $P(H_1)$=0,05;
H_2: Fertigung kann beginnen, $P(H_2)$=0,95;
$P(E \wedge H_1) = 0,04$;

Mit welcher Wahrscheinlichkeit kann die Fertigung beginnen?

$P(E|H_1) = P(E \wedge H_1) / P(H_1) = 0,04 / 0,05 = 0,8$;
$P(E|H_2) = 1 - P(E|H_1) = 0,2$;
$P(H_2|E) = 1-P(H_1|E) = 1-(0,05 \cdot 0,8)/(0,05 \cdot 0,8+0,95 \cdot 0,2) = 0,826$,

d.h. bei einem vorliegenden Kundenauftrag kann mit einer Wahrscheinlichkeit von ca. 83% die Fertigung beginnen.

5.2 Problemlösen mit neuronalen Netzen

Mit Hilfe künstlicher neuronaler Netze versucht man, assoziatives Problemlösen nachzubilden [FS91,HKP91]. Ein neuronales Netz besteht aus einer Menge von stark vernetzten Knoten, wobei jeder Knoten einfache Berechnungen ausführt und die Resultate an Nachbarknoten weiterleitet. Ziel ist es, einen Anfangszustand (*Muster*) mit einem Zielzustand (*Orginal*) zu verknüpfen, auch wenn man nicht genau weiß, wie die Problemlösung schrittweise erzeugt werden sollte. Als Vorbild dient dabei das menschliche Gehirn, bei dem viele Neuronen relativ langsam, aber parallel und stark vernetzt arbeiten. Das Gehirn wandelt Eingabewerte in Ausgabewerte assoziativ um. Zur Simulation des menschlichen Gehirns werden massiv parallele Algorithmen benötigt, die eine große Anzahl von Knoten (Neuronen) und gewichteter Verbindungen zwischen ihnen verarbeiten können.

Ein elementarer Netztyp ist das *Hopfield-Netz* [Hop82]. Es basiert auf verteilter Problembeschreibung und verteilter, asynchroner Problemlösung.

Dabei wird ein Anfangszustand als Aktivitätsmuster auf den Knoten abgelegt. Gesucht wird ein Zielzustand bzw. die Verknüpfung dieses Musters mit einem zu suchenden Original. Zum Finden der Lösung trifft jeder Knoten lokale Entscheidungen. Die Summe aller lokalen Entscheidungen bildet die globale Lösung.

In Hopfield-Netzen gibt es zwei Arten von Knoten, aktive und passive. Es seien x und y zwei Knoten, die durch eine Kante (x,y) mit Gewicht c(x,y) verbunden sind. Ist c(x,y)>0, so haben x und y die Tendenz sich gegenseitig zu aktivieren; ist c(x,y)<0, so versucht der aktive Knoten den anderen Knoten zu deaktivieren. Der folgende, in Pseudocode formulierte Algorithmus, bringt jedes Hopfield-Netz in einen Gleichgewichtszustand.

Algorithmus Parallele Relaxation [Hop82]
begin
while Knoten existieren, die ihren Zustand noch verändern können
  do begin
    Wähle einen beliebigen Knoten x;
    Berechne die Summe f(x) aller Gewichte c(x,y) der Kanten, die von allen aktiven Nachbarknoten y zu x führen;
    if f(x) > 0 **then** x wird aktiv **else** x wird inaktiv
  end;
end;

Beispiel 5.2.-1: Wird dieses Verfahren auf das Hopfield-Netz, das in Abbildung 5.2.-1 mit Start bezeichnet ist, angewandt, ergibt sich der Gleichgewichtszustand Ziel. Aktive Knoten sind schwarz gefärbt.

Kennt man nur Teile eines Musters, so kann man mit Hilfe obigen Verfahrens das zugehörige Original (Gleichgewichtszustand) bestimmen. Hopfield-Netze sind fehlertolerant, da bei falschem Verhalten oder Ausfall einzelner Knoten dieses durch die Entscheidungen der Nachbarknoten wieder ausgeglichen werden kann.

Eine andere Art künstlicher neuronaler Netze ist das *Perzeptron* [Ros62], bei dem die Knoten (Prozessoren) verschiedenen Schichten zugeordnet und nur Knoten benachbarter Schichten miteinander verbunden sind. Ein Prozessor eines Perzeptrons hat Eingänge und Ausgänge. Ist die gewichtete Summe seiner Eingänge S größer als ein gegebener Schwellenwert C, so sendet der Prozessor den Wert 1; wenn nicht, sendet er den Wert 0. Ein Beispiel eines Perzeptrons ist in Abbildung 5.2.-2 dargestellt. Alles, was ein Perzeptron berechnen kann, kann es über eine Lernregel lernen zu berechnen. *Lernen* erfolgt über Veränderungen von Gewichten und Schwellenwerten.

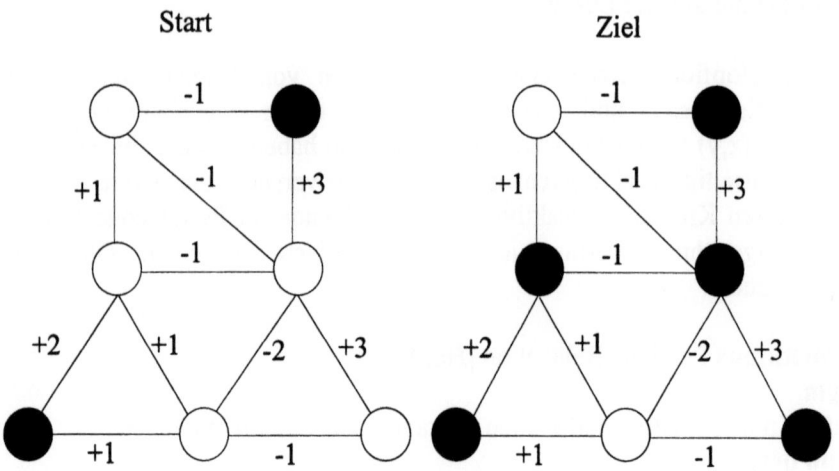

Abb. 5.2.-1: *Hopfield-Netz ohne und mit Gleichgewicht nach [RK91]*

Beispiel 5.2.-2: Als Beispiel soll das Lernen von Hyperebenen dienen, die in Abbildung 5.2.-3 dargestellt sind. Es soll eine Gerade gefunden werden, schwarze und weiße, in der Ebene liegende Punkte trennt. Solche Problemstellungen treten beispielsweise bei der Datenanalyse auf. Es seien

$g(x) = w_0 + w_1 x_1 + w_2 x_2$

der Input des Perzeptrons und o(x) der Output mit o(x)=1, falls g(x)>0 (weiße Punkte) und o(x)=0, falls g(x)<0 (schwarze Punkte). Ist g(x)=0, so ist die Reaktion des Perzeptrons nicht definiert. Die Geradengleichung wird also ausgewertet durch S=g(x)=0 und damit durch

$x_1 = -w_0/w_1 - (w_2/w_1)x_2$,

d.h. die Geradengleichung lässt sich eindeutig durch die Werte der Gewichte bestimmen. Dabei geben w_0/w_1 den Achsenabschnitt und w_2/w_1 die Steigung an. Ist $w_0 + w_1 x_1 > -w_2 x_2$ oder $< -w_2 x_2$, dann ist die Geradengleichung noch nicht bestimmt. Die folgende Lernregel lässt sich verwenden. Falls das Perzeptron falsch *feuert* ($g(x) = w_0 + w_1 x_1 + w_2 x_2 > 0$), vermindere jedes w_i in Abhängigkeit von x_i, und falls es falsch *nicht feuert* ($g(x) = w_0 + w_1 x_1 + w_2 x_2 < 0$), erhöhe jedes w_i in Abhängigkeit von x_i Wichtig für die Lernregel ist, dass der Achsenabschnitt der Geraden und das Steigungsmaß entsprechend variiert werden können. Es ist leicht vorstellbar, dass diese Art zu lernen äußerst zeitaufwendig ist. Für einen schnellen Erfolg ist ein geschickter Trainingsaufbau, dem das Perzeptron unterworfen wird, erforderlich. In Abbildung 5.2.-3 ist das Lernverhalten des Perzeptrons dargestellt; k gibt die Anzahl der Iterationen auf der Trainingsmenge an.

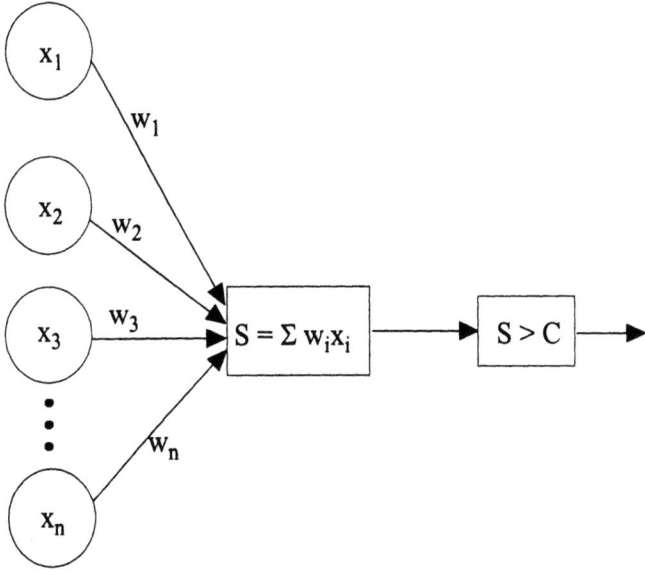

Abb. 5.2.-2: *Perzeptron nach [RK91]*

Das *Perzeptron-Konvergenz-Theorem* besagt, dass ein Perzeptron lernen kann, alle *linear separablen Inputs*, wie beispielsweise die in Abbildung 5.2.-3, zu klassifizieren. Die Anwendbarkeit eines Perzeptrons zur Mustererkennung setzt voraus, dass die Frage beantwortet werden kann, ob ein vorliegendes Problem als linear separabler Input repräsentiert werden kann; diese Frage alleine ist meistens schon schwer lösbar.

Um komplexe Muster zu erkennen, ist ein *mehrschichtiges* Perzeptron nötig, wie beispielsweise in Abbildung 5.2.-4 dargestellt. Ein mehrschichtiges Perzeptron besteht aus einer Eingabeschicht (x_i), einer Ausgabeschicht (y_i) und einer oder mehrerer verdeckter Schichten (h_i).

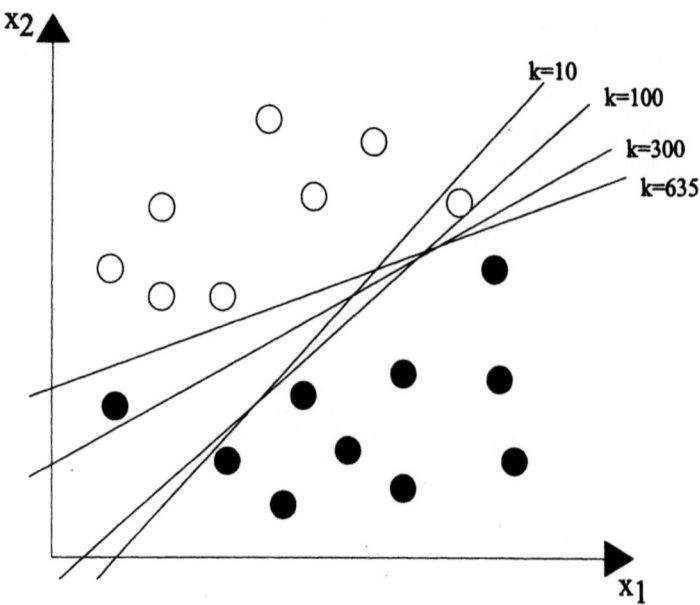

Abb. 5.2.-3: *Lernen für ein separierbares Muster nach [RK91]*

Um ein mehrschichtiges Perzeptron zu trainieren, müssen die Anzahl der Schichten, die Anzahl der Knoten pro Schicht und die Gewichte variiert werden. Die Werte von x_i, h_i, y_i bilden das Aktivitätsmaß der entsprechenden Knoten ab. In Abbildung 5.2.-4 existieren nur Vorwärtsverbindungen; die Aktivitätsmaße der Knoten der Output-Schicht bestimmen das Ergebnis.

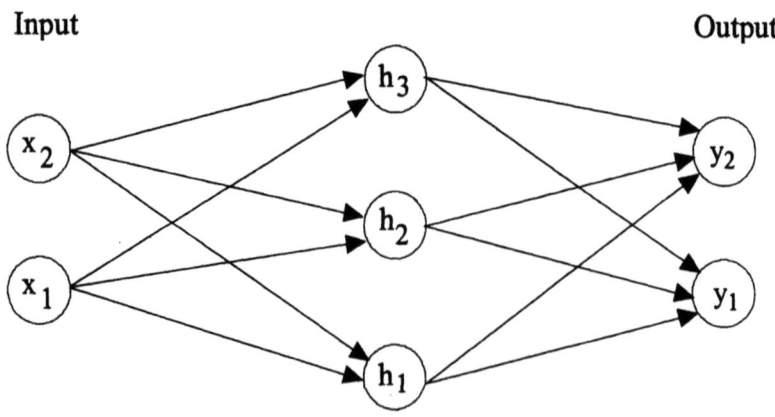

Abb. 5.2.-4: *Mehrschichtiges Perzeptron*

Beispiel 5.2.-3: In Abbildung 5.2.-5 ist ein dreischichtiges Netzwerk zur Erkennung von Ziffern dargestellt.

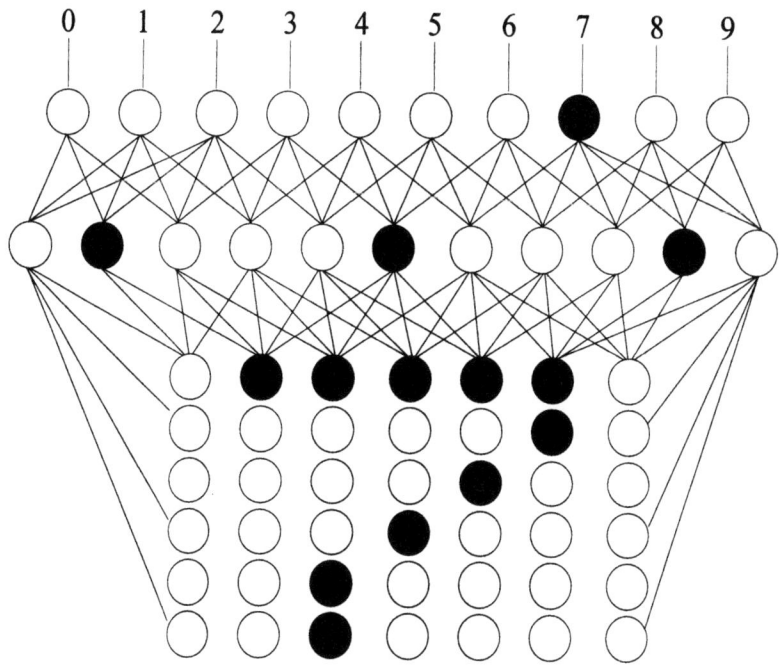

Abb. 5.2.-5: *Perzeptron zur Erkennung von Ziffern nach [RK91]*

Eine dritte Art künstlicher neuronaler Netze sind *Boltzmann-Maschinen*. Hopfield-Netze können ihr Gleichgewicht in lokalen Optima finden; gesucht ist jedoch häufig ein globales Optimum. *Simulated Annealing* ist eine Technik, die versucht, das Verbleiben in lokalen Optima zu vermeiden [LA89]. Die Verbindung von Hopfield-Netzwerken und Simulated Annealing nennt man Boltzmann-Maschine [AK90]. Dabei wird jeder Knoten nur mit einer Wahrscheinlichkeit $p=1/(1+e^{-E/T})$ aktiv, wobei E die Summe der aktiven Eingänge des entsprechenden Knotens und T die Temperatur des Netzes darstellt. Auch das Training von Boltzmann-Maschinen ist sehr aufwendig.

5.3 Interaktives Problemlösen

Eine gängige Einteilung von Verfahren für die Problemlösung unterscheidet in Anlehnung an die entsprechenden Modelle konstruktive und deskriptive Verfahren. Konstruktive Verfahren werden typischerweise zur Lösung von Analyse- und Syntheseproblemen, deskriptive zur Lösung von Simulationsproblemen eingesetzt.

Konstruktive Verfahren versuchen, möglichst gute Problemlösungen zu finden, während man mit *deskriptiven Verfahren* mögliche Entscheidungsalternativen evaluiert. Deskriptive Verfahren stellen somit ein Werkzeug für den Entscheidungsträger dar, um ein besseres Verständnis für ein Problem zu gewinnen. Ein Nachteil dieser Verfahren ist es, dass sie keine Lösung für das Problem erzeugen, sondern nur Auswirkungen vorgegebener Entscheidungen analysieren können. Zwar kann man versuchen, im Rahmen eines - je nach Detaillierungsgrad des Modells und des Verfahrens - zeit- und kostenaufwendigen Iterations- bzw. Trainingsprozesses immer bessere Entscheidungen zu generieren, jedoch ist der Erfolg eines solchen Vorgehens von den jeweiligen Vorgaben abhängig.

Der Nachteil der deskriptiven Verfahren ist der Vorteil der konstruktiven; mit ihnen lassen sich Lösungen vergleichsweise schnell generieren. Ihr Nachteil besteht darin, dass sich manche Sichten auf das Problem, wenn überhaupt, nur sehr ungenau abbilden lassen und häufig nur deterministische Fragestellungen untersucht werden können.

Eine wechselseitige *Kopplung* beider Arten von Verfahren würde die genannten Nachteile vermeiden und ihre Vorteile verbinden. Die Qualität konstruktiv erzeugter Lösungen könnte mit Hilfe deskriptiver Verfahren evaluiert werden. Mit den daraus gewonnenen Erkenntnissen ließe sich das Modell und das konstruktive Verfahren solange verfeinern, bis man eine befriedigende Lösung gefunden hat. In vielen Fällen ist es zu Beginn der Analyse noch unklar, welche Kriterien für die Lösungsfindung wichtiger und weniger wichtig sind. Hier bietet sich der Weg an, dass man zunächst versucht, mit Hilfe deskriptiver Verfahren eine Intuition für die relevanten Problemparameter zu erhalten, die dann als Vorgaben für ein konstruktives Verfahren berücksichtigt werden. Die Wechselwirkung beider Verfahrenstypen ist in Abbildung 5.3.-1 dargestellt.

Die Verbindung von konstruktiven und deskriptiven Ansätzen unterliegt einem interaktiven Lösungskonzept [Vaz65]. Bisher gibt es nur wenige Methoden für die Problemlösung, die ein solches Konzept auf der Basis konstruktiver und deskriptiver Modelle verfolgen. Der Schwerpunkt bisheriger Ansätze liegt auf einer isolierten Betrachtungsweise der Verfahren und ihrer Nutzbarmachung für den Problemlösungsprozess. Was fehlt, ist eine problemangepasste Verbindung aller Möglichkeiten auf dem Hintergrund eines abgestimmten Vorgehens. In diesem Sinne ist es das Ziel, verschiedene Ansätze der Problembearbeitung unter Freisetzung von synergetischen Effekten zu verschmelzen.

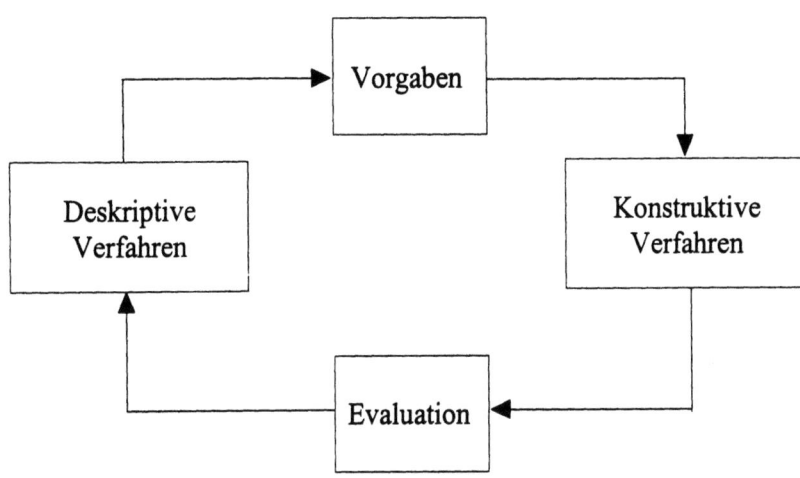

Abb. 5.3.-1: *Wechselwirkungen deskriptiver und konstruktiver Verfahren*

Interaktives Problemlösen mit Hilfe von IuK-Systemen lässt sich durch ein allgemeines Vorgehen menschlicher Problemlöser, aufbauend auf Analyse, Konstruktion und Bewertung als rückgekoppelter Prozess im Sinne eines Regelkreises abbilden. Zunächst werden in einer *Analysephase* die zu berücksichtigenden Rahmenbedingungen, die gegebenen Problemparameter und die relevanten Kriterien für die Problemlösung untersucht und festgelegt. Rahmenbedingungen bestehen aus harten und weichen Bedingungen (Constraints) [Hen89]. Harte Bedingungen sind Restriktionen, die durch eine Problemlösung nicht verletzt werden dürfen, und weiche Bedingungen sind Präferenzen, an denen die Qualität der Problemlösung ähnlich wie an der Erfüllung von Zielkriterien gemessen wird. Der Grad ihrer Realisierung steht somit in bestimmten Bandbreiten zur Disposition. Präferenzen nehmen also eine Zwischenstellung zwischen Restriktionen und Zielkriterien ein. Aufbauend auf der Analysephase werden entsprechende Lösungsvorschläge für die Problembeschreibung mit Hilfe konstruktiver Verfahren generiert. Dies geschieht in einer *Konstruktionsphase*. Schließlich werden im Rahmen einer *Bewertungsphase* die Vorschläge mit Hilfe deskriptiver Verfahren evaluiert und Rückkopplungen zur Analysephase ausgelöst.

Das in Abbildung 5.3.-2 dargestellte Problemlösungsmodell arbeitet auf einer geschlossenen Analyse-Konstruktion-Bewertungs- (*AKB-*) *Schleife* mit Feedbackmechanismen. Zunächst wird das Problem mit Hilfe von *A* beschrieben. Darauf aufbauend werden durch *K* eine oder mehrere Problemlösungen generiert, die dann von *B* evaluiert werden. Sind die Ergebnisse der Bewertungsphase für den Anwender zufriedenstellend, wird die gefundene Lösung akzeptiert. Ist dies nicht der Fall, wird die Feedbackschleife *AKB* solange durchlaufen, bis die gefundene Lösung das gewünschte Ergebnis liefert oder keine weiteren Verbesserungen angestrebt werden.

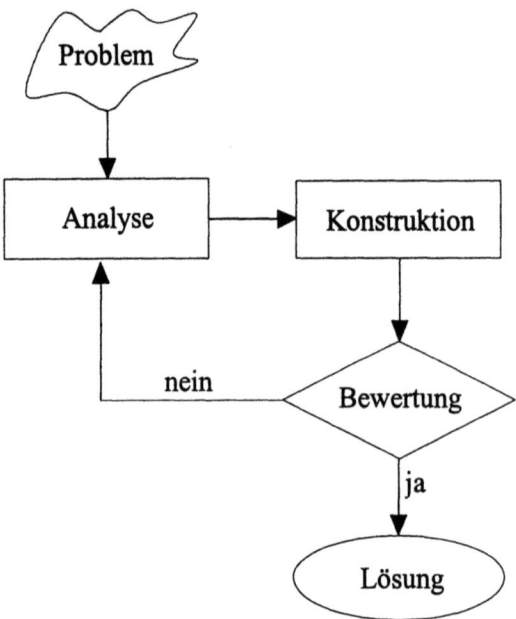

Abb. 5.3.-2: *Interaktives Problemlösen mit der AKB-Methode*

Die *Analysekomponente* übernimmt die Beschreibung des Problems in einer Form, in der sie von der Konstruktionskomponente verarbeitet werden kann. Im Wesentlichen werden dabei die zu berücksichtigenden Restriktionen, Präferenzen und Zielkriterien festgelegt. Die *Konstruktionskomponente* erzeugt Lösungen. Sie basiert, abhängig von der Komplexität der vorliegenden Problemstellung, auf optimalen oder auf heuristischen Problemlösungsverfahren. Leider lassen sich durch dieses Vorgehen in den meisten Fällen nur statische und deterministische Problembeschreibungen verarbeiten. Dynamik und Stochastik sind auf diese Weise, wenn überhaupt, nur sehr ungenau abbildbar. Um die erforderlichen Antworten unter Berücksichtigung auch dieser Aspekte zu erhalten, werden dem Entscheidungsträger durch die *Bewertungskomponente* auch deskriptive Verfahren, gekoppelt mit Möglichkeiten der Sensitivitätsanalyse, zur Verfügung gestellt.

Die AKB-Schleife wird durch die Rückkopplung von *B* zu *A* geschlossen. Ist die bisher gefundene Lösung auf Grund der Ergebnisse der Evaluation für den Anwender nicht akzeptabel, so muss *A* im Sinne einer Diagnose der Ablehnungsgründe neue Nebenbedingungen und Präferenzen sowie gegebenenfalls auch veränderte Zielkriterien, d.h. eine überarbeitete Problembeschreibung, für einen erneuten Durchlauf der Schleife bereitstellen.

Literatur

AK90   Aarts, E., Korst, J., *Simulated Annealing and Boltzmann Machines*, New York, 1990

Cla85   Clancey, W., Heuristic classification, *Artificial Intelligence* 27, 1985, 289-350

Cla90   Clark, D.A., Uncertainty management in AI, *Artificial Intelligence Review* 4(2), 1990, 109-146

Dem67   Dempster, A., Upper and lower probabilities induced by a multi-valued mapping, *Annals of Mathematical Statistics* 38(2), 1967, 325-399

FS91   Freeman, J.A., Skapura, D.M., *Neuronal Networks: Algorithms, Applications, and Programming Techniques*, Reading Mass., 1991

GJ79   Garey, M.R., Johnson, D.S., *Computers and Intractability: A Guide to the Theory of NP-Completeness*, San Francisco, 1979

Hen89   Van Hentenryck, P., *Constraint Satisfaction in Logic Programming*, Cambridge MA, 1989

HKP91   Hertz, J., Krogh, A., Palmer, R.G., *Introduction to the Theory of Neural Computation*, Redwood City CA, 1991

Hop82   Hopfield, J.J., *Neural networks and physical systems with emergent collective computational abilities*, Proc. National Academy of Sciences USA 79(8), 1982, 2554-2558

LA89   van Laarhoven, P.J.M, Aarts, E.H.L, *Simulated Annealing: Theory and Applications*, Dordrecht, 1989

Mei78   Meißner, J.D., *Heuristische Programmierung*, Wiesbaden 1978

Nil80   Nilsson, N.J., *Principles of Artificial Intelligence*, Palo Alto CA, 1980

Ros62   Rosenblatt, F., *Principles of Neurodynamics: Perceptrons and the Theory of Brain Mechanisms*, Washington D.C., 1962

RK91   Rich, E., Knight, K., *Artificial Intelligence*, New York, 1991

Sha76   Shafer, G.A., *A Mathematical Theory of Evidence*, Princeton NJ, 1976

Vaz65   Vazsonyi, A., Automated information systems in planning, control and command, *Management Science* 11, B-2, 1965

6 Integrierte Modellierung

Für eine integrierte Anwendungsentwicklung bedarf es neben einer vertikalen Abstimmung von Analyse, Design und Implementierung einer horizontalen von Daten, Funktionen und Kommunikation. Dabei sind insbesondere auch Datenstrukturen und Algorithmen bzw. Beschreibungs- und Lösungsmodelle aufeinander abzustimmen. Einerseits kann das Lösungsverfahren nicht unabhängig vom Beschreibungsmodell entworfen werden, andererseits setzen bestimmte Algorithmen für ihre Anwendung geeignete Datenstrukturen voraus. Während in den beiden vorangegangenen Kapiteln die Modellierung einzelner Sichten erfolgte, steht nun der Versuch einer integrierten Modellierung, d.h. der simultanen Betrachtung mehrerer Sichten auf Anwendungsebene, im Mittelpunkt der Überlegungen. Dabei soll zwischen konventionellen, wissens-, objekt- und prozessorientierten Vorgehen unterschieden werden [BBHS91]. Zunächst werden in Abschnitt 6.1 konventionelle Methoden und in Abschnitt 6.2 wissensorientierte Methoden dargestellt. Die integrierte Modellierung mit Hilfe objekt- und prozessorientierter Methoden wird in Abschnitt 6.3 diskutiert.

Beispiele für konventionelle Methoden zur integrierten, strukturierten Systementwicklung [YC79] sind Structured Analysis (SA), Structured Analysis / Real Time (SA/RT) sowie Teile von IDEF. Eine Methode zur Modellierung wissensbasierter Systeme ist Knowledge Acquisition and Documentation Structuring (KADS); Objektorientierte Analyse (OOA), Generalised Process Networks (GPN) und IDEF3 sind Methoden zur objekt- bzw. zur prozessorientierten Modellierung. Bei der Anzahl der existierenden Verfahren ist es wichtig, ihre Stärken und Schwächen zu kennen. Evaluation und Vergleich können aus theoretischer Sicht mit Hilfe linguistischer Ansätze und empirisch mit Hilfe von Fallstudien durchgeführt werden. Vergleiche konventioneller, wissens- und objektorientierter Methoden findet man in [BBB91, Loy90, FK92]. Im Folgenden liegt der Schwerpunkt der Betrachtungen auf dem Fachentwurf.

6.1 Konventionelle Methoden

Zunächst soll kurz auf die Methode SA eingegangen werden. Darauf aufbauend werden IDEF0 und IDEF1X vorgestellt. *SA* [DeM78, Ros77] hat ihren Schwerpunkt auf der *Funktionssicht* und kombiniert die Basistechniken *Datenflussdiagramm*, *Data Dictionary* und *Minispezifikation* (MSP) - häufig in Form von Pseudocode - im Rahmen eines Top-Down-Ansatzes über *Kontext-Diagramme*. Kontext-Diagramme repräsentieren den Zusammenhang einzelner Modelle und ihre Abgrenzung zur Systemumgebung. Kontext-Diagramme werden über einen Diagrammbaum weiter verfeinert. Auf der Ebene der Blätter des Baumes werden die Funktionen mit Hilfe der Minispezifikation beschrieben. Mit SA lassen sich nur Datenflüsse via Funktionen, aber keine über einzelne Funktionen hinausgehende Kontrollstrukturen abbilden. Ein Beispiel für einen Ausschnitt eines SA-Modells ist in Abbildung 6.1.-1 dargestellt.

SA/RT ist eine Erweiterung von SA und ergänzt diese Methode um die Darstellung des *Zeitverhaltens* des Systems und seiner einzelnen Elemente. Es werden die Vorgehensweisen nach [WM85, WM86] und nach [HP88] unterschieden; hier soll nur auf den zuletzt genannten Ansatz eingegangen werden. Im Mittelpunkt der Betrachtungen steht das Analysemodell, das aus Funktions-, Daten- und Kommunikationsmodell besteht. Das Funktionsmodell entspricht im wesentlichen dem des SA-Modells. Das Datenmodell lässt sich beispielsweise durch ein Entity-Relationship-Modell realisieren. Zur Darstellung der Kommunikation werden Datenflüsse durch Steuerungsflüsse ergänzt, die durch gestrichelte Pfeile im Datenflussdiagramm dargestellt werden.

Wie welche Funktionen aktiviert bzw. deaktiviert werden, wird mit Hilfe von Aktivierungstabellen, Zustandsübergangsdiagrammen oder Entscheidungstabellen festgelegt. In den *Zustandsübergangsdiagrammen* wird beschrieben, wie ein Ereignis ein System über Transitionen von einem Zustand in den nächsten Zustand überführt. *Entscheidungstabellen* dienen der Ergänzung, falls ein Übergang vom Auftreten vieler bedingter Ereignisse abhängt. *Aktivierungstabellen* beschreiben den Zusammenhang von Ereignissen mit den Funktionen noch einmal in Tabellenform. In Abbildung 6.1.-2 ist ein Beispiel eines SA/RT-Modells dargestellt.

6.1 Konventionelle Methoden 143

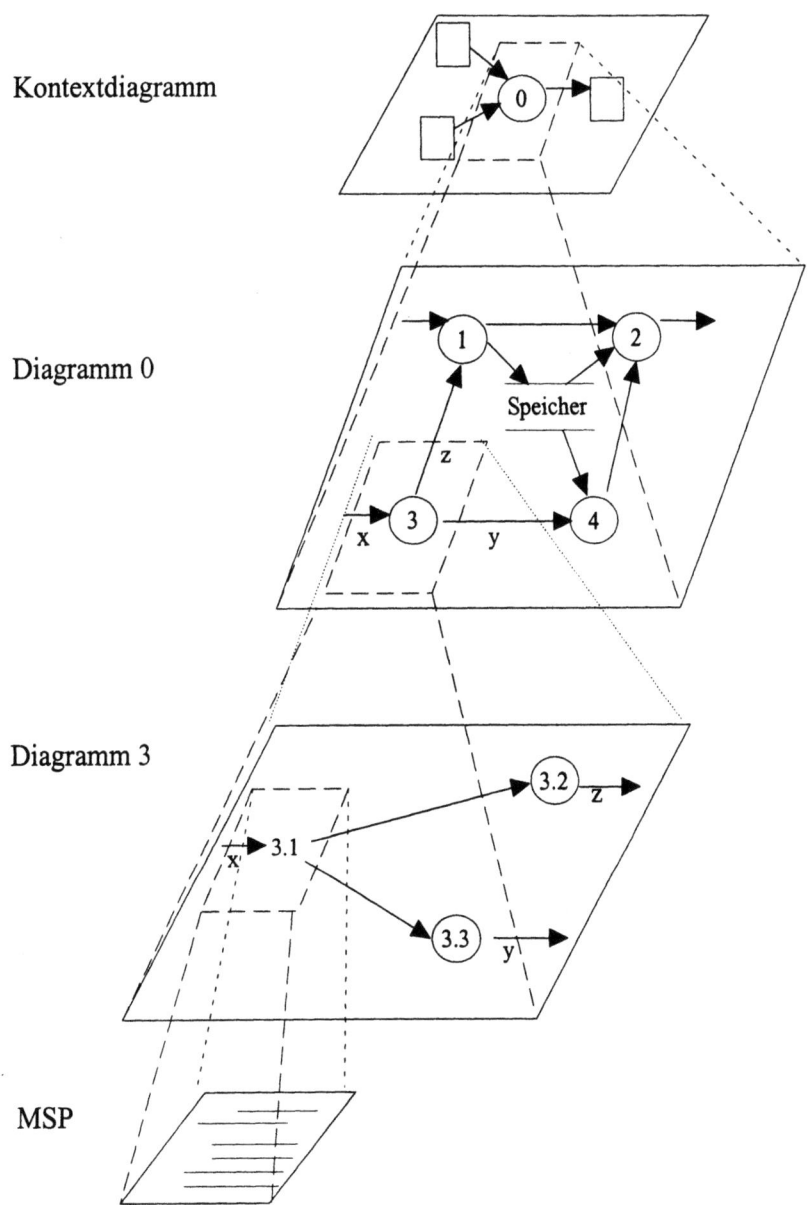

Abb. 6.1.-1: *Beispiel eines SA-Modells nach [Bal91]*

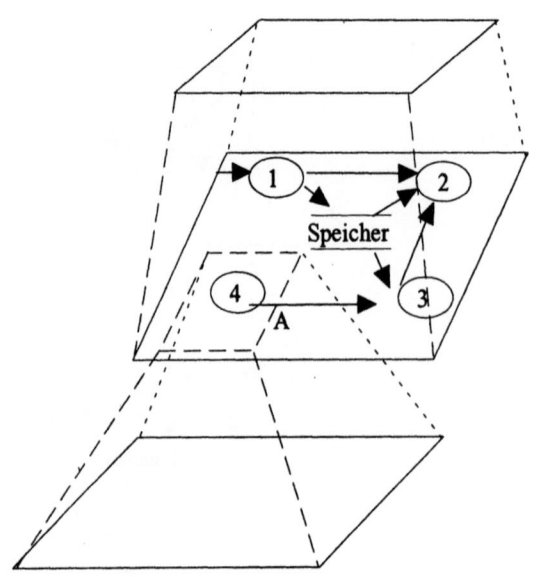

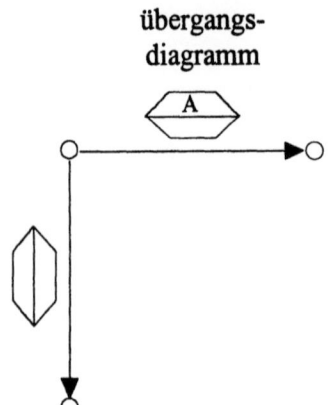

Abb. 6.1.-2: *Beispiel eines SA/RT-Modells*

Als Vertreter einer konventionellen Methode zur integrierten Modellierung soll nun IDEF etwas genauer betrachtet werden. IDEF ist weit verbreitet und besteht aus Modellierungssprachen, um Informationen zu repräsentieren und aus Methoden, um Informationen zu sammeln, zu pflegen und zu nutzen. IDEF wurde in den 70er Jahren in den USA zuerst als Funktionsmodellierungsmethode (IDEF0), dann als Datenmodellierungsmethode (IDEF1X) und später als Methode zur Spezifikation von Simulationsmodellen (IDEF2) entwickelt. IDEF0 basiert auf der Structured Analysis and Design Technique (SADT) [Ros77]. IDEF1 basiert auf der Entitiy-Link-Key-Attribute- (ELKA-) Methode [RB87]. Inzwischen gibt es IDEF3, IDEF4 und IDEF5. IDEF3 ist eine Weiterentwicklung von IDEF2 mit Schwerpunkt auf der Prozessmodellierung. IDEF4 ist eine objektorientierte Software-Design-Methode. IDEF5 ist eine Wissensaquisitions- und Knowledge-Engineering-Methode, um Unternehmensontologien zu generieren [Gru93]. Ontologien legen die begrifflichen (konzeptionellen) Grundlagen einer Theorie. Im Folgenden soll eine Einführung in IDEF0 und IDEF1X gegeben, d.h. ihre grundlegende Syntax und Semantik erklärt werden. Die Ausführungen basieren auf [MM98].

6.1.1 Funktionsmodellierungsmethode IDEF0

Im Mittelpunkt von IDEF0 stehen *Funktionen*. Eine Funktion hat einen *Input*, benutzt einen *Mechanismus*, unterliegt einer *Steuerung* und erzeugt einen *Output*. Die Steuerung besteht aus *Parametern*, die die Ausführung der Funktion spezifizieren. Mechanismen repräsentieren *Ressourcen*, die bei der Durchführung der Funktion benutzt werden. Beispielsweise werden bei der Entwicklung eines IuK-Systems Funktionen aufgerufen, die durch Parameter gesteuert werden, die sich aus den Anforderungen für die Systementwicklung ableiten lassen. Die Mechanismen der Funktionen umfassen bei dieser Anwendung Informationsmanager, Anwender sowie Systementwickler und Rechner. Input, Steuerung, Output und Mechanismen werden in IDEF0 als *Konzepte* oder ICOMs bezeichnet. ICOM ist ein Akronym für die vier Konzeptnamen.

Nach IDEF0 besteht die Welt aus Funktionen und ICOMs. Entsprechend enthält die graphische Beschreibungssprache von IDEF0 die Konstrukte *Knoten* zur Repräsentation der *Funktionen* und *Pfeile* zur Repräsentation der *ICOMs*. Knoten haben die Form eines Rechtecks. Pfeile und Knoten werden mit den Namen der Konzepte beschriftet. Die Verbindungen von Knoten und Pfeilen (Inzidenz) müssen gegebene Bedingungen der Darstellung einhalten. So kann die Spitze eines Pfeiles nur mit der unteren, der linken oder der oberen Seite eines Knotens verbunden werden, das Pfeilende nur mit der rechten Seite eines Knotens. Die entsprechenden Konstrukte sind in Abbildung 6.1.-3 dargestellt.

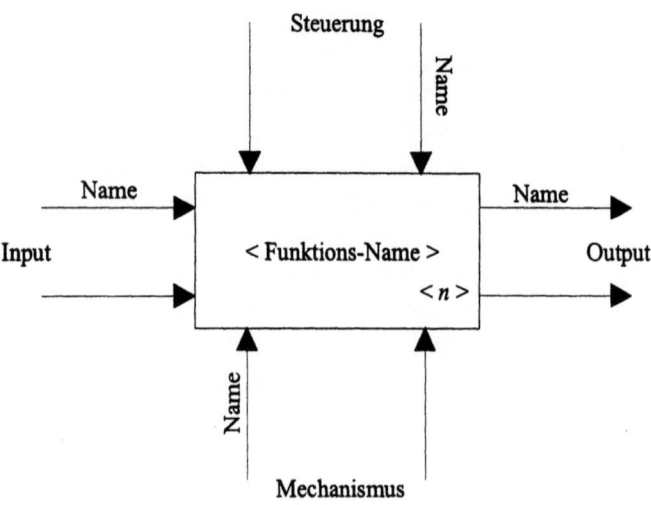

Abb. 6.1.-3: *Konstrukte von IDEF0*

Man unterscheidet eingehende und ausgehende Pfeile. Eingehende Pfeile sind solche, die auf eine Funktion hinführen, und ausgehende Pfeile solche, die von ihr wegführen. Jeder Knoten eines Modells muss wenigstens einen eingehenden Steuerungspfeil und einen herausführenden Outputpfeil haben. Ein Steuerungspfeil ist nötig, da die Ausführung der Funktion genau beschrieben werden muss (zufällige, unstrukturierte und nicht wiederholbare Funktionen lassen sich mit IDEF0 nicht darstellen). Ein Outputpfeil ist erforderlich, da sonst die Funktion keinen Zweck erfüllen würde. Inputpfeile sind nicht immer nötig, da angenommen wird, dass nicht jede Funktion einen Input haben muss. Pfeile können auseinanderlaufen (Verzweigung) und sich wieder treffen (Vereinigung). Ein Beispiel für die Pfeildarstellung ist in Abbildung 6.1.-4 angegeben.

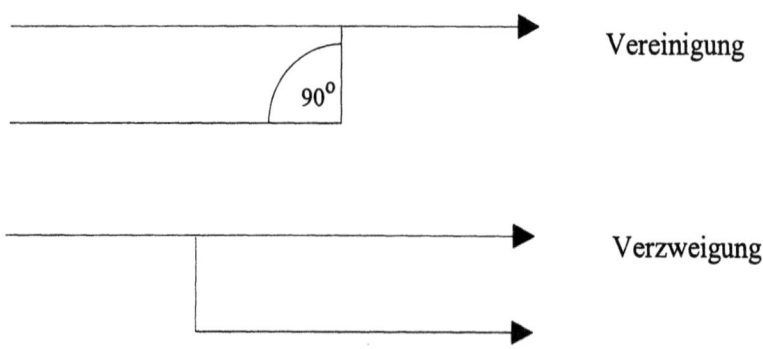

Abb. 6.1.-4: *Pfeildarstellung*

Wenn mehrere Knoten und Pfeile miteinander verbunden werden, spricht man von *Diagrammen*. Die Knoten eines Diagramms werden durch Pfade verbunden. Abbildung 6.1.-5 zeigt ein IDEF0-Diagramm zur Darstellung der Auftragsabwicklung. Pfeile mit horizontalen Spitzen repräsentieren Input und Output, Pfeile mit vertikalen Spitzen Steuerung und Mechanismen.

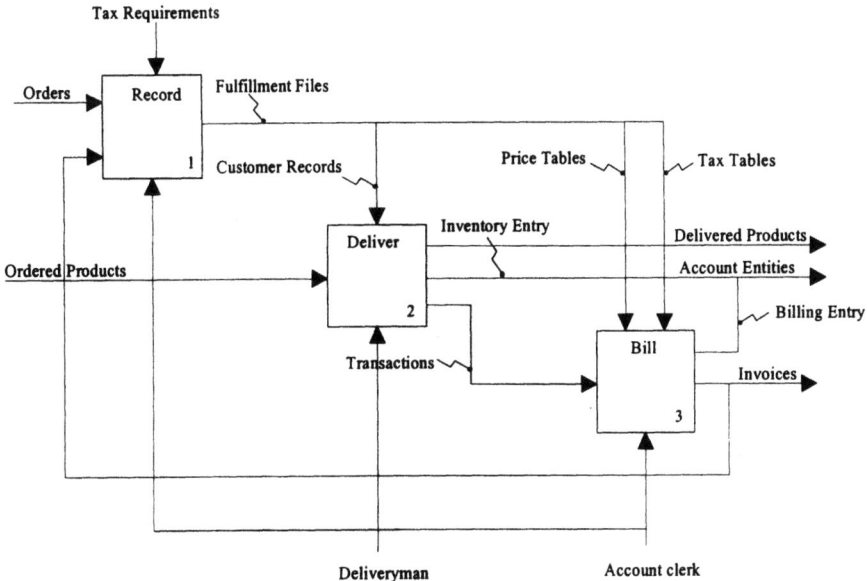

Abb. 6.1.-5: *Ein Beispieldiagramm zur Auftragsabwicklung*

Ein IDEF0-Modell besteht aus einem Baum von IDEF0-Diagrammen. Der Wurzelknoten heißt auch Top-Level- oder Kontext-Diagramm des Modells. Das Top-Level-Diagramm enthält selbst nur einen Knoten. Dieser repräsentiert eine aggregierte Funktion, die das IDEF0-Modell über mehrere Stufen darstellt. Eine Vater-Sohn-Beziehung zwischen zwei Diagrammen eines IDEF0-Modells bedeutet, dass der Sohn direkter Nachfolger des Vaters ist und eine Detaillierung einer Funktion des Vater-Diagramms darstellt. Ein Sohn-Diagramm wird auch als Dekompositions-Diagramm oder Detail-Diagramm bezeichnet. Für jeden Knoten ist nur ein Detail-Diagramm erlaubt. Eine gebräuchliche Regel ist, dass ein Detail-Diagramm drei bis sechs Funktionen enthält. Man nimmt an, dass ein Diagramm mit einer geringeren Anzahl von Funktionen nicht genügend Informationen enthält; ein Diagramm mit einer größeren Anzahl enthält schon wieder zu viele Informationen und sollte in einer nächsten Dekompositionsstufe weiter detailliert werden. Ein Beispiel für ein einfaches IDEF0-Modell mit drei Stufen ist in Abbildung 6.1.-6 dargestellt.

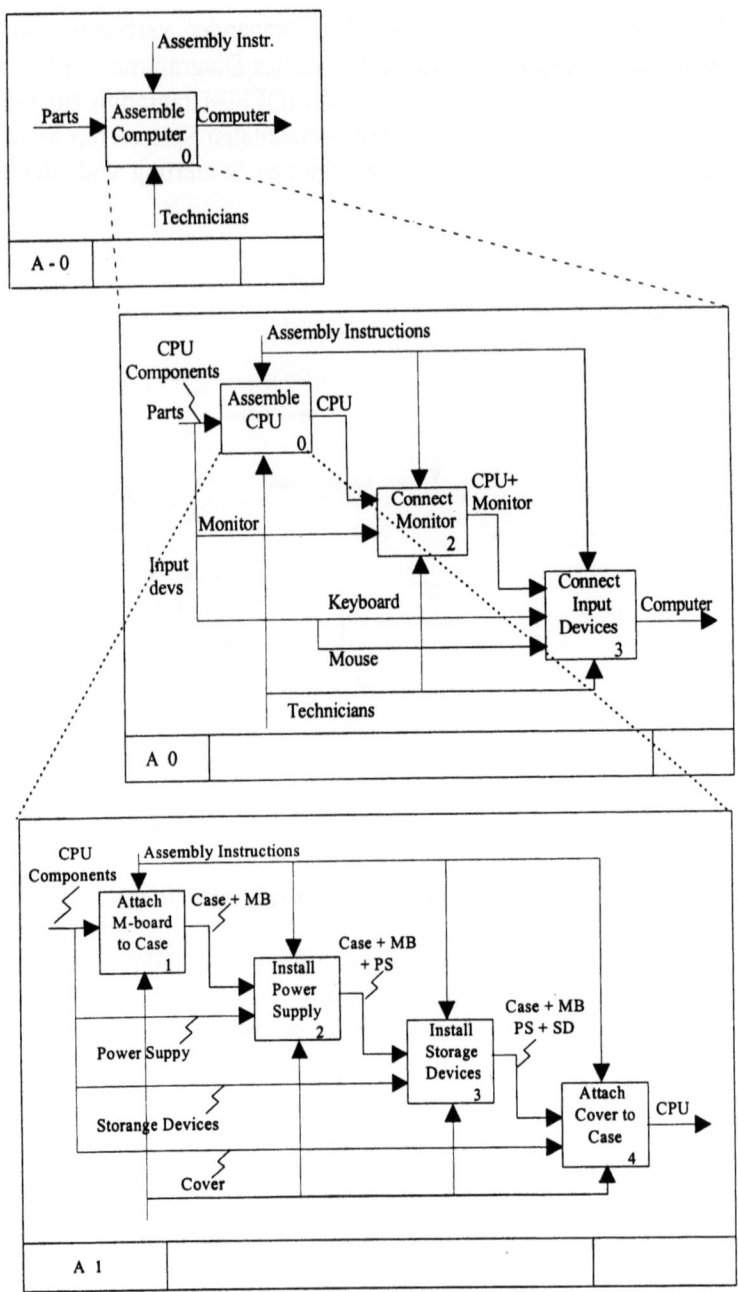

Abb. 6.1.-6: *Ein IDEF0-Modell*

Jedes Diagramm und jeder seiner Knoten hat eine Nummer zur eindeutigen Identifikation. Das Top-Level-Diagramm eines Modells hat die Nummer A-0. Die Nummer jedes anderen Diagramms wird aus der Nummer des Vater-Knotens abgeleitet. Es seien x und y zwei Diagramme eines Modells. x ist ein Vorgänger von y genau dann, wenn x entweder der Vater-Knoten von y ist oder der Vater-Knoten eines Diagramms, das Vorgänger von y ist. Umgekehrt ist y ein Nachfolger von x genau dann, wenn x ein Vorgänger von y ist. Pfeile in Nachfolger-Diagrammen müssen Entsprechungen zu Pfeilen in Vorgänger-Diagrammen haben und umgekehrt.

6.1.2 Datenmodellierungsmethode IDEF1X

IDEF1X verfügt über eine Ontologie und eine korrespondierende Sprache zum Entwurf von *Datenmodellen*. Zunächst soll die Ontologie vorgestellt werden. Die IDEF1X-Ontologie hat enge Entsprechungen zu denen der Entity-Relationship- und NIAM-Modellierungssprachen [Hal98]. Die ontologischen Kategorien von IDEF1X sind Entitäten, Attribute und Beziehungen. *Entitäten* sind Klassen von wirklichen oder möglichen Dingen einer Vorstellungswelt. Entitäten können sich auf konkrete Klassen wie Angestellte oder Maschinen, auf idealisierte Klassen wie beispielsweise Firmen oder Staaten und auf abstrakte Klassen wie beispielsweise Gesetze oder Raumkoordinaten beziehen. Eine Klasse, die eine Entität bezeichnet, umfasst Ausprägungen dieser Entität.

Jede Entität hat eine Menge von *Attributen*, denen Werte zugeordnet werden. Die Menge der Werte, die ein Attribut annehmen kann, wird als die Domäne des Attributs bezeichnet. Die *Domäne* eines Attributs ist immer ein bestimmter Datentyp wie 'String', 'Integer', 'Boolean' oder ein anderer abgeleiteter Typ dieser Basistypen. Beispielsweise können Attribute der Entitäten Angestellter, Name und Nationalität vom Typ 'String', Gehalt vom Typ 'Integer' und Ehestand vom Typ 'Boolean' sein. In IDEF1X werden Schlüssel definiert. Ein *Schlüssel* einer Entität E ist eine Menge der Attribute von E, die jede Ausprägung dieser Entität von einer anderen Ausprägung eindeutig unterscheidet. Idealerweise sollte ein Schlüssel die kleinste Teilmenge der Attribute sein, die die Eigenschaft der eindeutigen Unterscheidung aufweist. Falls ein Attribut Teil eines Schlüssels ist, bezeichnet man es als *Schlüsselattribut*.

Beziehungen bestehen zwischen Ausprägungen zweier Entitäten und werden durch *Relationen* definiert. Bei IDEF1X wird eine dieser Entitäten als Eltern-Entität und die andere als Kind-Entität bezeichnet. Eine (binäre) Relation R lässt sich als Menge von geordneten Entitätenpaaren (a,b) repräsentieren, mit der Eigenschaft, dass b eine Ausprägung der Kind-Entität und a eine Ausprägung der Eltern-Entität ist. Relationen lassen sich durch die Angabe von Kardinalitäten weiter spezifizieren. Die Kardinalität einer

Beziehung gibt an, wieviele Ausprägungen der Kind-Entität mit einer Ausprägung der Eltern-Entität assoziiert sind. Sehr häufig hat eine Beziehung keine eindeutige Kardinalität. IDEF1X unterscheidet die Kardinalitäten 1 oder mehr, 0 oder 1, genau N und von N bis M.

Die grundlegenden Elemente der IDEF1X-Sprache sind Knoten, die Entitäten mit ihren Attributen repräsentieren, sowie verschiedene Arten von Beziehungen. Knoten treten als Rechteck mit spitzen und mit gerundeten Ecken auf. Beispiele sind in Abbildung 6.1.-7 angegeben.

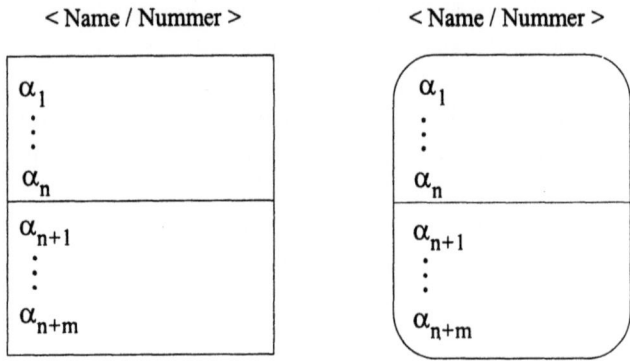

Abb. 6.1.-7: *Entitäten*

Die α_i repräsentieren Attributnamen. Oberhalb der horizontalen Linie werden die Schlüsselattribute angegeben, die auch als *Primärschlüssel* der Entität bezeichnet werden. Die unterhalb der horizontalen Linie dargestellten Attribute sind Nicht-Schlüsselattribute. Welche Art der Eckendarstellung gewählt wird, hängt von der Beziehung ab, die eine Entität mit einer anderen Entität verbindet.

Der am häufigsten vorkommende Typ von Beziehungen zwischen Entitäten in einem IDEF1X-Modell ist eine *identifizierende Beziehung*. Ihre Syntax ist in Abbildung 6.1.-8 dargestellt. Eine Beziehung B heißt identifizierende Beziehung, wenn alle Attribute des Primärschlüssels der Eltern via B zu Attributen im Primärschlüssel des Kindes migrieren. Wenn dies nicht gilt, ist B eine *nicht-identifizierende Beziehung*.

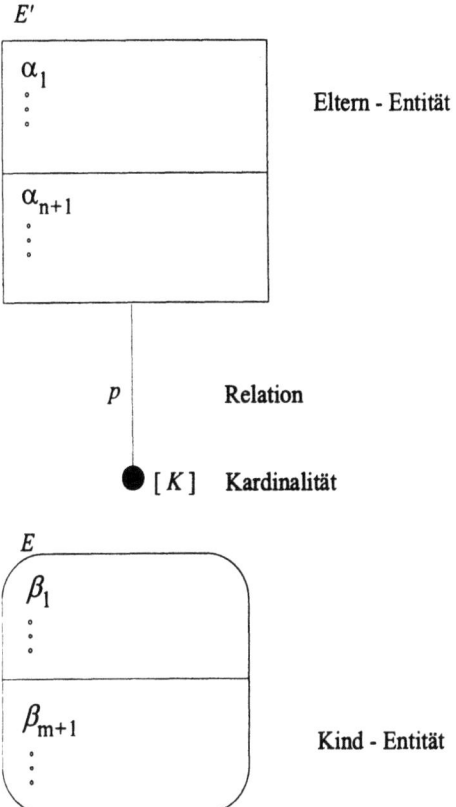

Abb. 6.1.-8: *Syntax einer identifizierenden Beziehung*

Ist eine Entität E eine Kind-Identität in einer identifizierenden Beziehung, dann wird zu ihrer Darstellung ein Rechteck mit gerundeten Ecken benutzt, um diesen Zusammenhang zu verdeutlichen. Im anderen Fall wird eines mit spitzen Ecken benutzt. Ein Beispiel für eine identifizierende Beziehung ist in Abbildung 6.1.-9 dargestellt.

In diesem Beispiel migriert das Primärschlüsselattribut 'Dept_number' der Elternidentität zum Attribut 'Works_in.Dept_number' der Kindidentität. Dieses taucht als Primärschlüsselattribut der Entität Employee auf. Diese Beziehung ist daher nach obiger Definition eine identifizierende Beziehung. Im Beispiel ist 'Emp_number' allein nicht ausreichend, um einen Mitarbeiter von einem anderem Mitarbeiter zu unterscheiden. 'Emp_number' ist nur einzigartig innerhalb einer Abteilung; man muss auch die 'Dept_number' der

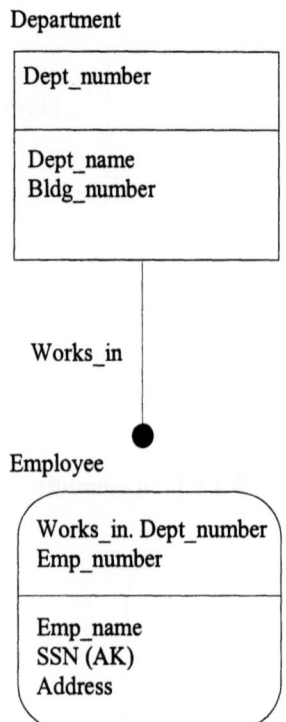

Abb. 6.1.-9: *Beispiel für eine identifizierende Beziehung*

Abteilung wissen, in der ein Mitarbeiter arbeitet, um ihn eindeutig identifizieren zu können. Somit enthält der Primärschlüssel von Employee auch ein migriertes Attribut 'Works_in.Dept_number'. Der Beziehungsname 'Works_in' wird Teil des Namens des migrierten Attributs. Dies ist wichtig, um die Richtung der Migration anzuzeigen. Identifizierende Beziehungen werden durch eine durchgezogene Linie gekennzeichnet; nicht-identifizierende Beziehungen durch eine gestrichelte Linie. Eine optionale nicht-identifizierende Beziehung wird durch eine gestrichelte Linie mit einer Raute dargestellt. In Abbildung 6.1.-10 sind solche Beziehungen dargestellt.

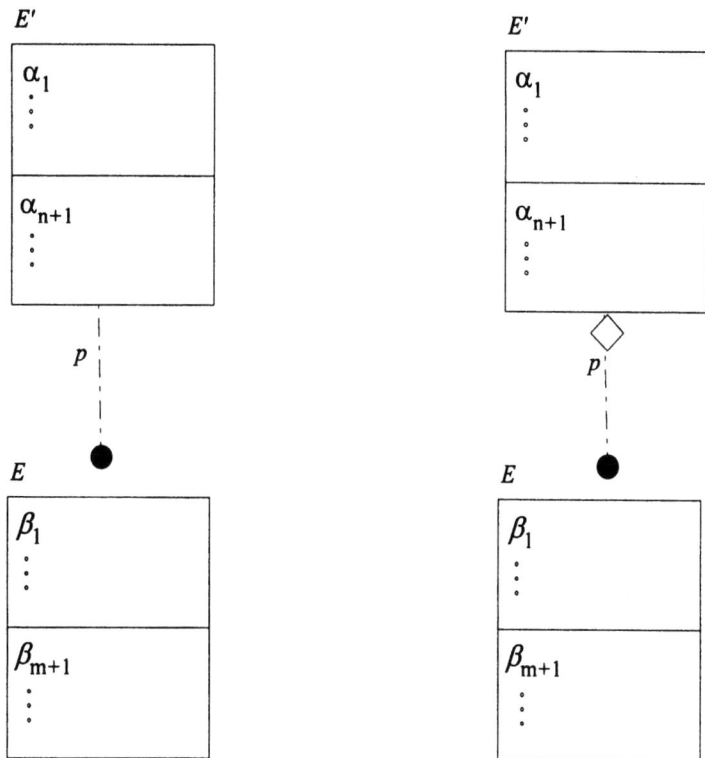

Abb. 6.1.-10: *Syntax von nicht-identifizierenden Beziehungen*

6.2 Wissensorientierte Methoden

Bisher wurde davon ausgegangen, dass alle Modellelemente bereits bekannt, ausreichend gut strukturiert und dokumentiert sind, um sie leicht in ein entsprechendes Modell überführen zu können. Bei vielen Anwendungen verhält sich dies aber nicht so, insbesondere dann nicht, wenn implizites, nicht dokumentiertes menschliches Wissen zu verarbeiten ist. Bevor es entsprechend modelliert werden kann, muss es zunächst erhoben und interpretiert werden. Solches Wissen bezieht sich häufig nicht nur auf die Problembeschreibung, sondern auch auf die Problemlösung. Aus diesem Grund wird die Wissensmodellierung erst jetzt im Rahmen der integrierten Modellierung behandelt. Was die Ausgestaltung einzelner Phasen des System-Lebenszyklus betrifft, unterliegt die Modellierung von Wissen einem modifizierten Ansatz im Vergleich zum konventionellen Vorgehen.

Die Modellierung von Wissen ist auch Erkenntnisgegenstand der Künstlichen Intelligenz (Artificial Intelligence). [RK91] schlagen für diese

Disziplin die folgende Definition vor: "Artificial Intelligence is the study to make computers do things which, at the moment, people do better". Aus historischer Sicht lässt sich die Entwicklung der Modellierung von Wissen in verschiedene Phasen einteilen. Am Anfang standen Bestrebungen, *menschliches Denken* in seiner allgemeinsten Form zu simulieren. Beispielhafte Anwendungen waren Theorembeweisen, Spielprobleme (Schach, Dame etc.), Bewegen von Bausteinen (Towers of Hanoi) und der General Problem Solver. Fazit war, dass eine problemunabhängige Simulation menschlichen Problemlösens nicht möglich ist.

Aufbauend auf diesem Ergebnis widmete man sich der detaillierten Untersuchung spezieller Problemstellungen. Dazu bedurfte es einer geeigneten *Wissensrepräsentation* und darauf abgestimmter *Suchverfahren*. Fazit war die Erkenntnis, dass problemspezifisches Wissen von ausschlaggebender Bedeutung für die Qualität der Problemlösung und die Schnelligkeit der Lösungsfindung ist. Aus diesem Grunde konzentriert man sich inzwischen auf sogenannte Special-Purpose-Programme, wie beispielsweise problemspezifische Expertensysteme. Die anfängliche Euphorie bezüglich des Potentials der Künstlichen Intelligenz ist inzwischen durch eine realistische Einschätzung abgelöst worden.

Heute werden aus Anwendungssicht neben Experten- bzw. wissensbasierten Systemen die folgenden Teilgebiete der Wissensmodellierung unterschieden:

- Verarbeitung natürlicher Sprache (geschrieben, gesprochen) zur Mensch-Maschine-Kommunikation;
- Deduktionssysteme und automatisches Programmieren mit den Schwerpunkten Theorembeweisen (neues Wissen aus vorhandenem ableiten), Programmverifikation (Programme auf Korrektheit untersuchen) und Programmsynthese (Programme aus der Spezifikation ableiten);
- Bilderkennen und Bildverstehen (Computervision);
- Robotik (Entwicklung computergesteuerter Handhabungsgeräte);
- Intelligente Lernsysteme, die Lernprogramme via Benutzermodelle zur Verfügung stellen.

Die Modellierung von Wissen dient der Abbildung von spezifisch menschlichen Erkenntnissen über die Anwendungswelt. Das Analysemodell erhält man durch *Wissenserhebung* und *Wissensinterpretation*. Wissenserhebung bedeutet, das Wissen aus entsprechenden Quellen zu extrahieren; Interpretation bedeutet, das Wissen in das Fachmodell aufzunehmen.

6.2 Wissensorientierte Methoden

Die wichtigsten *Wissenserhebungsquellen* sind Dokumente und menschliche Experten. Abhängig von der jeweiligen Quelle kommen Standardtechniken zum Einsatz, wie sie bereits im Rahmen der Sytemanalyse für die Erhebung während der Istanalyse vorgestellt wurden. Sie umfassen Unterlagenstudium, Beobachtung, Prototyp-Review sowie strukturiertes und unstrukturiertes Interview. Techniken, die speziell für die Wissenserhebung entwickelt wurden, sind die Introspektion und das Laut-Denken-Protokoll. Bei der Introspektion wird einem menschlichen Experten die Frage gestellt, wie er ein auftretendes Problem der Anwendungswelt lösen würde. Beim Laut-Denken-Protokoll werden verschiedene Arten von Testfällen (schwierige, häufige, seltene, etc.) für Probleme unter wechselnden Randbedingungen, wie beispielsweise beschränkte Informations- oder Zeitvorgabe, dem Experten zur Lösung vorgelegt.

Gängige *Wissenselemente* sind Fakten, Vermutungen und Heuristiken. Fakten sind überprüfbare Behauptungen und stellen explizites Wissen dar. So sind die Aussagen "Ein Auftrag gehört zu einem Kunden" oder "Alle Aufträge haben einen Wert" Fakten. Vermutungen sind mehr oder weniger plausible Behauptungen, wie beispielsweise "Aufträge haben vermutlich Liefertermine". Heuristiken sind Regeln, die auf guten Einschätzungen basieren. Regeln stellen in den meisten Fällen implizites Wissen dar und dienen der Herleitung neuer Fakten bzw. Vermutungen; so lässt sich aus obigem Wissen ableiten, dass "WENN ein Auftrag vorliegt, DANN hat er einen Wert UND vermutlich einen Liefertermin". Während bei Datenmodellen eine "closed world assumption" gilt, d.h. Aussagen, die nicht als wahr bekannt sind, werden als falsch angenommen, gilt bei Wissensmodellen eine "open world assumption", d.h. Aussagen, die nicht als wahr bekannt sind, werden als unbekannt bzw. vermutet angenommen.

Weiterhin lässt sich vollständiges von unvollständigem Wissen unterscheiden. Präzises Wissen wie "Die Produktionsabteilung hat acht Mitarbeiter" steht vagem Wissen wie "Die Produktionsabteilung hat viele Mitarbeiter" gegenüber; sicheres Wissen, wie "Der Auftrag wird heute ausgeliefert" steht unsicherem Wissen, wie "Mit einer Wahrscheinlichkeit von 50% wird der Auftrag heute ausgeliefert" gegenüber. Weiterhin spielen bei der Wissensmodellierung Default- und Meta-Wissen eine große Rolle. Default-Wissen ist Wissen, das nur wenige Ausnahmen aufweist, wie beispielsweise "Rechnungssummen werden ausgeglichen". Meta-Wissen ist Wissen über Wissen. Seine Verwendung führt zu einer kompakten Wissensrepräsentation; so erlaubt es die Aussage "Die Vorgesetzten-Beziehung ist transitiv", das Faktum "Schulze ist Vorgesetzter von Maier" allein durch

"Müller ist Vorgesetzter von Maier" und "Schulze ist Vorgesetzter von Müller" herzuleiten.

Ist das Wissen erhoben, wird es im Rahmen der *Wissensinterpretation* in ein konzeptionelles Modell überführt. Einfache Repräsentationstechniken für Wissen sind Frames; Beziehungen lassen sich durch Hierarchiediagramme, semantische Netze, Constraints, Produktionsregeln sowie Entscheidungstabellen bzw. -bäume darstellen. Einige dieser Techniken sind schon aus den vorigen Kapiteln bekannt.

Frames bestehen aus Slots, die das Wissenselement näher beschreiben; so können Slots Attribute, Zeiger auf andere Frames oder auch ausführbare Funktionen enthalten. Die Instanz eines Frames ist die Ausprägung eines Wissenselements der Anwendungswelt. Die Syntax von Frames ist in Abbildung 6.2.-1 am Beispiel eines Auftrags dargestellt. Die dargestellte if_added-Funktion wird aufgerufen, wenn der Slot j mit einem neuen Wert belegt wird.

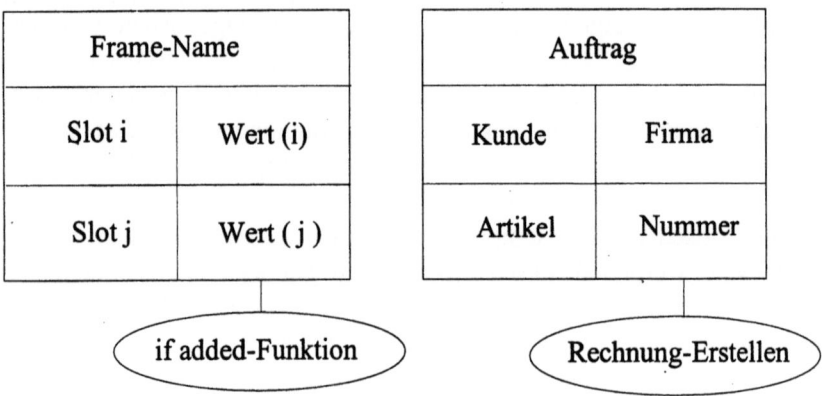

Abb. 6.2.-1: *Syntax von Frames*

Beziehungen, die strenge Hierarchien darstellen, lassen sich durch *Hierarchiediagramme* repräsentieren. Ein Beispiel für eine Taxonomie der Fertigung zeigt Abbildung 6.2.-2.

6.2 Wissensorientierte Methoden   157

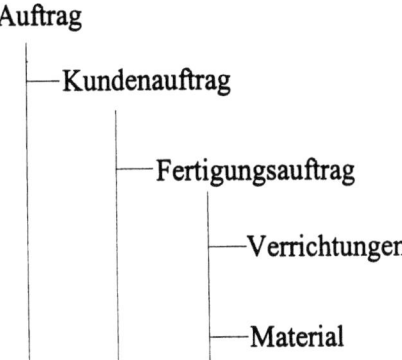

Abb. 6.2.-2: *Beispieltaxonomie der Fertigung*

Semantische Netze eignen sich zur Darstellung von allgemeinen Beziehungen zwischen Wissenselementen und von komplexen Taxonomien. Ein Beispiel zeigt Abbildung 6.2.-3.

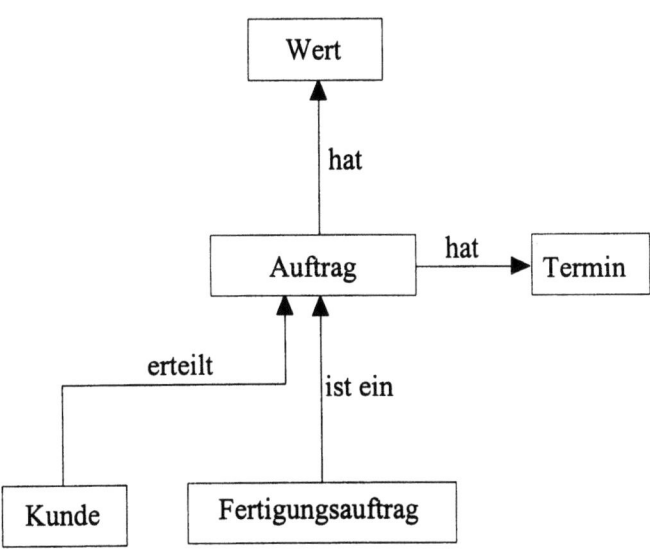

Abb. 6.2.-3: *Netzausschnitt für die Auftragsbearbeitung*

Auch mit *Constraints* lässt sich der Zusammenhang von Wissenselementen beschreiben. So stellen die Aussagen "Ein Auftrag wird von genau einem Kunden erteilt" oder "Der Liefertermin eines Auftrags muss eingehalten werden" Constraints dar. Sie repräsentieren eher Bedingungen für die Lösungsfindung, während die vorher erwähnten Techniken eher Strukturen der Problembeschreibung abbilden. Eine häufig angewandte Methode zur Problemlösung, die auf der Repräsentation mit Constraints basiert, ist Constraint Propagation [PT96].

Mit *Entscheidungsbäumen* lassen sich Aktionen, die Wissenselemente in Beziehung setzen, beschreiben. Der in Abbildung 6.2.-4 dargestellte Entscheidungsbaum könnte die folgende Situation repräsentieren. Geht eine Kundenanfrage ein, ob ein bestimmtes Teil gefertigt werden kann (1), wird zunächst geprüft, ob Fertigungskapazität frei ist (2); ist dies nicht der Fall, wird geprüft, ob der Kunde wichtig ist (3) und beim Kunden nochmals nachgefragt, ob die Lieferung wirklich dringlich ist (4). Ist der Kunde wichtig und die Lieferung dringlich, aber nicht ausreichend Fertigungskapazität vorhanden, wird ein Subunternehmen mit der Fertigung des Teils beauftragt (5). Entscheidungen werden durch Rauten repräsentiert; Pfeile, die nach rechts verzweigen, stehen für "ja", Pfeile nach links für "nein".

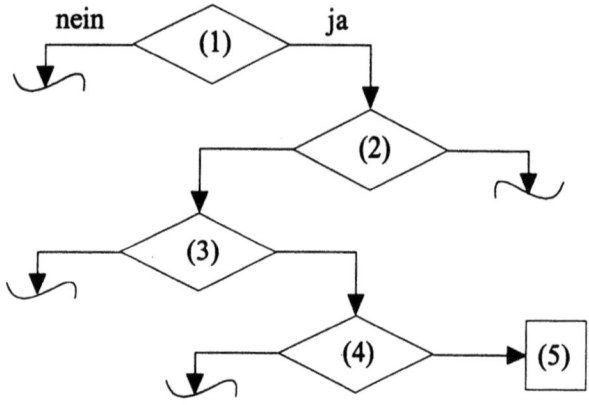

Abb. 6.2.-4: *Beispiel für einen Entscheidungsbaum*

Produktionsregeln stellen eine andere, weit verbreitete und daher als "natürlich" empfundene Darstellungsform für Wenn-Dann-Beziehungen zwischen einzelnen Wissenselementen dar. Ihr Aufbau ist von der Art WENN "Prämisse" DANN "Konklusion / Aktion". Im Unterschied zu netzartigen Wissensrepräsentationsformen besitzen Regeln ein hohes Maß an Modularität. Der Entscheidungsbaum aus Abbildung 6.2.-4 lautet in Regelform WENN eine Kundenanfrage eingeht (1) UND keine Kapazität frei ist (2) UND der Kunde wichtig ist (3) UND die Lieferung dringlich ist (4) DANN wird ein Subunternehmen mit der Fertigung beauftragt (5).

Eine Methode zur Verbindung von Wissenserhebung und Wissensinterpretation durch automatische Regelgenerierung ist das *Konstruktgitterverfahren*, das eine Bewertung von Attributen einzelner Entitäten entsprechend vorgegebener Dipole vornimmt. Entwickelt wurde es mit dem Ziel der Erfassung von Einstellungen von Personen über die Welt [Kel55]. Dabei wird von der Annahme ausgegangen, dass menschliches Verhalten auf Konstrukten aufbaut; Konstrukte sind subjektive Hypothesen für die Beschreibung von Zusammenhängen, die selbst nicht beobachtbar sind, sondern nur aus anderen beobachtbaren Daten erschlossen werden können. Man nimmt an, dass jeder Mensch ein charakteristisches Konstruktsystem besitzt, das aus seinen Erfahrungen gebildet wurde.

Das Konstruktgitterverfahren besteht aus einer Erhebungs- und einer Auswertungsphase. Im Rahmen der *Erhebung* wird der Experte nach Elementen des Wissensgebietes gefragt; dann werden *Tripel* über die Elemente gebildet mit der Einschränkung, dass zwei Elemente eine vorgegebene Eigenschaft teilen, das dritte aber nicht. Die Ergebnisse werden dann einer *Auswertung* unterworfen; dabei wird durch Cluster- oder Implikationsanalyse festgestellt, welche Konstrukte die Elemente des Wissensgebietes verbinden. Computergestützte Werkzeuge für den Wissenserwerb, die nach dem Konstruktgitteransatz vorgehen, sind KSS0 (Knowledge Support System Zero) und ETS (Expertise Tranfer System) [Gai88].

Beispiel 6.2.-1: Nehmen wir an, dass es sich bei dem Wissensgebiet um 'Maschinelle Fertigung' handelt und bei den Elementen um verschiedene Maschinen, wie Drehbank, Hobelmaschine, Montageroboter etc. Eine Möglichkeit, ein Tripel zu bilden wäre bezogen auf die Eignung für die Teilefertigung das Tripel (Drehbank, Hobelmaschine, Montageroboter), wobei angenommen wird, dass der Montageroboter für die Teilefertigung nicht geeignet ist. Nach Bildung verschiedener Tripel für unterschiedliche Eigenschaften der maschinellen Fertigung würde die Auswertung zur Ableitung der Konstrukte erfolgen.

Für die Wissenserhebung und -interpretation auf der Basis von *Beispielen* (induktives Lernen) ist das *ID3-Verfahren* entwickelt worden [Qui79, WZ91]. Grundlage sind nominal skalierte Attribute und Entscheidungen, gewonnen aus Beispielen. Die Entscheidungen werden mit Hilfe des Verfahrens analysiert. Das Ergebnis der Auswertung kann dann als Regelsystem dargestellt werden.

Algorithmus ID3
begin
Wurzel := alle Beispiele
while nicht homogene Blätter existieren
    ---ein Blatt ist nicht homogen, wenn es verschiedene
    ---Entscheidungsausprägungen enthält
do begin
    Wähle ein nicht homogenes Blatt und ein Aufspaltungsattribut mit
    $\min_a \{IG(a) = \sum_{i=1,\ldots,m(a)} p_i E_i\}$
    ---m(a): Anzahl Ausprägungen des Attributs a
    ---p_i: Anzahl Ausprägungen i des Attributs / Anzahl Beispiele
    ---$E_i = -r_i \log_2 r_i - (1-r_i)\log_2(1-r_i)$
    ---r_i: Anzahl ja-Entscheidungen / Anzahl Beispiele ($0 < r_i < 1$)
    Erzeuge neue Blätter für jede Ausprägung des Aufspaltungsattributs
    end;
end;

Beispiel 6.2.-2: Das ID3-Verfahren soll am Beispiel der Erfüllung eines Kundenauftrags erläutert werden. Abhängig von gegebenen Attributen werden Entscheidungen über Eigenfertigung oder Ablehnung des Auftrags getroffen. Es liegen acht Beispiele für Entscheidungen in Tabelle 6.2.-2 vor.

	Attribute des Auftrags			Entscheidung
	Farbe	Variante	Schwierigkeit	Eigenfertigung
A1	weiß	ja	normal	ja
A2	weiß	nein	hoch	nein
A3	rot	nein	normal	ja
A4	blau	ja	normal	nein
A5	blau	nein	normal	nein
A6	weiß	nein	normal	ja
A7	blau	nein	hoch	nein
A8	weiß	ja	hoch	nein

Tab. 6.2.-2: *Beispiele für Entscheidungen*

Der Ablauf des ID3-Verfahrens bezogen auf das Beispielproblem ist aus Tabelle 6.2.-3 ersichtlich. Es sind nur zwei Iterationen nötig. Danach existieren nur noch homogene Blätter.

	1. Iteration	2. Iteration
Nicht homogene Blätter	(A1,...,A8)	(A1,A2,A6,A8)
Gewählt	(A1,...,A8)	(A1,A2,A6,A8)
Aufspaltungsattribut	Farbe	Schwierigkeit
Homogene Blätter	(A4,A5,A7)(A3)	(A2,A8)(A1,A6)

Tab. 6.2-3: *Ablauf des ID3-Verfahrens*

Als Ergebnis liegt die folgende Handlungsanleitung auf der Basis von Farbe des Produkts (F) und Schwierigkeitsgrad der Fertigung (S) für die Erfüllung von Kundenaufträgen vor:

WENN F=blau,   DANN Ablehnung;
      F=rot,   Annahme;
      F=weiß UND S=hoch   Ablehnung;
      F=weiß UND S=normal   Annahme.

Ist das konzeptionelle Analysemodell erstellt, so muss es in das logische Designmodell überführt werden. Die Repräsentation von Wissen im Rahmen des Designmodells kann durch Logikkalküle erfolgen. Ein einfaches Kalkül ist die *Aussagenlogik*. Ihre Elemente sind Aussagen, verknüpft mit Operatoren UND, ODER, NON (Negation) und → (Implikation). Der Modus Ponens ist eine gebräuchliche Ableitungsregel für die Auswertung; er erlaubt es, aus den beiden Aussagen A und A→B, die Aussage B abzuleiten.

Beispiel 6.2.-3: Folgendes Beispiel verdeutlicht die Modellierung von Wissen mit Hilfe der Aussagenlogik.

```
PROBLEMBESCHREIBUNG
Fakten:  "Die Sonne scheint."  (A)
Regeln:  "Die Sonne scheint." → "Es ist hell."  (A→B)
Frage:   "Ist es hell?"  (Ist B wahr?)

PROBLEMLÖSUNG (Modus Ponens)
Zu zeigen:    Ist B wahr, wenn A und A→B wahr sind
Annahme:      A UND (A→B) sind wahr
→  A UND (NON A ODER B)     wahr
→  B                        wahr
```

Eine Erweiterung der Aussagenlogik ist die *Prädikatenlogik erster Ordnung*, die boolesche Relationen repräsentiert. Hierbei führt man die Quantoren ∀ (für alle), ∃ (mindestens eins) und ∃! (genau eins) ein. Ein

Prädikat p(x, ..., y) mit Argumenten x bis y nimmt entweder die Werte 0 oder 1 bzw. wahr oder falsch an.

Beispiel 6.2.-4: Folgendes Beispiel demonstriert die Modellierung von Wissen mit Hilfe der Prädikatenlogik erster Ordnung.

```
PROBLEMBESCHREIBUNG
Fakten: ehepaar(hans,ute), lebt_in(ute,sb)
Regeln: (R1) ∀X1,X2: ehepaar(X1,X2) → verheiratet(X1,X2)
        (R2) ∀X1,X2,X3: verheiratet(X1,X2) UND
                        lebt_in(X2,X3) → lebt_in(X1,X3)
        ---Ehepaare wohnen am gleichen Ort
Frage:  Ist "lebt_in(hans,sb)" wahr?

PROBLEMLÖSUNG
Substitution: hans := X1, ute := X2, sb := X3
        (R1): verheiratet(X1,X2)
        (R2): lebt_in(X1,X3) → lebt_in(hans,sb)
```

Eine *deklarative* Programmiersprache, die auf der Prädikatenlogik aufbaut, ist Prolog. Das Implementierungsmodell für das Beispiel lautet in Prolog-Notation:

```
PROBLEMBESCHREIBUNG
Fakten: ehepaar (hans,ute), lebt_in(ute,sb)
Regeln: (R1) verheiratet(X1,X2) :- ehepaar(X1,X2)
        (R2) lebt_in(X1,X3) :- verheiratet(X1,X2),
                               lebt_in(X2,X3)
Fragen: ?-lebt_in(hans,sb)
        ?-lebt_in(hans,X)

PROBLEMLÖSUNG
Antworten:  >Yes
            >X="sb"
```

Im Gegensatz zur klassischen Logik, die darauf basiert, dass eine Aussage nur wahr oder falsch sein kann, lassen sich mit *unscharfer Logik* (Fuzzy Logic) Aussagen mit differenzierterem Wahrheitsgehalt repräsentieren [Zad65, Zim91]. Für die klassische Logik gilt, dass ein Element a entweder in einer Menge A enthalten oder nicht enthalten ist, d.h. für die *Zugehörigkeit* gilt $f(a) \in \{0,1\}$. Eine solch eindeutige Aussage ist bei Anwendung der unscharfen Logik nicht nötig. Für die unscharfe Logik gilt, dass ein Element u, in einer Grundmenge U mit Zugehörigkeit $f(u) \in [0,1]$ enthalten ist.

Beispiel 6.2.-5: Um den Unterschied zwischen klassischer und unscharfer Logik zu verdeutlichen, soll angenommen werden, dass die Elemente (50cm) und (70cm) in der scharfen Menge SEHR_KLEIN enthalten sind. Für die unscharfe Menge SEER_KLEIN gilt beispielsweise SEER_KLEIN = {50cm, 70cm, 150cm; 1, 0.7, 0.3}, d.h. (70cm) ist nur zu 70% und (150cm) nur zu 30% in SEER_KLEIN enthalten.

Für die Verknüpfung unscharfer Mengen X,Y zur unscharfen Menge Z gelten die folgenden Vorschriften:
- Negation, Komplement Z = NON X: $f(z)=1-f(x)$;
- Konjunktion, Durchschnitt (logisches "und") Z = X UND Y: $f(z)=\min\{f(x),f(y)\}$;
- Disjunktion, Vereinigung ("inklusiv oder") Z = X ODER Y: $f(z)=\max\{f(x),f(y)\}$;
- Implikation X→Y: $\max\{1-f(x),f(y)\}$.

Ein anderes Logikkalkül zur Modellierung von Wissen sind *Rough Sets*. Es ist ein Hilfsmittel zur Klassifikation von Objekten einer Anwendungswelt. Grundlagen und Anwendungen sind in [Paw91] und [Slo92] beschrieben.

Eine stärkere Strukturierung der Modellierung hinsichtlich der Dimension Modellzweck kann in Analogie zur Methode *KADS* [SWB93] erfolgen. Sie ist für die Entwicklung wissensbasierter Systeme gedacht, legt besonderen Wert auf Wiederverwendbarkeit und hat ihren Schwerpunkt auf der Erstellung des Analysemodells.

KADS unterscheidet vier Modelltypen zur Entwicklung von wissensbasierten IuK-Systemen. Das Organisationsmodell bildet die Rahmenorganisation ab. Daneben gibt es Modelle für die Problembeschreibung mit unterschiedlichem Detaillierungsgrad. Diese definieren das Anwendungsproblem und legen die Anforderungen an die Lösung fest. Weiter gibt es noch das Modell der Kooperation von System und Benutzer und das Modell der Problemlösung.

KADS unterscheidet beim Modell der *Problemlösung* vier Schichten. Jede Schicht hat einen Namen, besteht aus Elementen und ist über eine Beziehung mit der darunter liegenden Schicht verbunden. Informationen in oberen Schichten werden von unteren Schichten benutzt. Das Schichtenmodell ist in Tabelle 6.2.-4 dargestellt.

SCHICHT i	ELEMENTE	BEZIEHUNG ZU i-1
4 Strategie	Ziele, Regeln	macht Vorgaben für
3 Aufgabe	Problemlösungsmethode, Kommunikation	ruft auf
2 Inferenz	Lösungsschritte, Funktionen, Datenfluss	wird angewandt auf
1 Anwendung	Entitäten (Attribute, Werte), Relationen (is_a, part_of, causes)	

Tab. 6.2.-4: *Schichten des Modells der Problemlösung*

Die Schicht der Anwendung umfasst statisches Wissen über das Anwendungsgebiet (Entitäten, Relationen), vergleichbar einem Datenmodell. Die Inferenz ist anwendungsunabhängig und unterscheidet generische Funktionen, die bei der Suche nach der Problemlösung aufgerufen werden. Diese Schicht ist vergleichbar dem Funktionsmodell für die Problemlösung. In der Aufgabenschicht wird ähnlich dem Kommunikationsmodell definiert, wie elementare Funktionen der Inferenzschicht eingesetzt werden, um vorgegebene Ziele für die Problemlösung zu erreichen. Die Schicht der Strategie versucht Vorgaben zu definieren, in welchem Umfeld und auf welche Art die Problemlösung erzeugt werden soll.

Beispiel 6.2.-6: Als Beispiel für die Modellierung der Problemlösung mit KADS soll die Auftragsabwicklung dienen. Es soll das Problem gelöst werden, ob ein Kundenauftrag aus technischer Sicht ausgeführt werden kann oder nicht (Auftragsklärung). Aus problemtypologischer Sicht handelt es sich um ein Analyseproblem. Im Folgenden ist das Schichtenmodell aus Tabelle 6.2.-4 auf das Problem der Auftragsklärung bzw. auf ein Analyseproblem angewandt.

ANWENDUNG: Auftragsklärung

Entitäten: Auftrag, Arbeitsplan, Verrichtungen, Ressourcen,
              Liefertermin, Vorrangbeziehungen,
              Bearbeitungsdauer, Eignung, etc.
Relationen: paarweise Beziehungen der Entitäten

INFERENZ

Lösungsschritte:
Symptome bestimmen (Kundenwünsche)
Hypothesen aufstellen (Schwierigkeit der Fertigung)
Grobdiagnosen herleiten (Aussagen zur Art der Fertigung)
Feindiagnosen bestimmen (Lieferant und Fertigungsplan)

Funktionen:
```
(0) data_collection (Symptome bestimmen)
(1) transform/abstract (Hypothesen aufstellen)
    Input:   Symptome
    Output:  Hypothesen
    Methode: Abstraktion, Generalisierung
    Wissensunterstützung: heuristische Regeln
(2) match (Grobdiagnosen herleiten)
    Input:   Hypothesen
    Output:  Grobdiagnosen
    Methode: Heuristische Zuordnung
    Wissensunterstützung: Regeln
(3) specify (Feindiagnosen bestimmen)
```

Datenfluss:
(0)-Symptome →(1)-Hypothesen →(2)-Grobdiagnosen →
(3)-Feindiagnosen

AUFGABE

Die Problemlösungsmethode folgt entweder der Vorwärtsverkettung (von den Symptomen über Hypothesen und Grobdiagnosen zu den Feindiagnosen) oder der Rückwärtsverkettung (umgekehrt) oder Mischformen.

STRATEGIE

Schnelle grobe Lösung ist zeitaufwendiger detaillierter Lösung vorzuziehen.

Da das Schichtenmodell als Modell der Problemlösung für generische Problemtypen auch ohne die Anwendungsschicht Gültigkeit hat, gibt es eine Bibliothek für Interpretationsmodelle, d.h. für Modelle der Schichten (2)-(4). Die grobe Einteilung folgt einer Problemklassifikation, wie sie unten dargestellt ist.

```
SYSTEM_ANALYSIS          SYSTEM_SYNTHESIS

    identify                 transformation
    classify                 design
    simple_classify          configuration
    diagnosis                planning
    monitoring               modelling
    prediction
```

Beispielhaft soll hier die Schicht der Inferenz des Interpretationsmodells für "monitoring" (Überwachung) in Abbildung 6.2.-5 vorgestellt werden. Sie besteht aus verschiedenen Funktionen. Die Funktion 'Klassifiziere' ist näher erläutert.

Für die Verwendung und Erzeugung von Interpretationsmodellen im Rahmen von KADS wird das folgende Vorgehen vorgeschlagen:
(1) Verbale Problembeschreibung;
(2) Auswahl und Kombination generischer Interpretationsmodelle;
(3) Hinzufügen des Anwendungsbereichs;
(4) Arbeiten auf dem Anwendungsmodell;
(5) Abstraktion vom Anwendungsbereich;
(6) Weitere Zerlegung und Abstraktion und danach Übernahme in die Bibliothek der Interpretationsmodelle.

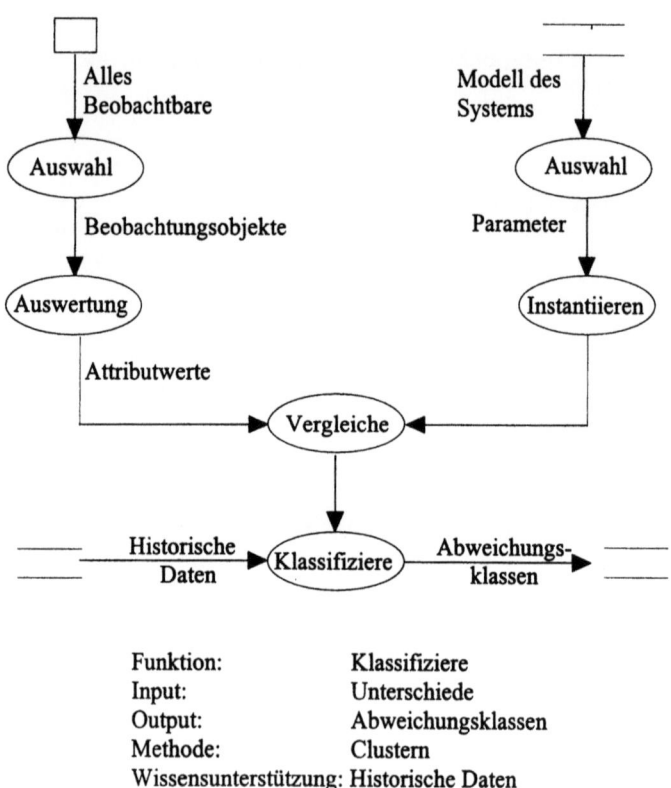

Abb. 6.2.-5: *Auszug aus einem Interpretationsmodell für "monitoring"*

6.3 Objekt- und prozessorientierte Methoden

Neuere Methoden der integrierten Modellierung basieren auf einem objektorientierten Vorgehen. Das Paradigma der *objektorientierten Modellierung* hat seinen Ursprung in der objektorientierten Programmierung, bezieht sich aber im gleichen Sinne auch auf die Phasen Analyse und Design. Einen Überblick zum objektorientierten Vorgehen findet man beispielsweise in [WBWW90], [RBPEL91] und [Ner92].

Bei der objektorientierten Modellierung werden Daten und Funktionen gemeinsam betrachtet und an Objekte gebunden. Objekte sind unterscheidbare Elemente der Anwendungswelt. Sie können realer oder künstlicher Natur sein. Objekte lassen sich durch ihr *Verhalten* beschreiben und bestehen aus *Attributen* und *Methoden*. Methoden werden auch als Funktionen, Dienste oder Algorithmen bezeichnet. Ein Objekt lässt sich als Black Box interpretieren, die objekteigene Methoden zur Verfügung stellt. Objekte kommunizieren miteinander mit Hilfe von *Nachrichten,* auch Botschaften genannt, und tauschen auf diesem Wege ihre Dienste aus. Die Methode(n) eines Objekts besteht in der Ausführung seiner zulässigen Operationen, angewandt auf seine Attribute; Objekte der gleichen Art lassen sich zu *Klassen* zusammenfassen, d.h. sie bilden *Instanzen* bzw. Ausprägungen der entsprechenden Klasse. Objekte können erzeugt und vernichtet werden. Klassen lassen sich zu Superklassen zusammenfassen und in Subklassen zerlegen.

Beispiel 6.3.-1: Betrachten wir das Objekt KREIS. Es gehört zur Klasse GESCHLOSSENE_FIGUR und diese wiederum zur Klasse GEOMETRISCHE_FIGUR. Ein Attribut dient der Beschreibung einer Klasse bzw. eines Objekts, und seine Ausprägung ist der Attributwert. "Durchmesser" und "Fläche" sind Attribute von KREIS; '24' und '183' sind entsprechende Werte. Das Verhalten eines Objekts wird durch seine Methode(n) beschrieben; <drehen> und <vergrößern> sind beispielsweise Methoden der Klasse GEOMETRISCHE_FIGUR.

Die wichtigsten statischen Beziehungen zwischen einzelnen Objekten bzw. Klassen sind die *Generalisierung* bzw. *Spezialisierung* (is_a-Beziehung), mit denen das *Vererben* von Attributen und Methoden darstellbar ist, und die *Aggregation* bzw. Zerlegung (part_of-Beziehung). Daneben gibt es anwendungsabhängige Beziehungen, die durch entsprechende zu vergebende Namen oder durch die beteiligten Objektpartner beschrieben werden. Beziehungen können entsprechend ihrer Kardinalitäten in 1:1-, 1:N- und N:M-Typen unterschieden werden, und es können ihnen

Attribute zugeordnet werden. Darüber hinaus lassen sich weitere semantische Eigenschaften der Anwendungswelt durch zusätzliche Beschreibungen von Beziehungen abbilden.

Die Charakteristika der objektorientierten Modellierung sind Identität, Klassifikation, Polymorphismus und Vererbung. *Identität* bedeutet, dass jedes Objekt einzigartig, d.h. unterscheidbar ist; *Klassifikation* bedeutet, dass sich ähnliche Objekte zu Klassen zusammenfassen lassen; *Polymorphismus* bedeutet, dass die Ausgestaltung einer Methode abhängig von der zugehörigen Klasse ist; *Vererbung* bedeutet, dass Attribute und Methoden nach unten in der Klassen-Objekt-Hierarchie weitergereicht werden.

Beispiel 6.3.-2: Die genannten Charakteristika lassen sich mit Hilfe der Klasse POLYGON und der Objekte RECHTECK und DREIECK nachvollziehen. RECHTECK und DREIECK lassen sich über ein POLYGON klassifizieren. Der Flächeninhalt des RECHTECK berechnet sich nach einer anderen Vorschrift als der des DREIECK. Attribute von POLYGON wie beispielsweise "Eckenzahl" oder "Seitenlänge" lassen sich an RECHTECK und DREIECK vererben.

Das Vorgehen der objektorientierten Modellierung orientiert sich auf vertikaler Ebene am bekannten Phasenschema der Modellrealisierung. Im Analysemodell wird beschrieben, was das System zu leisten hat. Das Designmodell baut auf dem Analysemodell auf, beschreibt, wie die Anforderungen erfüllt werden, und enthält schon Implementierungsaspekte. Der Schwerpunkt liegt hier auf Datenstrukturen und Algorithmen zur Implementierung jeder Klasse. Das Designmodell wird schließlich in eine (objektorientierte) Programmiersprache übersetzt. Die Entsprechungen von objektorientierter zu konventioneller prozeduraler Programmierung sind in Tabelle 6.3.-1 dargestellt.

OBJEKTORIENTIERT	KONVENTIONELL
Objekt mit Zustand	Variable mit Wert
Klasse	Datentyp
Methode	Funktion
Botschaft	Prozeduraufruf
Klassenhierarchie	Typhierarchie

Tab. 6.3.-1: *Entsprechungen von Programmelementen*

Im Vergleich zum konventionellen Vorgehen hat die objektorientierte Modellierung einige Vorteile. Die *Wiederverwendbarkeit* existierender Software wird durch Bindung von Programmcode an Objekte (Kapselung)

6.3 Objekt- und prozessorientierte Methoden

vereinfacht; *Änderungen* an Objekten können lokal vorgenommen werden, ohne dass andere Objekte betroffen sind. Der Aufbau und die Verwaltung von *Objekt-Bibliotheken* wird dadurch erleichtert. Existierender Programmcode kann durch Vererbung auf neue Objekte übertragen werden. Damit ist gleichzeitig eine Verbesserung der *Softwarequalität* verbunden, da bewährte Teile der Software benutzt werden können und somit eine zusätzliche Fehlerquelle weitgehend ausgeschlossen wird. Wartung und Pflege der Modelle werden insgesamt vereinfacht. Die Übertragbarkeit der Modelle in den verschiedenen Realisierungsphasen verhindert Brüche zwischen den einzelnen Phasen und sichert ihre Konsistenz.

In der Literatur wird eine Vielzahl von Vorgehensweisen zur Erstellung des objektorientierten Analysemodells vorgeschlagen. Einen guten Überblick zu diesem Thema findet man in [WBJ90] und [MP92]. Als eine Möglichkeit gilt das folgende Vorgehen:
(1) Verbale Beschreibung der Anforderungen.
(2) Suche nach Objekten.
(3) Suche nach Klassen, is_a- und part_of-Beziehungen.
(4) Dekomposition in Teilmodelle.
(5) Definition von Attributen und Objektbeziehungen.
(6) Definition von Methoden und Botschaftsbeziehungen.

In der natürlichsprachigen Problembeschreibung sind Substantive Kandidaten für Klassen und Objekte, Verben Kandidaten für Methoden und Beziehungen und Adjektive Kandidaten für die Attribute von Klassen oder Objekten. Als Ergebnis erhält man ein Objektmodell-Diagramm und ein Object Dictionary.

Die hier benutzte Repräsentation für das objektorientierte Analysemodell basiert auf dem Vorschlag von Coad und Yourdon [CY91]. Diese unterscheiden fünf Schichten des Objektmodells; in Klammern ist die Beziehung zum Vorgehen bei der Erstellung des Objektmodells vermerkt:

1 Subjektschicht: enthält Subsysteme (Cluster) logisch zusammen-gehörender Klassen (Schritt 4);
2 Klassen- / Objektschicht: enthält Klassen und Objekte (Schritt 2);
3 Strukturschicht: Darstellung von Generalisierung (is_a) und Zerlegung (part_of) (Schritt 3);
4 Attributschicht: enthält Attribute und Objektbeziehungen (Schritt 5);
5 Methoden- und Kommunikationsschicht: enthält Methoden und Botschaftsbeziehungen (Schritt 6).

Die Schichten 1-4 entsprechen dem Datenmodell, die Schicht 5 dem Funktions- und dem Kommunikationsmodell. Über das Datenmodell wird die eher statische Sicht auf Klassen und Objekte mit ihren Beziehungen abgebildet. Zur Abbildung der dynamischen Sicht müssen das Funktions- und das Kommunikationsmodell noch erweitert bzw. vervollständigt werden, d.h. Datenfluss- und Zustandsübergangsdiagramme müssen im Objektmodell explizit Berücksichtigung finden. Auf diese Weise ist auch eine Migration von konventioneller zu objektorientierter Modellierung möglich.

Für ein betriebliches Analysemodell ist es weiterhin wichtig, dass die Aufbau- und Ablauforganisation der Anwendungswelt Berücksichtigung finden. Objekte lassen sich Organisationseinheiten zuordnen, wobei ein Unterschied zwischen Daten und Funktionen besteht. Funktionen werden im Allgemeinen von nur einer Organisationseinheit verwaltet, während auf Daten verschiedene Organisationseinheiten Zugriff haben können. So ist es nicht sinnvoll, ein Objekt ausschließlich einer Organisationseinheit zuzuordnen. Sind Funktionen mehreren Organisationseinheiten zugeordnet, d.h. existieren entsprechende 1:M-Beziehungen, so sollten durch Zerlegungen solange Elementarfunktionen gebildet werden, bis nur noch 1:1- oder N:1-Beziehungen zwischen Funktionen und Organisationseinheiten existieren. Im Folgenden soll angenommen werden, dass eine entsprechende Zerlegung erfolgt ist und somit jede Methode genau einer Organisationseinheit zugeordnet werden kann.

Beispiel 6.3.-3: Mit dem in der Abbildung 6.3.-1 dargestellten Objektmodell zur Auftragsbearbeitung sollen Möglichkeiten der Integration verdeutlicht werden. Das vorliegende Beispiel korrespondiert mit dem Beispiel 4.2.-2 zur Auftragsbearbeitung, das im Rahmen der Ausführungen zur Modellierung der Problembeschreibung vorgestellt wurde. Objekte und Beziehungen werden aus dem Entity-Relationship-Modell, Methoden und Nachrichtenverbindungen werden aus dem Datenflussdiagramm übernommen. Organisationseinheiten werden den Methoden zugeordnet.

Die Notation liest sich wie folgt. Objekte sind dreigeteilt in Objektname, Attribute und Methoden mit zugehörigen Organisationseinheiten. Attribute und Organisationseinheiten sind im Beispiel aus Gründen der Vereinfachung weggelassen. Beziehungen zwischen Objekten werden durch gestrichelte Kanten repräsentiert; Dreiecke bezeichnen part_of-Beziehungen und Halbkreise is_a-Beziehungen. Bei Instanzenbeziehungen ist der Name an der Kante vermerkt. Daneben ist zu den Beziehungen, wenn nötig, die jeweilige Kardinalität angegeben. Pfeile beschreiben Botschaftsbeziehungen.

Zur integrierten Modellierung müssen Methoden und Kommunikation des Objektmodells für Problembeschreibung und Problemlösung weiter spezifiziert werden. Hilfestellung leisten dabei das Funktions- und Kommunikationsmodell. Funktionen für die Problemlösung werden durch Methoden, und Zustände werden durch Attribute und ihre Werte abgebildet. Zustandsübergänge werden durch Ereignisse ausgelöst; Ereignisse sind entweder extern oder werden intern von Objekten erzeugt. Bedingung für einen Zustandswechsel ist das Übermitteln von Daten zwischen Sender- und Empfängerobjekt. Falls sich Objekte in unterschiedlichen Zuständen befinden können, kann man die Ausprägung eines Zustands durch Einführen eines Zustandsattributs vermerken. Alle Objekte einer Klasse sind im gleichen Zustandsübergangsdiagramm repräsentiert. Die gemeinsame Kommunikationssicht verbindet lokale Zustandsübergangsdiagramme von Objekten über gemeinsame Ereignisse. Sie beschreibt das zulässige Verhalten des Objektmodells.

Beispiel 6.3.-4: Die Integration von Funktions- und Kommunikationsmodell in das Objektmodell aus Abbildung 6.3.-1 ist in Abbildung 6.3.-2 dargestellt. Zustände werden durch Objekte und die Werte von Attributen beschrieben; Datenflüsse sind an Ereignisse gekoppelt. Der Eintritt eines Ereignisses und vorliegende Daten haben das Auslösen von Methoden zur Folge. Datenflüsse und Ereignisse sind Botschaftsbeziehungen zugeordnet; über dem Pfeil stehen die Daten und darunter das auslösende Ereignis. Für den Prozess der Auftragsbearbeitung gibt es einen Start- und einen Endzustand; der Startzustand wird durch die Objektzustände vor der Auftragserfassung und der Endzustand durch die Objektzustände nach Ablauf des Prozesses Auftragsbearbeitung beschrieben; Schnittstellen zur Systemumgebung sind die Bestelldaten eines Kundenauftrags und die Reservierungsdaten für die Ressourcen. Es wird angenommen, dass neben den Objekten keine zusätzlichen Datenspeicher benötigt werden.

Zum Abschluss soll noch kurz darauf eingegangen werden, wie aus dem Analysemodell das Design- und das Implementierungsmodell abgeleitet werden. Zur Erstellung des Designmodells wird das Analysemodell um DV-spezifische Anforderungen, d.h. um zusätzliche interne Klassen, Attribute und Beziehungen ergänzt. Eine wichtige Designaufgabe ist die detaillierte Spezifikation der Algorithmen. Das Designmodell unterliegt den Anforderungen der Effizienzsteigerung. Dazu wird häufig auch noch einmal das Analysemodell Veränderungen unterworfen.

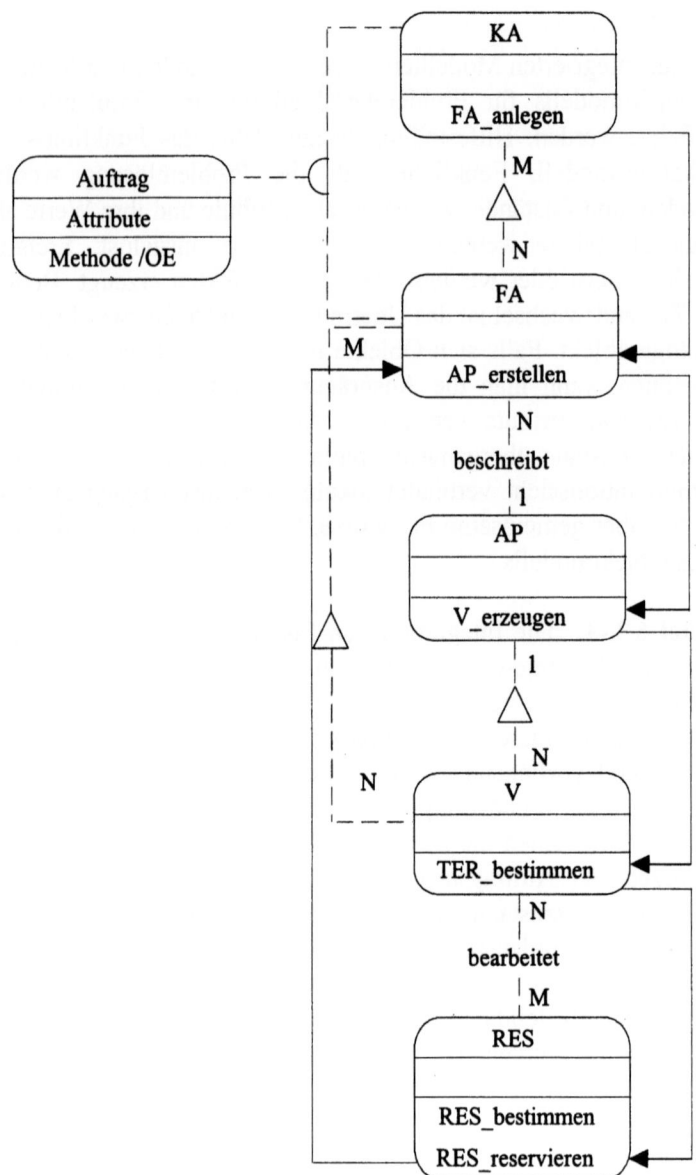

Abb. 6.3.-1: *Objektmodell für die Auftragsbearbeitung*

Für die objektorientierte Implementierung des Designmodells gelten die gleichen Prinzipien wie für die konventionelle Programmierung. Hauptziel ist jedoch die Wiederverwendbarkeit von Klassen und Methoden. Für die Implementierung bieten sich objektorientierte Programmiersprachen an, aber es können auch, je nach Anwendung, konventionelle Programmiersprachen herangezogen werden.

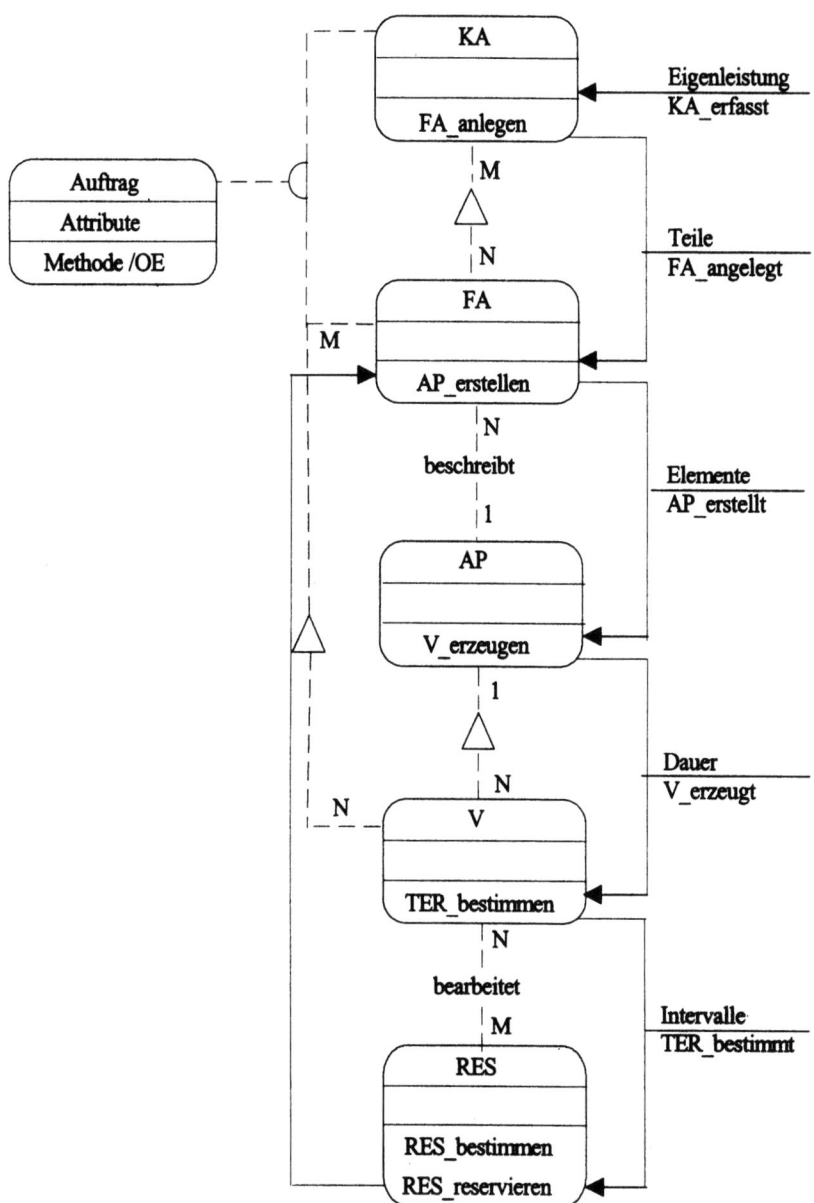

Abb. 6.3.-2: *Integriertes Objektmodell für die Auftragsbearbeitung*

Beispiel 6.3.-5: Eine objektorientierte Implementierung mit Hilfe der Datenstruktur "record" sei im Folgenden beispielhaft dargestellt.

(i) Klasse wird als Datentyp vereinbart

```
AUFTRAG
Kunde:
Artikel:
Farbe: (one_of rot, grün, blau)
Best.Nr.:

Auftrag = record
begin
Kunde: String [10]
Artikel: String [10]
Farbe: (Rot, Grün, Blau)
Best.Nr.: String [10]
end;
```

(ii) Instanz der Klasse AUFTRAG wird als Variable vom Datentyp Auftrag abgebildet

```
TISCH
Kunde: Meier
Artikel: Dreibein
Farbe: rot (one_of rot, grün, blau)
Best.Nr.: 4711

VAR    Tisch : Auftrag
   begin
   Tisch.Kunde := "Meier"
   Tisch.Artikel := "Dreibein"
   ...
   end;
```

Beispiel 6.3.-6: Wie ein objektorientiertes Implementierungsmodell erstellt wird, soll am Beispiel der Verwaltung von Kundenaufträgen in Analogie zu dem Modell in [Wed90] gezeigt werden. Zu berücksichtigende Informationen sind Auftragsnummer, Auftragswert und Datum, sowie Buchungsvorgänge wie Eingang und Ausgang. Das folgende Designmodell liegt vor:

```
AUFTRAG    (aufnr, offene_posten, datum, art; <buchen>)
A_AUFTRAG  (konr, saldo, datum, <buchen>)
B_AUFTRAG  (konr, saldo, datum, <buchen>)
C_AUFTRAG  (konr, saldo, datum, <buchen>)
```

Das Implementierungsmodell lautet in Eiffel-Notation auszugsweise wie folgt:

```
class    AUFTRAG export
    aufnr,offene_posten,datum,art
feature
```

6.3 Objekt- und prozessorientierte Methoden

```
aufnr:         INTEGER;
offene_posten: REAL;
datum:         DATUM;
art:           CHAR;
--art bezeichnet verschiedene Auftragsarten
--Die Methode <buchen> wird durch die Prozeduren 'eingang'
--und 'ausgang' implementiert:

eingang (b:REAL) is
  do
  offene_posten:=offene_posten+b
  end; -- eingang

ausgang (b:REAL) is
  do
  offene_posten:=offene_posten+b
  end; -- ausgang
end;-- class AUFTRAG
```

Vererbung lässt sich auf die folgende Art und Weise realisieren:

```
class    A_AUFTRAG export
    aufnr,saldo,datum
inherit
    AUFTRAG except art, rename offene_posten as saldo

feature -- zusätzliche Attribute für A_AUFTRAG

...
end; -- class A_AUFTRAG
```

...

Objektmodelle gelten als eine gute Möglichkeit, integrierte Modellierung aus verschieden Sichten durchzuführen. Inzwischen hat das objektorientierte Vorgehen auch eine weite Verbreitung gefunden. Ein wichtiger Anwendungsbereich betrieblichen Modellierens ist das Management von Unternehmensprozessen. Ein *Unternehmensprozess* ist das organisierte, schrittweise Vorgehen, um einen gegebenen Input in einen gewünschten Output zu verwandeln. Dabei werden Ressourcen benötigt und Leistungen erstellt. Beispiele für funktionsorientierte Unternehmensprozesse sind: "Produktentwicklung", "Beschaffung" oder "Auftragsabwicklung"; "Bearbeitung von Schadensmeldungen" bei Versicherungsgesellschaften oder "Bearbeitung von Kreditanträgen" bei Banken sind branchenorientierte Beispiele. Der Output eines Unternehmensprozesses sollte immer eine Wertschöpfung in Form einer Ware oder einer Dienstleistung für einen Kunden innerhalb oder außerhalb der Organisation sein [Sch97].

Der Begriff Unternehmensprozess hat zwei Bedeutungen. Ein Unternehmensprozess kann sich auf einen *Prozesstyp* oder eine *Prozessausprägung* beziehen. Der Prozesstyp ergibt sich dadurch, dass man einen Prozess abstrakt beschreibt. Die Prozessausprägung ist ein realer Prozess, der den Regeln und der Struktur eines gegebenen Prozesstyps folgt. Der Prozesstyp kann als *Schablone* für eine Prozessausprägung interpretiert werden. So gehört zum Prozesstyp "Produktentwicklung" die Ausprägung "Entwicklung des Produktes X". Im Folgenden bezeichnen wir eine Prozessausprägung auch als einen *Job*, der auszuführen ist.

Der Prozesstyp wird durch seinen Input und Output, Funktionen, die ausgeführt werden müssen, und Regeln der Synchronisation beschrieben. *Input* und *Output* stehen in Beziehung zu materiellen und immateriellen Dingen. Beispielsweise werden bei der Ausführung von *materiellen* Prozessen verschiedene Arten von Rohmaterialien (Input) in verarbeitete Materialien (Output) umgewandelt; *immaterielle* Prozesse verwandeln Input-Daten in Output-Daten. Im Allgemeinen bestehen Input und Output sowohl aus Material als auch aus Daten.

Eine *Funktion* stellt die Transformation von Input in Output dar. Verschiedene Funktionen sind über *Vorrangbeziehungen* miteinander verbunden, die die Reihenfolge, in der Funktionen ausgeführt werden können, beschränken. Beispielsweise repräsentiert eine Vorrangbeziehung zwischen zwei Funktionen, dass der Output einer vorausgehenden Funktion Teil des Inputs einer nachfolgenden Funktion ist. Funktionen, die nicht unabhängig von anderen Funktionen ausgeführt werden können, müssen also *synchronisiert* werden. Bevor eine Funktion ausgeführt werden kann, müssen *Vor-Bedingungen* erfüllt sein; nach der korrekten Ausführung einer Funktion sind *Nach-Bedingungen* erfüllt.

Die Möglichkeiten der Synchronisation, die Beginn und Ende einer Funktion beeinflussen, werden durch Angabe von *Start-* und *Endereignis* beschrieben. Im Allgemeinen stellt ein Ereignis einen Zeitpunkt dar, zu dem bestimmte Zustände eintreten. Ereignisse lassen sich durch Werte von *Zustandsattributen* beschreiben. Die Attributwerte eines Ereignisses werden mit den Vor-Bedingungen und den Nach-Bedingungen der Funktionen verglichen. Bevor eine Funktion ausgeführt werden kann, muss für ihre Vor-Bedingungen und die Attributwerte des zugehörigen Beginn-Ereignisses Gleichheit erfüllt sein; nach der Ausführung einer Funktion muss für ihre Nach-Bedingungen und die Attributwerte des Endereignisses Gleichheit erfüllt sein.

Um einen Prozesstyp vollständig zu beschreiben, müssen alle Input- und Outputvariablen der Funktionen angegeben werden. Die *Inputvariablen* beziehen sich auf den *Produzenten*, der für die Ausführung der Funktion verantwortlich zeichnet, die erforderlichen *Ressourcen* und die benötigten *Daten*. Die *Outputvariablen* beziehen sich auf das durch eine Funktion erstellte *Produkt*, den *Kunden* des Produkts und die *Daten*, die verfügbar sein müssen, nachdem die Funktion ausgeführt worden ist. Wenn ein Prozesstyp vollständig spezifiziert ist, können die Prozessausprägungen entsprechend der Spezifikation ausgeführt werden. Input, Output, Funktionen und Synchronisation einer Prozessausprägung beziehen sich auf einen auszuführenden Job.

Die Ausprägung einer Funktion heißt *Task*. Eine Task ist Teil eines Jobs. Für die Ausführung von Tasks müssen Entscheidungen über das *zeitliche* Eintreten der Ausführung getroffen werden. Dabei müssen Bedingungen, wie sie durch den Prozesstyp spezifiziert sind, beachtet werden. Die Synchronisation von Prozessausprägungen zu planen, bedeutet, Jobs mit ihren Tasks unter Beachtung von Vorrangbeziehungen den Ressourcen im Zeitverlauf zuzuweisen. Dies ist die Aufgabe der *Ablaufplanung* [BEPSW96]. Tasks und Jobs werden durch Attribute charakterisiert. Ein entsprechendes Modell wird in [Sch96a] vorgestellt. Fragen, die durch die Ablaufplanung beantwortet werden, sind: Welche Tasks welcher Jobs sollen durch welche Ressourcen zu welchem Zeitpunkt ausgeführt werden?

Entwurfsplanung und *Ablaufplanung* von Unternehmensprozessen sind zwei herausragende Aufgaben des Prozessmanagements. Der Entwurf beschäftigt sich mit der Festlegung der Strukturen eines Prozesstyps, bevor er zum ersten Mal durchgeführt wird. Die Ablaufplanung befasst sich damit, Ressourcen konkurrierenden Prozessausprägungen zeitlich zuzuordnen. Beide Aufgaben erfordern ein Modell für Unternehmensprozesse.

6.3.1 Generalized Process Networks

Die Sichten der Modellierung mit GPN werden aus der Architektur LISA abgeleitet [Sch96]. Entsprechend der *Modelldetaillierung* werden Modelle für Prozesstypen und Prozessausprägungen erstellt. In Bezug auf die *Modellelemente* und ihre Beziehungen werden Input (Daten, Ressourcen), Output (Daten, Produkte), organisatorisches Umfeld (Produzent, Kunde), Funktionen und Synchronisation (Ereignisse, Bedingungen, Vorrangbeziehungen) repräsentiert. Entsprechend der Sicht auf den *Lebenszyklus* von Systemen benötigt man Modelle für die Analyse, das Design und die Implementierung. Schließlich benötigt man im Hinblick auf den *Model-*

lierungszweck Modelle für die Problembeschreibung und die Problemlösung.

Es gibt viele Sprachen, um Unternehmensprozesse zu beschreiben [BMS98]. Die meisten wurden zum Zweck des *Entwurfs* von Prozessen entwickelt, wobei der Schwerpunkt auf der Problembeschreibung liegt. Modelle, die für Zwecke der Ablaufplanung, insbesondere für die Optimierung, geeignet sein sollen, erfordern eine Darstellung, die sich für die Lösung von kombinatorischen Problemen eignet. Existierende Modellierungssprachen unterstützen nicht die Repräsentation der kombinatorischen Struktur des Problems; daher eignen sie sich auch nicht für die Ablaufplanung von Unternehmensprozessen [CKO92].

Eine Modellierungssprache muss mindestens zwei Anforderungen erfüllen:
- Vollständigkeit und Widerspruchsfreiheit: Alle wesentlichen Sichten auf ein System müssen sich repräsentieren, und die Abbildungen der Sichten müssen sich konsistent beschreiben lassen.
- Verständlichkeit: Syntax und Semantik der Sprache sollten für die Zielgruppe der Nutzer leicht verständlich und anwendbar sein.

Für die Sichten, wie sie in LISA definiert werden, ergeben sich die folgenden Konsequenzen:
- *Lebenszyklus.* Es ist nicht nützlich, nur eine monolithische Modellierungssprache zu haben, die alle Phasen des Lebenszyklus abdeckt. Jede Phase erfordert die Repräsentation unterschiedlicher Aspekte, und hat damit spezielle syntaktische und semantische Anforderungen. GPN ist für die Phase der Analyse entworfen.
- *Detaillierung.* Es gibt zwei Ebenen der Detaillierung, den Prozesstyp und seine Ausprägungen. Da diese beiden Ebenen miteinander zusammenhängen, sollte die Modellierungssprache beide repräsentieren können. GPN modelliert sowohl Prozesstypen als auch Prozessausprägungen.
- *Elemente.* Input, Output, Funktionen und die Anforderungen der Synchronisation von Unternehmensprozessen werden modelliert. GPN repräsentiert alle Elemente des Unternehmensprozesses, die für Entwurfs- und Ablaufplanung erforderlich sind.
- *Zweck.* Die meisten Modelle von Unternehmensprozessen sind deskriptiver Natur, und es besteht keine Verbindung zu konstruktiven Modellen für das Lösen von Problemen. Mit GPN können beide Modellarten formuliert werden.

6.3 Objekt- und prozessorientierte Methoden

Es wird zwischen einem Modell zum Entwurf bezogen auf den Prozesstyp und einem Modell zur Ablaufplanung bezogen auf die Prozessausprägungen unterschieden. Beide Modelle werden mit GPN erstellt. Die *syntaktischen* Elemente der Sprache sind Knoten, Pfeile und Markierungen, die Knoten und Pfeilen zugeordnet sind (siehe Abbildung 6.3.-3).

Abb. 6.3.-3: *Syntaktische Elemente von GPN*

Die *Semantik* von GPN wird in sechs Schichten definiert. Die erste Schicht definiert die Bedeutung der syntaktischen Elemente, die zweite Schicht ist der funktionalen Spezifikation gewidmet, die dritte der Synchronisation, die die Beziehungen zwischen Funktionen repräsentiert, die vierte den Input- und Outputdaten, die fünfte den erforderlichen Ressourcen und den erzeugten Produkten, und die sechste Schicht beschreibt die Beziehung zwischen Kunde und Produzent. Die semantischen Schichten von GPN werden in Abbildung 6.3.-4 gezeigt.

Produzent und Kunde
Ressourcen und Produkte
Inputdaten, Outputdaten
Synchronisation
Funktionen
Knoten, Pfeile, Markierungen

Abb. 6.3.-4: *Semantische Schichten von GPN*

Pfeile repräsentieren Funktionen. Mit jeder Funktion sind eine Anzahl von Vor- und Nach-Bedingungen verbunden. Die Vor-Bedingungen müssen erfüllt sein, damit die Funktion ausgeführt werden kann; die Nach-Bedingungen sind erfüllt, wenn die Funktionen korrekt ausgeführt wurden.

Knoten repräsentieren Ereignisse und Bedingungen für die Synchronisation von Funktionen. Ein Ereignis, das wenigstens zwei Funktionen trennt, stellt die Bedingung dar, dass die beiden Funktionen nicht parallel, sondern nur in einer gegebenen Folge ausgeführt werden können. Funktionen, die kein trennendes Ereignis haben, können parallel ausgeführt werden. Das Auftreten eines Ereignisses ist *notwendig* für die Ausführung einer Funktion. Jedes Ereignis wird durch Attributwerte beschrieben, die das Ereignis kennzeichnen. Das Eintreten eines Ereignisses ist dann auch *hinreichend* für die Ausführung einer Funktion, wenn die Werteliste der Attribute des Ereignisses (Umwelteigenschaften) den Vor-Bedingungen der mit diesem Ereignis inzidenten Funktion entspricht. Mit jeder Funktion sind zwei Ereignisse verbunden; eines stellt ihren Beginn und das andere ihr Ende dar. Abbildung 6.3.-5 zeigt die Darstellung einer Funktion (i,j) mit ihren Beginn- und Endereignissen i und j, Vor- und Nachbedingungen und der Werteliste der Ereignisse.

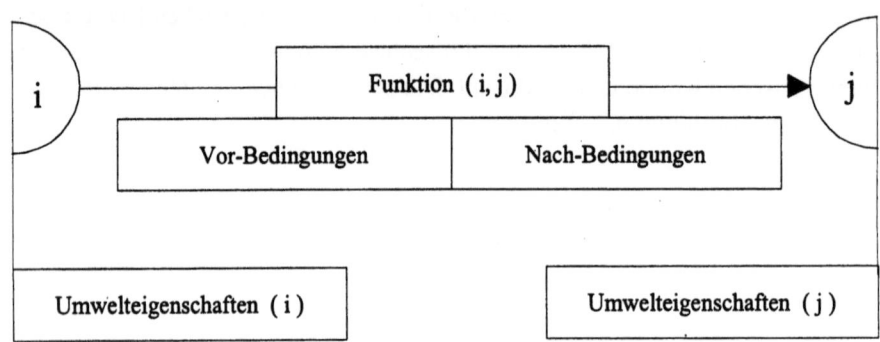

Abb. 6.3.-5: *Die ersten drei Schichten*

Den Pfeilen können zusätzliche Beschriftungen hinzugefügt werden, wie Abbildung 6.3.-6 zeigt.
- *Produzent-Kunde.* Der Produzent ist für die Ausführung der Funktion verantwortlich, und der Kunde benötigt die Ergebnisse der Funktion.
- *Ressourcen-Produkte.* Ressourcen sind der erforderliche physische Input einer Funktion, Produkte sind der erzeugte physische Output.
- *Inputdaten-Outputdaten.* Inputdaten repräsentieren die erforderlichen Daten, um eine Funktion durchzuführen, und Outputdaten repräsentieren die verfügbaren Daten, nachdem die Funktion ausgeführt worden ist.

6.3 Objekt- und prozessorientierte Methoden

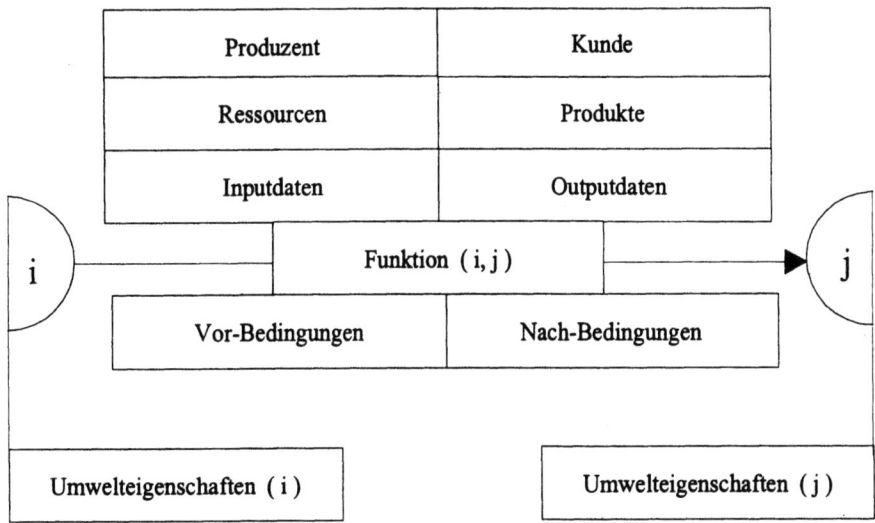

Abb. 6.3.-6: *Darstellung von Knoten und Pfeilen*

Knoten repräsentieren die Abhängigkeiten zwischen einzelnen Funktionen. Es wird zwischen sechs möglichen Abhängigkeiten unterschieden: drei für Beginn- und drei für Endereignisse (siehe Abbildung 6.3.-7).

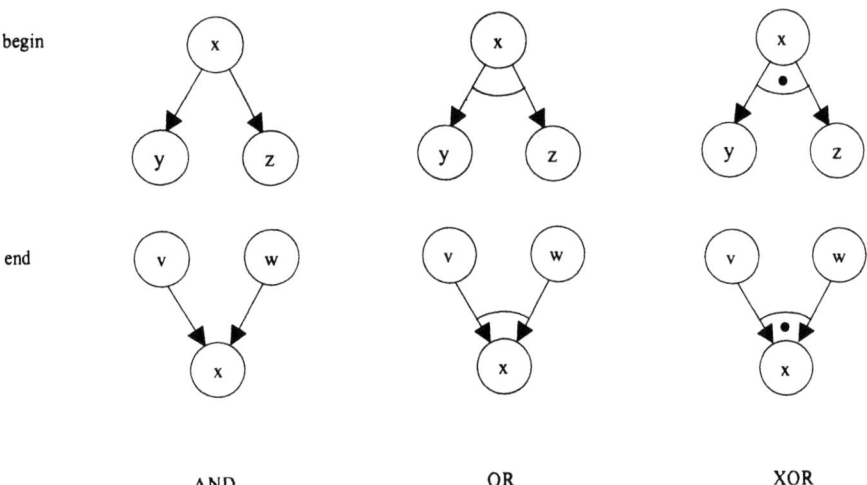

Abb. 6.3.-7: *Beginn- und Endereignisse*

- *begin-AND: alle* Funktionen, die durch dieses Ereignis ausgelöst werden, müssen durchgeführt werden (die Vor-Bedingungen aller Funktionen

müssen durch die Werte der Attribute des auslösenden Ereignisses erfüllt sein);
- *begin-OR:* mindestens eine durch dieses Ereignis ausgelöste Funktion muss durchgeführt werden (die Vor-Bedingungen mindestens einer Funktion müssen durch die Werte der Attribute des auslösenden Ereignisses erfüllt werden);
- *begin-XOR:* genau eine durch dieses Ereignis ausgelöste Funktion muss durchgeführt werden (die Vor-Bedingungen einer und nur einer Funktion müssen durch die Werte der Attribute des auslösenden Ereignisses erfüllt werden);
- *end-AND:* dieses Ereignis tritt nur ein, wenn *alle* Funktionen, die mit diesem Ereignis enden, ausgeführt wurden (die Nach-Bedingungen aller Funktionen müssen durch die Werte der Attribute des abschließenden Ereignisses erfüllt werden);
- *end-OR:* dieses Ereignis tritt ein, wenn *mindestens eine* Funktion, die mit diesem Ereignis endet, ausgeführt wurde (die Nach-Bedingungen mindestens einer Funktion müssen durch die Werte der Attribute des abschließenden Ereignisses erfüllt werden);
- *end-XOR:* dieses Ereignis tritt ein, wenn *genau eine* Funktion, die mit diesem Ereignis endet, ausgeführt wurde (die Nach-Bedingungen einer und nur einer Funktion müssen durch die Werte der Attribute des abschließenden Ereignisses erfüllt werden).

Wird das Modell eines *Prozesstyps* erzeugt, so werden alle Attribute definiert, ohne ihre Werte angeben zu müssen. Bei der Darstellung des Prozesstyps eines Anwendungsbereichs beziehen sich alle Knoten, Pfeile und Markierungen auf Objekte oder Objekttypen dieser Anwendung, z.B. können
- Produzent und Kunde zwei verschiedene Organisationseinheiten eines Unternehmens darstellen,
- Ressourcen sowohl Maschinen oder Mitarbeiter mit bestimmten Qualifikationen als auch Material, das verarbeitet werden muss, sein,
- Produkte Arten von Waren oder Dienstleistungen sein,
- Funktionen Aktivitäten für die Transformation von Material und Daten darstellen,
- die Werteliste der Ereignisse, alle Vor- und Nach-Bedingungen der Funktionen sowie alle Input- und Outputdaten aus dem Anwendungsbereich abgeleitet werden.

Beispiel 6.3.-7: Abbildung 6.3.-8 zeigt das Beispiel eines Prozesstyps, der mit GPN-Syntax repräsentiert wird. Die Funktion "Erzeuge Bestellung" kann als eine Aktivität eines Beschaffungsprozesses interpretiert werden.

Vor-Bedingungen beziehen sich auf die Voraussetzung, dass ein "Budget verfügbar" für den Kauf sein muss. Die Nach-Bedingung "Bestellung vorbereitet" sollte nach Ausführung der Funktion erfüllt sein. Dies bedeutet, dass die Bestellung weitergeleitet werden kann. Beide Bedingungen weisen Gleichheit mit einer Teilmenge der Attributwerte der Beginn- und Endereignisse auf. Benötigte Daten, um eine Bestellung vorzubereiten, sind der "Lieferant" (Anschrift des Lieferanten) und die "Bestellartikel" (Liste der Artikel); die erzeugten Daten beziehen sich auf die Geldeinheiten der "Bestellsumme" und die "Mehrwertsteuer". Erforderliche Ressourcen sind hier eine "Sekretariatskraft" und ein "Computer"; das erzeugte Produkt ist das "Bestelldokument". Der Kunde Produktionsabteilung "PA" fordert den Produzenten Beschaffungsabteilung "BA" auf, die Funktion "Erzeuge Bestellung" auszuführen.

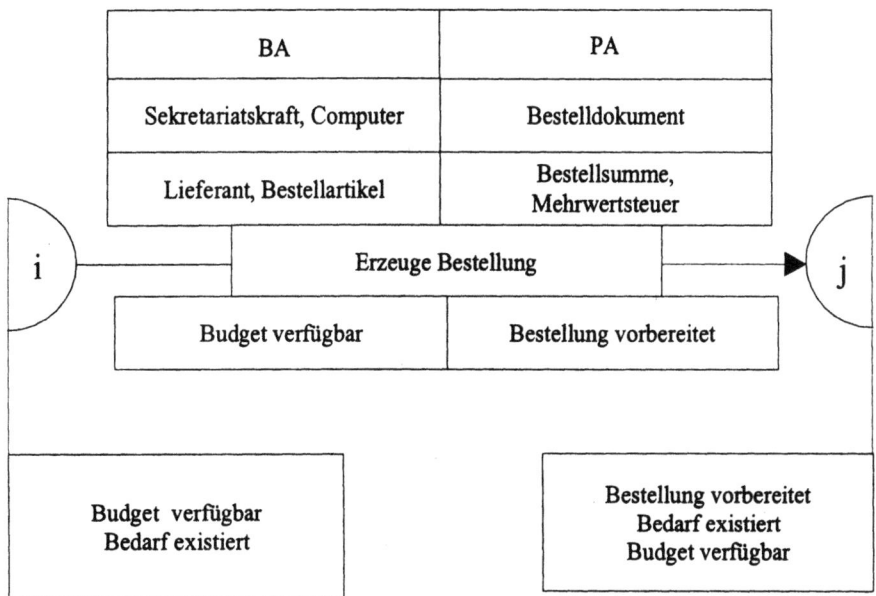

Abb. 6.3.-8: *Ein Beispiel für den Prozessentwurf*

Beim Entwurf von Unternehmensprozessen werden die erforderlichen Attribute festgelegt; ihre Werte werden dann bestimmt, wenn eine Ausprägung des Prozesses bekannt ist. Beispielsweise können die Ausprägungen für "Lieferant" oder "Bestellartikel" "Lieferant ABC" und "Bestellartikel 123" sein.

Eine Aufgabe der Modellierung von Prozessausprägungen liegt darin, Antworten auf Fragen der Ablaufplanung zu finden. Dazu wird auf der

Ausprägungsebene das Modell des Prozesstyps derart erweitert, dass individuelle Jobs beschrieben werden können. Es werden so viele Kopien von Pfeilen (Tasks) und Knoten (Ereignisse) eingeführt wie Prozessausprägungen auftreten. Ereignisse werden mit Wertelisten aktueller Systemzustände markiert.

Die Markierungen der Tasks beziehen sich jetzt auf operationale Aspekte, wie beispielsweise Bearbeitungsdauern und aktuell benötigte Ressourcen. Wegen des Wettbewerbs der Jobs um knappe Ressourcen können nicht alle Ereignisse gleichzeitig eintreten. Falls zwei Tasks dieselbe, nicht teilbare Ressource benötigen, kann nur eine der beiden Tasks zu einem Zeitpunkt ausgeführt werden. Dies bedeutet, dass weder die beiden Beginnereignisse noch die beiden Endereignisse gleichzeitig auftreten können. Falls zwei oder mehr Tasks nicht gleichzeitig ausgeführt werden können, wird eine *Hyperkante* zwischen den Beginnereignissen der entsprechenden Tasks eingeführt. Eine Hyperkante ist eine Kante, die Ereignisse miteinander verbindet, die nicht gleichzeitig eintreten können. Abbildung 6.3.-9 zeigt vier Ereignisse, die durch fünf Kanten verbunden sind. Keine der durch Kanten verbundenen Ereignisse können gleichzeitig eintreten. Die entsprechende Hyperkante besteht aus den Knoten 1, 2, 3 und 4, die durch die fünf Kanten (1,2), (1,3), (1,4), (2,3) und (2,4) verbunden sind.

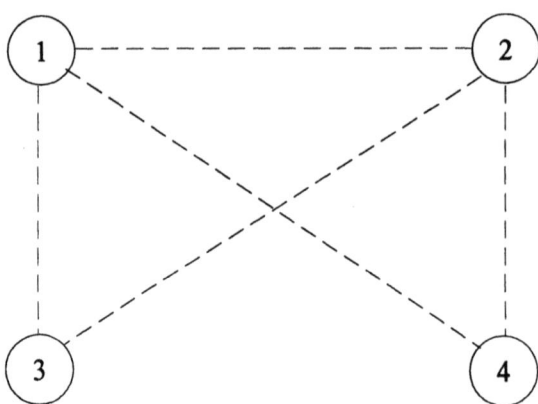

Abb. 6.3.-9: *Beispiel einer Hyperkante*

Im Falle von zwei Ereignissen besteht die Hyperkante nur aus einer Kante und zwei Knoten; falls es mehr als zwei Ereignisse gibt, die nicht gleichzeitig eintreten dürfen, umfasst die Hyperkante alle diese Ereignisse. Tasks, die mit Ereignissen inzident sind, die Knoten einer Hyperkante darstellen, schaffen Konflikte im Hinblick auf die Verwendung von Ressourcen. Die Ablaufplanung muss diese Konflikte derart auflösen, dass ein zulässiger Plan erzeugt werden kann (vgl. [Sch89] und [EGS97]).

Beispiel 6.3.-8: Abbildung 6.3.-10 zeigt den Ausschnitt eines GPN-Modells auf Ausprägungsebene. Es sind zwei Ausprägungen des Prozesstyps "Erzeuge Bestellung" dargestellt: "Erzeuge Bestellung 1" und "Erzeuge Bestellung 2"; beide Aufgaben müssen von derselben Ressource, dem Mitarbeiter "Strunz", ausgeführt werden. Produzent und Kunde sind für beide Tasks dieselben. Da der Mitarbeiter eine Ressource ist, auf die alle Tasks zugreifen, muss eine Hyperkante eingeführt werden, die aus einer Kante zwischen den beiden Beginnereignissen von "Erzeuge Bestellung 1" und "Erzeuge Bestellung 2" besteht. Die Hyperkante repräsentiert die Situation, dass zwischen den beiden Tasks ein Ressourcen-Konflikt bezüglich des Mitarbeiters besteht.

Die eingeführten Kanten repräsentieren die kombinatorische Struktur des Ablaufplanungsproblems auf der Ausprägungsebene. Um das Problem zu lösen, müssen alle miteinander im Konflikt befindlichen Ereignisse in eine zulässige Reihenfolge gebracht werden. Algorithmen, mit denen man

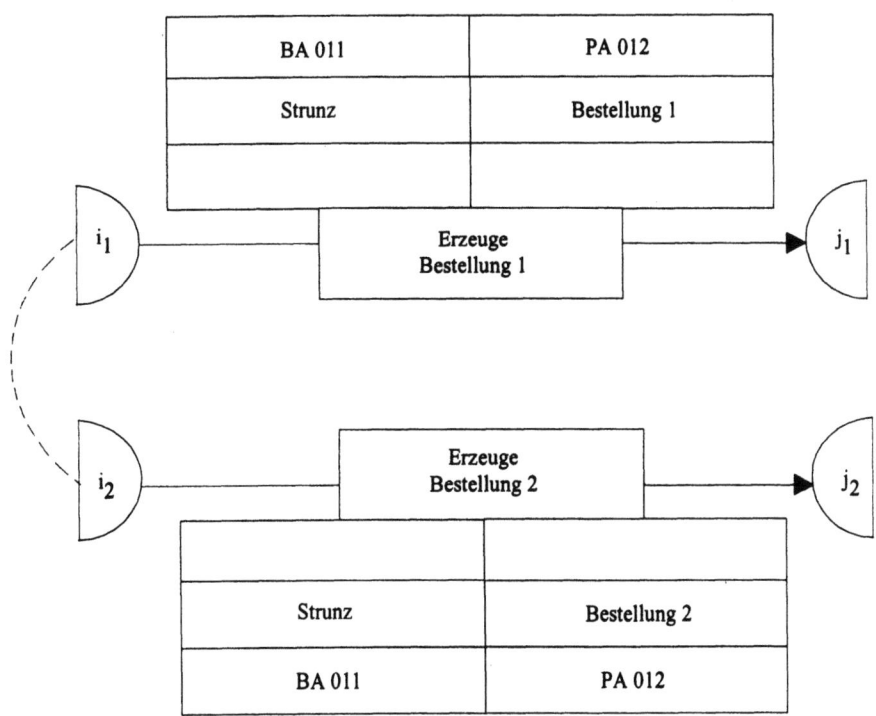

Abb. 6.3.-10: *Ein Beispiel für ein Ablaufplanungsproblem*

diese Art von kombinatorischen Optimierungsproblemen lösen kann, findet man in [ES93].

Mit Hilfe einer kleinen Fallstudie soll gezeigt werden, wie GPN für die integrierte Modellierung eines Unternehmensprozesses für die Entwurfs- und Ablaufplanung benutzt werden kann. Die Fallstudie behandelt einen Beschaffungsprozess. Dieser umfasst den Kauf von Waren und die Zahlung der Rechnungen. Zunächst wird auf das Modell der Entwurfsplanung eingegangen.

Falls der Lagerbestand eines Materials den Bestellbestand erreicht, fordert die Produktionsabteilung die Beschaffungsabteilung auf, eine Bestellung aufzugeben. Die Beschaffungsabteilung erstellt eine Bestellung und schickt sie per Post oder Fax an den Lieferanten; eine Kopie der Bestellung wird an die Buchhaltung weitergeleitet. Der Lieferant schickt die Waren zusammen mit dem Lieferschein an die auftragserteilende Firma; auf getrenntem Wege wird die Rechnung zugestellt. Sobald die Rechnung eintrifft, vergleicht die Beschaffungsabteilung diese mit dem Lieferschein, der Bestellung und den gelieferten Waren. Die Dokumente werden auf ihre Vollständigkeit und Korrektheit geprüft. Wenn die Dokumente diese Kriterien erfüllen, veranlasst die Buchhaltung die Bezahlung der Rechnung; wenn nicht, erhebt die Beschaffungsabteilung Einspruch gegen die Rechnung beim Lieferanten. Rechnungen für gekaufte Waren treffen regelmäßig ein und müssen ordnungsgemäß bearbeitet werden.

Der Beschaffungsprozess ist in Abbildung 6.3.-11 aus der Sicht von Lieferanten und Besteller dargestellt. Pfeile, die von links nach rechts führen, repräsentieren die Funktionen aus der Sicht des Bestellers, und Pfeile, die von oben nach unten führen, repräsentieren die Funktionen aus der Sicht des Lieferanten. Die Bestellung kann per Fax oder Post versandt werden. Dies wird durch die beiden Funktionen "Fax Order" und "Mail Order" dargestellt. Sobald die Bestellung durch den Lieferanten bestätigt ist, wird die Kopie der Bestellung an die Buchhaltung weitergegeben, was durch die Funktion "Send Copy" repräsentiert wird. Wenn die bestellten Waren und die entsprechende Rechnung eingetroffen sind, kann die Funktion "Check Invoice" ausgeführt werden. Abhängig vom Ergebnis des Prüfvorgangs werden die Funktionen "Pay" oder "Complain" ausgeführt. Gibt es nur für einen Teil der Lieferung Anlass zu Beschwerden, werden beide Funktionen ausgeführt.

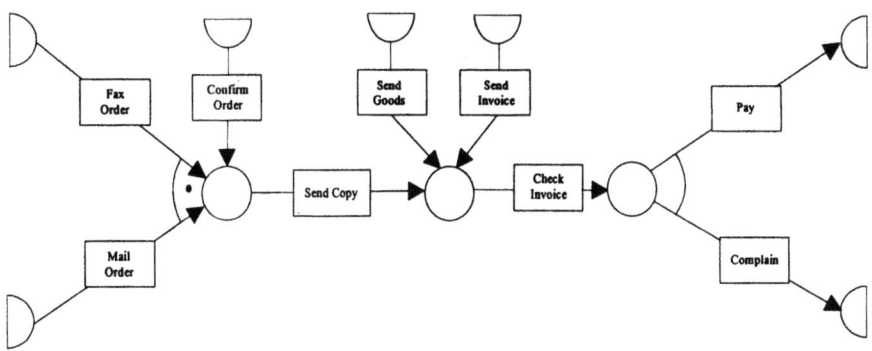

Abb. 6.3.-11: *Beschaffungsprozess der Fallstudie*

In Abbildung 6.3.-11 sind die Markierungen nur für einen Teil der Schichten von GPN dargestellt. Als Beispiel für eine vollständige Markierung mit allen sechs Schichten soll die Funktion "Check Invoice" dienen. Das Modell ist in Abbildung 6.3.-12 dargestellt. Es wird angenommen, dass die Beschaffungsabteilung (PD) die Verantwortung für die Ausführung dieser Funktion hat und die Produktionsabteilung (MD) und die Buchhaltung (APD) das Ergebnis der Funktion nachfragen. Als Ressource wird ein Rechnungsprüfer benötigt. Damit die Funktion "Check Invoice" ausgeführt werden kann, müssen die Auftrags- und Rechnungsdaten vorliegen. Die Funktion erzeugt kommentierte Rechnungsdaten. Bevor die Funktion ausgeführt werden kann, müssen die bestellten Waren und die Rechnung eingetroffen sein; nachdem die Funktion korrekt ausgeführt worden ist, ist die Rechnung geprüft. Die übrigen Funktionen des Beschaffungsprozesses werden in analoger Weise markiert.

Die Struktur des Prozesses auf der Typebene dient als Vorgabe für die Entscheidungen der Ablaufplanung, die verschiedene Ausprägungen des Beschaffungsprozesses betrachten. Es soll angenommen werden, dass mit jeder Rechnung Skontierungsmöglichkeiten bei rechtzeitiger Zahlung und Aufschläge bei verspäteter Zahlung entstehen.

Die Funktion "Check Invoice" erfordert eine Bearbeitungszeit, die abhängig vom erforderlichen Prüfaufwand ist. Darüber hinaus sind für jede Ausprägung zwei Parameter wichtig. Einer bezieht sich auf den Zeitpunkt, zu dem die Rechnung bezahlt sein muss, um noch Skonto abziehen zu können, der andere bezieht sich auf den Zeitpunkt, nach dem ein Aufschlag fällig ist. Um das Problem einfach zu halten, soll angenommen werden, dass Skonto- und Zinssatz für die Aufschläge gleich sind. Weiterhin soll angenommen werden, dass nur ein Rechnungsprüfer zur Verfügung steht, um die

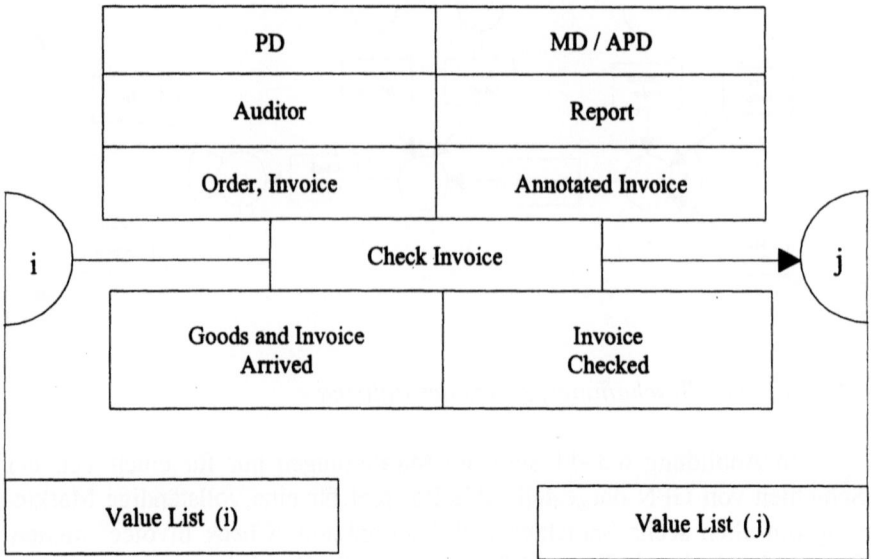

Abb. 6.3.-12: *GPN-Modell der Funktion "Check Invoice"*

Funktion "Check Invoice" auszuführen, und dass drei Rechnungen geprüft werden müssen.

Es ist offensichtlich, dass die Reihenfolge der Bearbeitung auf den Zeitpunkt der Zahlung einen Einfluss hat, wenn man mögliche Skonti und Verzugszinsen berücksichtigt. In Tabelle 6.3.-2 sind die zu berücksichtigenden Parameter für die Ablaufplanung dargestellt:
- Nummer der Rechnung (J_j),
- Gesamtbetrag der Rechnung (w_j),
- erforderliche Zeit, um eine Rechnung zu prüfen (p_j),
- Termin für Skonto (dd_j),
- Termin für Verzugszinsen (pd_j),
- Skonto und Verzugszinsen (r_j).

J_j	w_j	p_j	dd_j	pd_j	r_j
J_j	200	5	10	20	0,05
J_2	400	6	10	20	0,05
J_3	400	5	10	15	0,05

Tab. 6.3.-2: *Parameter der Ablaufplanung für das Beispiel*

Im allgemeinen Fall gibt es n Rechnungen mit n! Möglichkeiten, sie mit Hilfe einer einzigen Ressource zu bearbeiten. In Abhängigkeit von der Reihenfolge der Bearbeitung erhält man 30 Geldeinheiten Skonto (J_1, J_3, J_2 oder J_3, J_1, J_2) oder man muss 10 Geldeinheiten Verzugszinsen bezahlen (J_1, J_2, J_3).

Abbildung 6.3.-13 zeigt das GPN-Modell für die Ablaufplanung. Alle Markierungen außer Ressourcen, Inputdaten und Funktionen sind ausgelassen. Die Beginnereignisse 1, 2 und 3 können nicht gleichzeitig auftreten,

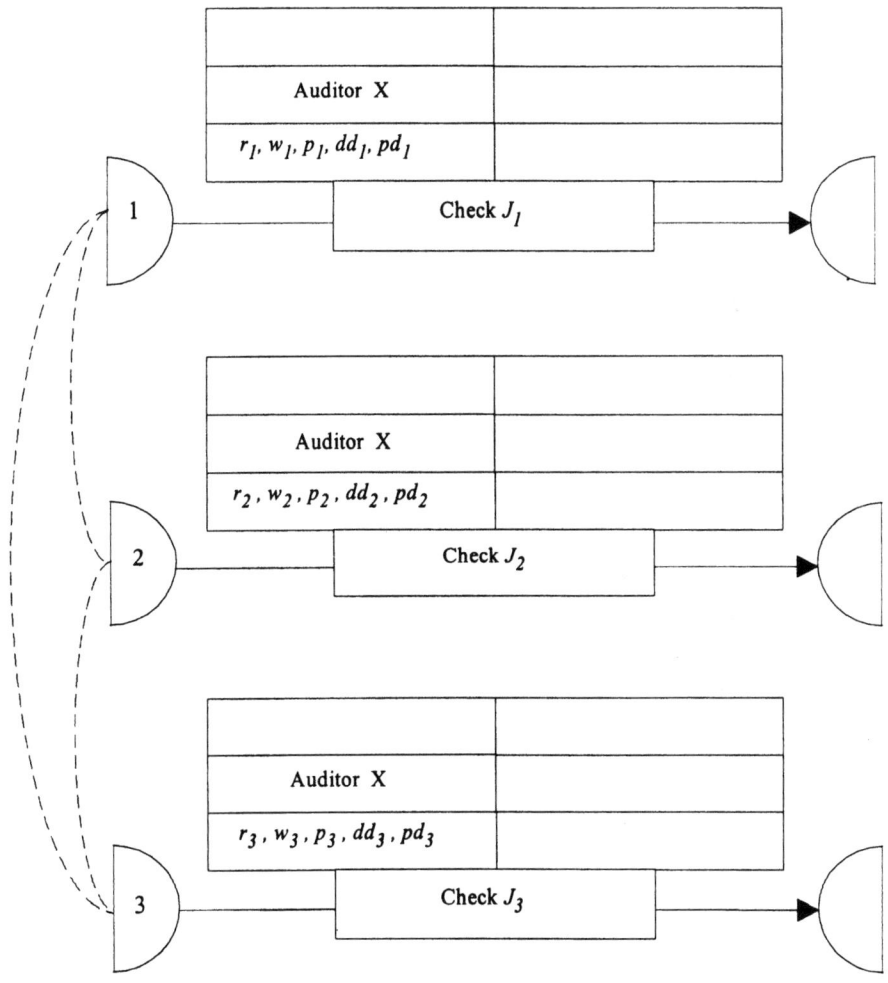

Abb. 6.3.-13: *GPN-Modell für die Ablaufplanung*

weil nur ein "Auditor X" zur Verfügung steht, um die Rechnungen zu prüfen. Um die Konflikte zwischen den Ereignissen aufzuzeigen, führen wir eine Hyperkante ein, die aus den Knoten 1, 2 und 3 besteht. Die Daten, die für die Ablaufplanung benötigt werden, beziehen sich auf die Bearbeitungszeiten p_j, die Höhe des Rechnungsbetrags w_j, die Höhe von Skonto und Verzugszinsen r_j, die Termine für Fälligkeit von Skonto dd_j und Verzugszinsen pd_j.

Die Entscheidung der Ablaufplanung bezieht sich auf die Reihenfolge des Auftretens der drei Ereignisse 1, 2 und 3, d.h. die drei dargestellten Kanten müssen in Pfeile verwandelt werden, die eine zulässige Vorgänger-Nachfolger-Beziehung der Ereignisse definieren. Die Repräsentation mit GPN ist für eine direkte Anwendung von Optimierungsverfahren geeignet, da das dargestellte Modell einer Standardformulierung für die Lösung von Ablaufplanungsproblemen entspricht [BEPSW96]. Liegt die Richtung der Pfeile fest, ist der Ablaufplan bekannt. Abbildung 6.3.-14 zeigt einen optimalen Ablaufplan, bei dem die Ereignisse in der Reihenfolge 3, 1, 2 eintreten.

6.3.2 Prozessmodellierungsmethode IDEF3

Diese Methode lässt sich benutzen, um Unternehmensprozesse auf der Typebene abzubilden. Die Ausführungen in diesem Teil basieren auf [MM98]. Mit IDEF3 wird die Intention verfolgt, eine allgemeine Prozessmodellierungsmethode anzubieten, ohne eine spezielle Sicht auf Produkte und Ressourcen zu legen. Ein IDEF3-Prozess heißt auch *Unit of Behaviour* (UOB). Er wird charakterisiert durch *Objekte* und *zeitliche Beziehungen*.

Die Elemente der IDEF3-Sprache zur Beschreibung von Prozessen sind in Abbildung 6.3.-15 dargestellt. Ein UOB-Knoten charakterisiert die entsprechende Unit of Behavior; Vorrangbeziehungen beschreiben zeitliche Beschränkungen. Verzweigungen repräsentieren Bedingungen, die mit Vorrangbeziehungen verbunden sind.

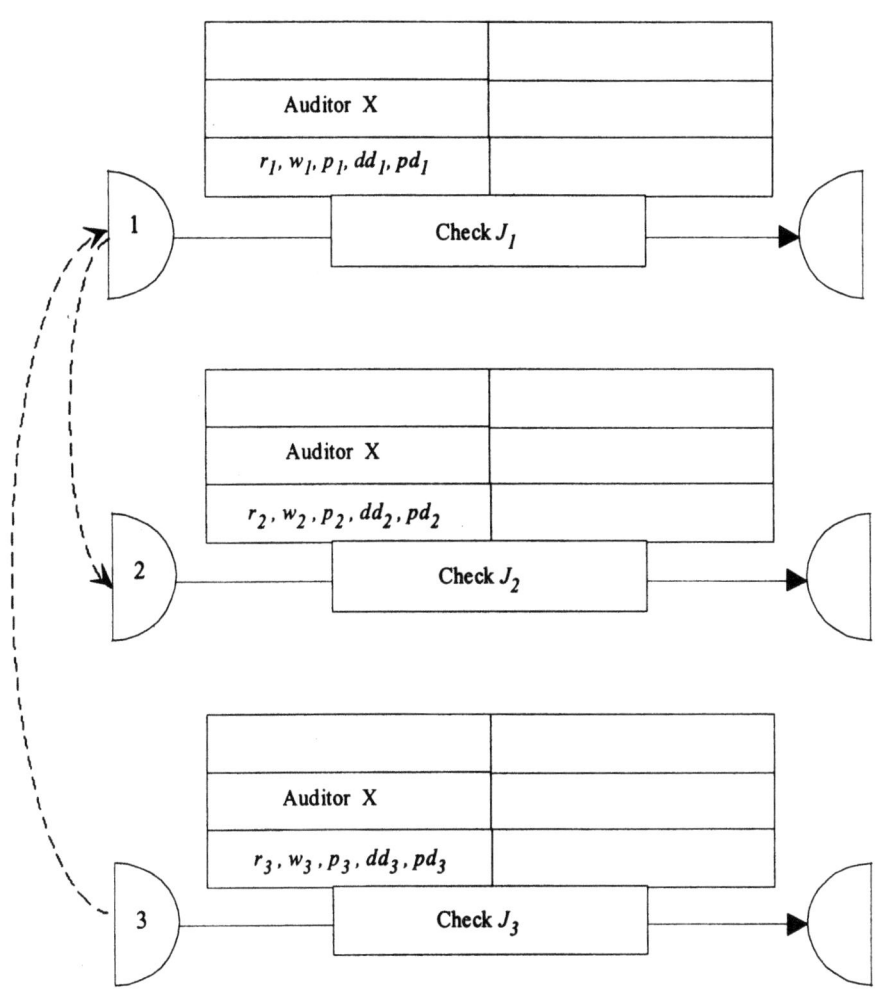

Abb. 6.3.-14: *Optimale Lösung für das Problem der Fallstudie*

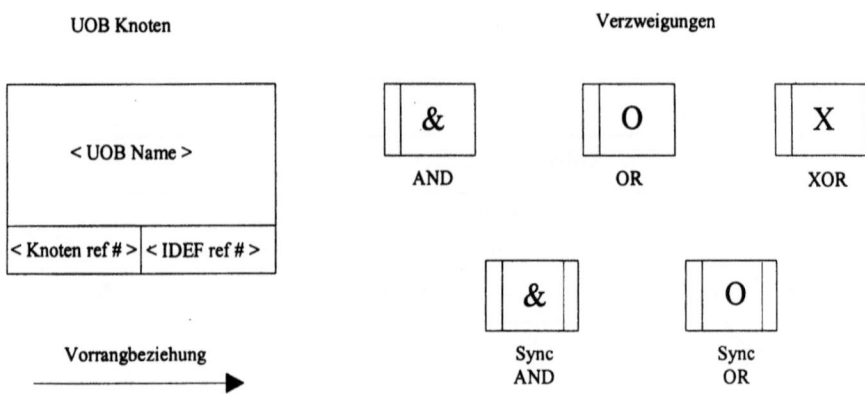

Abb. 6.3.-15: *Grundlegende Elemente des IDEF3-Lexikons*

Die elementaren IDEF3-Konstrukte sind in Abbildung 6.3.-16 dargestellt. Der Knoten am Beginn einer Vorrangbeziehung heißt Quelle (Knoten mit Nummer 1 und Beschriftung A), und der Knoten am Ende der Beziehung heißt Senke (Knoten mit Nummer 2 und Beschriftung B). Knoten 1 ist der direkte Vorgänger von Knoten 2, und Knoten 2 ist der direkte Nachfolger von Knoten 1. Die Nummerierung muss zur Identifikation jeder UOB eindeutig sein. Dem unteren rechten Teil eines UOB-Knoten wird optional eine IDEF-Modellnummer zugeordnet. Diese ermöglicht das Auffinden von Knoten als Bestandteil unterschiedlicher IDEF-Modelle.

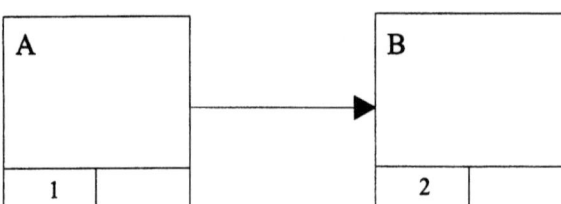

Abb. 6.3.-16: *IDEF3-Konstrukte*

Jedes IDEF3-Modell hat unterschiedliche *Aktivierungen*. Dieses sind mögliche Weltzustände, die durch das Modell repräsentiert werden können. Sie lassen sich aus der Struktur der Vorrangbeziehung ableiten. Beispielsweise gibt es für zwei benachbarte Knoten genau eine Möglichkeit der Aktivierung. Wie in Abbildung 6.3.-16 dargestellt, folgt UOB B der UOB A; dies ist die einzige Möglichkeit, wie sich A und B aus zeitlicher Sicht verhalten können.

Verzweigungen in IDEF3 stellen Bedingungen dar, die die Ablauflogik eines Prozesses repräsentieren. Eigentlich müssten auch hier Verzweigungen und Vereinigungen unterschieden werden. Da eine Vereinigung auch als Verzweigung entgegen der Pfeilrichtung interpretiert werden kann, sprechen wir im Folgenden nur noch von Verzweigungen. Sie dienen der Synchronisation verschiedener Prozesspfade. Ein IDEF3-Modell enthält Verzweigungen,
- aus denen parallele Teilprozesse hervorgehen (AND),
- aus denen alternative Teilprozesse hervorgehen (OR, XOR),
- in denen parallele Teilprozesse in einen gemeinsamen Prozess münden,
- in denen alternative Teilprozesse in einen gemeinsamen Prozess münden.

Verzweigungen haben konjunktive und disjunktive *Ein-* und *Ausgänge*. Konjunktive Ausgänge erzeugen parallele Teilprozesse, disjunktive Ausgänge erzeugen alternative Teilprozesse. Konjunktive Eingänge vereinigen parallele Teilprozesse, disjunktive Eingänge vereinigen alternative Teilprozesse. IDEF3 kennt zwei Arten von Verzweigungen, um die Möglichkeiten abzubilden, die sich beim Auftreten von alternativen Teilprozessen ergeben:
- Verzweigungen mit einem Eingang und mehreren Ausgängen,
- Verzweigungen mit mehreren Eingängen und einem Ausgang.

Eine konjunktive oder AND-Verzweigung wird durch '&' gekennzeichnet. Bei den disjunktiven Verzweigungen gibt es inklusive und exklusive Verzweigungen, d.h. OR- und XOR-Verzweigungen. OR-Verzweigungen werden durch ein 'O' und XOR-Verzweigungen durch ein 'X' gekennzeichnet.

Die Verzweigungssyntax ist in Abbildung 6.3.-17 dargestellt, wobei $\gamma \in \{\&, O, X\}$. Für $\gamma = \&$ bedeutet eine Aktivierung des Modells auf der linken Seite, dass eine Ausprägung A des Knoten 1 gefolgt wird durch eine Ausprägung B und eine Ausprägung C der Knoten 2 und 3. Wenn die Verzweigung synchron verläuft, dann beginnen B und C zum gleichen Zeitpunkt. Für nicht-synchrone Verzweigungen gibt es keine Bedingungen, wann bestimmte Ausprägungen von B und C zu beginnen haben; es ist nur erforderlich, dass B und C nach A beginnen. Das rechte Modell der Abbildung 6.3.-17 besteht aus Ausprägungen A und B der Knoten 1 und 2. Diesen folgt eine einzige Ausprägung C des Knoten 3; falls die Verzweigung synchron ist, dann enden A und B zum gleichen Zeitpunkt.

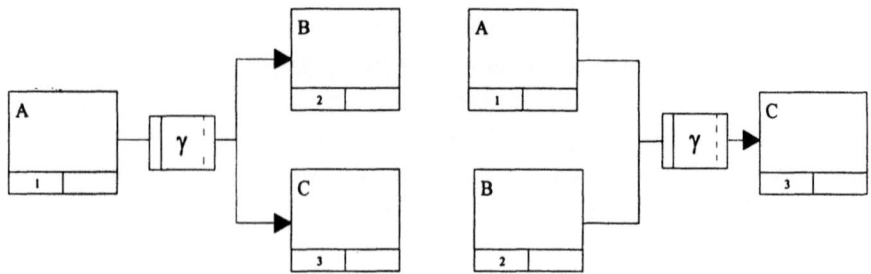

Abb. 6.3.-17: *Syntax von Verzweigungen*

Ist $\gamma = \text{O}$ ($\gamma = \text{X}$), bedeutet dies für das Modell auf der linken Seite der Abbildung 6.3.-17, dass einer Ausprägung A des Knoten 1 eine Ausprägung B des Knoten 2 oder eine Ausprägung C des Knoten 3 (aber für XOR-Verzweigungen nicht beide) folgt. Falls die OR-Verzweigung synchron ist, bedeutet dies, dass es Ausprägungen der Knoten 2 und 3 geben muss, die zum gleichen Zeitpunkt beginnen. Ähnlich bedeutet eine Aktivierung des rechten Modells in Abbildung 6.3.-17, dass eine Ausprägung von Knoten 1 oder eine Ausprägung von Knoten 2 (aber für XOR-Verzweigungen nicht beide) gefolgt wird von einer Ausprägung des Knoten 3. Falls die OR-Verzweigung synchron ist, bedeutet dies, dass es eine Ausprägung gibt, bei der Ausprägungen der Knoten 1 und 2 zum gleichen Zeitpunkt enden.

Diese semantischen Regeln lassen sich verallgemeinern für Verzweigungen, die sich auf beliebig viele UOB-Knoten beziehen. Bedingungen für Verzweigungen werden oftmals direkt an den einzelnen Verzweigungspunkten vermerkt.

Ein IDEF3-Modell ist eine Sammlung von einem oder mehreren IDEF3-Prozessdiagrammen. Ein Prozessdiagramm ist Teil eines umfassenderen Modells und stellt einen Modellausschnitt dar. Ein Beispiel eines Prozessdiagramms ist in Abbildung 6.3.-18 dargestellt.

Der Quellknoten repräsentiert die Nachfrage nach Material. Dieser folgt entweder die Wahl eines aktuellen Lieferanten oder der Vorschlag neuer Lieferanten. Eine dieser OR-Verzweigung zugefügte Bedingung könnte angeben, dass der Pfad zu neuen Lieferanten nur eingeschlagen wird, wenn es keinen aktuellen Lieferanten gibt. Wenn der aktuelle Lieferant bestimmt ist, dann wird eine Bestellung aufgegeben. Im anderen Pfad folgt der Identifizierung neuer Lieferanten die Benachrichtigung des Vorgesetzten und eine Anfrage zur Angebotsabgabe der potentiellen Lieferanten. Wenn

6.3 Objekt- und prozessorientierte Methoden   195

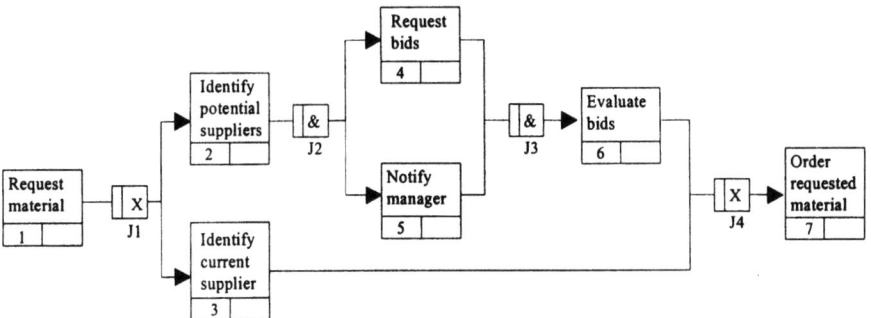

Abb. 6.3.-18: *Ein Beispiel für ein IDEF3-Prozessdiagramm*

beide Aktivitäten ausgeführt sind, werden die eingehenden Angebote verglichen, und die Bestellung wird an den Lieferanten mit dem besten Angebot weitergeleitet.

Vorrangbeziehungen sind transitiv, d.h. falls UOB A vor B ausgeführt werden muss und B vor C, dann folgt daraus, dass A auch vor C ausgeführt werden muss. Eine Schleife in einem Modell würde bedeuten, dass der Beginn einer UOB i vom Ende einer UOB j abhängt, die wiederum selbst vom Beginn der UOB i abhängt. Schleifendurchläufe lassen sich implizit und explizit aufschreiben. Falls es eine Obergrenze für die Anzahl der Durchläufe gibt, so ist das Modell endlich, im anderen Fall unendlich. In Abbildung 6.3.-19 sind beide Möglichkeiten der Schleifendarstellung angegeben.

Schleifen werden in IDEF3-Modellen häufig mit Hilfe von Verweisen dargestellt. Verweise sind nützlich, um ein Modell übersichtlich zu gestalten. Sie werden benutzt, um auf bereits vereinbarte UOB-Knoten zu verweisen und vereinfachen damit die Wiederverwendbarkeit von Modellbestandteilen. Es gibt zwei Arten von Verweisen: Call and Wait und Call and Continue. Ihre Syntax ist in Abbildung 6.3.-20 dargestellt. Der Typ eines Verweises ist entweder UOB, SCENARIO, TS oder GOTO. Ein UOB-Verweis zeigt auf einen bereits definierten UOB-Knoten. Ein SCENARIO-Verweis zeigt auf ein bereits definiertes Modell. Ein TS-Verweis zeigt auf ein Objektzustandsmodell, das später noch erläutert wird. Ein GOTO verweist auf ein UOB-Knoten oder ein Prozessdiagramm. Der Locator gibt die Adresse des Verweises an.

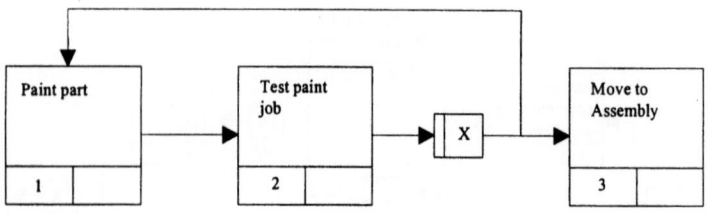

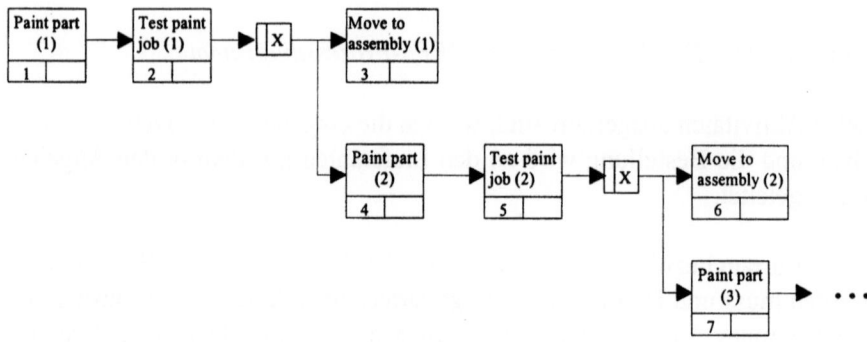

Abb. 6.3.-19: *Darstellung von Schleifen*

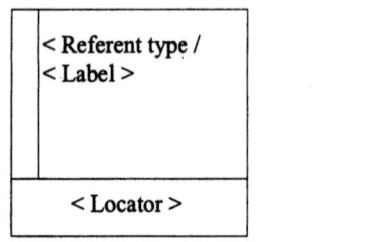

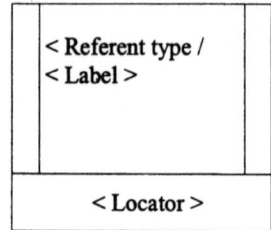

Call-and-Continue-Verweis   Call-and-Wait-Verweis

Abb. 6.3.-20: *Syntax von Verweisen*

Ein Call-and-Wait-Verweis bedeutet, dass die Ausführung des Teils des Modells, in dem sich der Verweis befindet, solange gestoppt wird, bis der Teil eines Modells ausgeführt worden ist, auf den verwiesen wird. Im Gegensatz dazu wird ein Call-and-Continue-Verweis dahingehend interpretiert, dass das aufgerufene Modell und das Modell mit dem Verweis parallel ausgeführt werden. Üblicherweise wird in IDEF3 ein GOTO-Verweis dazu benutzt, um Schleifen kompakt abzubilden. Beispielsweise könnte der

Prozess, der in Abbildung 6.3.-19 dargestellt wurde, auch mit der Darstellung aus Abbildung 6.3.-21 repräsentiert werden.

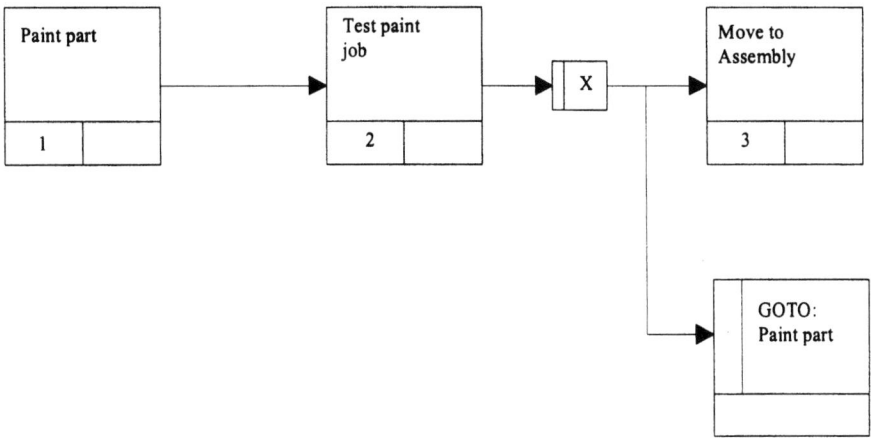

Abb. 6.3.-21: *Darstellung einer Schleife mit einem GOTO*

Die Dekomposition eines UOB-Knoten in einem Modell bedeutet die Erzeugung eines neuen IDEF3-Prozessdiagramms, das den UOB-Knoten genauer beschreibt. In einem IDEF3-Modell ist jedes Prozessdiagramm entweder die Dekomposition eines UOB-Knotens, oder es ist ein Top-Level-Prozessdiagramm. Die Dekomposition eines UOB-Knotens wird dadurch angezeigt, dass der dekomponierte Knoten schattiert dargestellt wird. Ein Beispiel ist in Abbildung 6.3.-22 gegeben.

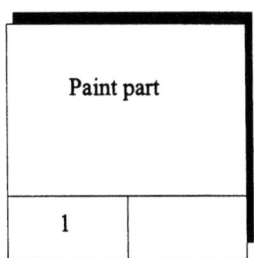

Abb. 6.3.-22: *Beispiel-Syntax für eine Dekomposition*

Anfänglich waren Prozessdiagramme der einzige Teil der IDEF3-Sprache. Bald wurde jedoch deutlich, dass auch Objekte mit ihren jeweiligen Zuständen abgebildet werden sollten, d.h. man wollte die Ausführung eines Prozesses durch Objekte und ihre Zustandswechsel repräsentieren. Dies führte zur Aufnahme von Zustandsübergangsdiagrammen in die IDEF3-Sprache.

Die Notation der Zustandsübergangsdiagramme ist in Abbildung 6.3.-23 dargestellt. Der Knoten, der einen Zustand repräsentiert, enthält den Namen des Zustands. Zusätzlich kann der Name des Objekts angegeben werden (optional), das sich in diesem Zustand befindet.

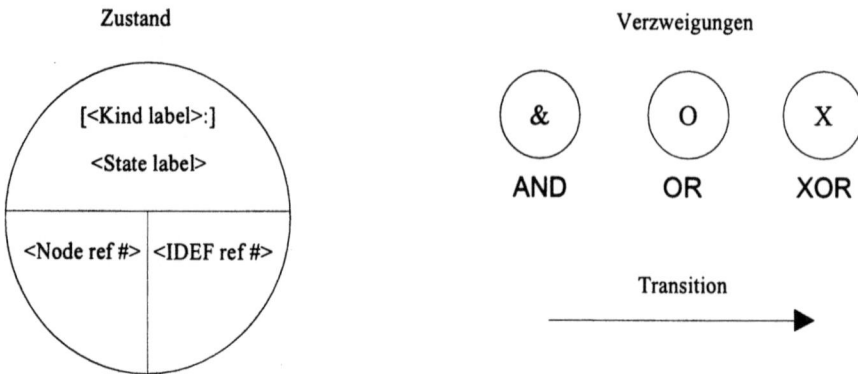

Abb. 6.3.-23: *Syntax von IDEF3-Zustandsübergangsdiagrammen*

Beispielsweise könnte ein Zustand den Namen 'heiß' haben. Falls sich 'heiß' auf die Klasse Wasser bezieht, könnte der erweiterte Name 'Wasser:heiß' zur Charakterisierung benutzt werden. Im unteren Teil des Knotens werden wieder die Knotennummer und die IDEF-Referenznummer eingetragen. Beide Markierungen lassen sich genauso wie die bei den Prozessdiagrammen interpretieren. Ein Pfeil repräsentiert jetzt eine Transition, d.h. den Übergang von einem Zustand zu einem anderen Zustand. Wie in Abbildung 6.3.-24 dargestellt, ist K1 ein optionaler Klassen-Name und S1 und S2 sind Namen für Zustände. Der Pfeil bedeutet, dass der Zustand K1:S1 in den Zustand K1:S2 übergeht.

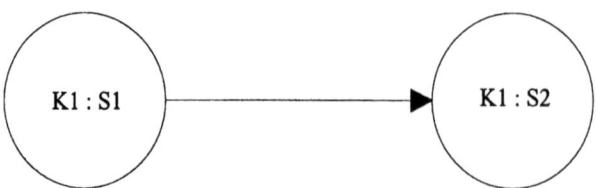

Abb. 6.3.-24: *Zustandsübergang*

Ein Zustandsübergangsdiagramm lässt sich wie folgt beschreiben. Es gibt ein Objekt X, das sich im Zustand S1 befindet. Nach dem Zustandsübergang gibt es ein Objekt Y, das sich im Zustand S2 befindet. Für jede Ausprägung eines Zustandsübergangsdiagramms ist es erforderlich, dass X sich im Zustand S1 befindet, bevor Y sich im Zustand S2 befinden kann. Es ist erlaubt, wenn auch nicht unbedingt typisch, dass X≠Y. Ebenso ist es erlaubt, dass X im Zustand S1 bleibt, nachdem Y in den Zustand S2 überführt worden ist.

Die Pfeile in einem Zustandsübergangsdiagramm sind etwas anders zu interpretieren als die Vorrangbeziehungen in den Prozessdiagrammen. Eine Vorrangbeziehung in einem Prozessdiagramm bedeutet, dass eine UOB A unbedingt beendet sein muss, bevor eine UOB B beginnt. Eine Zustandsübergangsbeziehung bedeutet dagegen, dass ein Objekt in einem Zustand sein muss, bevor ein anderes oder das gleiche Objekt in einen neuen Zustand überführt werden können. Hierbei ist der Bezug der Beginnzeitpunkt des Zustands und nicht der Endzeitpunkt. Die Vorrangbeziehung in Zustandsübergangsdiagrammen ist somit zeitlich schwächer als die in Prozessdiagrammen.

Da sich UOB-Knoten auf mehrere verschiedene Objekte, die sich in verschiedenen Zuständen befinden können, beziehen und da sich auch Zustandsübergänge in UOB-Knoten ereignen, ist es sinnvoll, diese Informationen in Zustandsübergangsdiagrammen abzubilden. Die einfachste Art ist die Repräsentation durch UOB-Verweise, mit denen die Pfeile eines Zustandsübergangsdiagramms markiert werden. Diese Art der Repräsentation ist in Abbildung 6.3.-25 dargestellt.

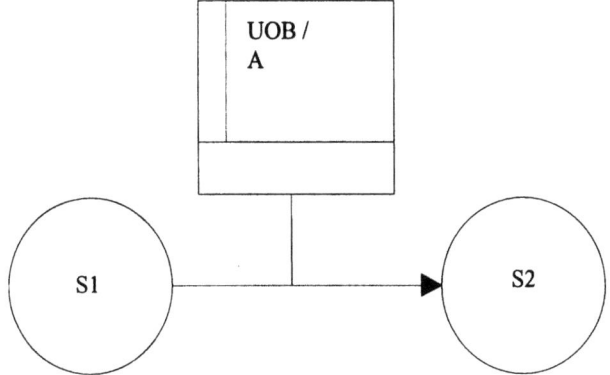

Abb. 6.3.-25: *Anwendung eines UOB-Verweises*

Abbildung 6.3.-25 besagt, dass es ein Objekt X im Zustand S1 vor oder zum Start einer UOB A gibt und ein Objekt Y im Zustand S2 nach dem Start der UOB A. Stärkere Bedingungen wie beispielsweise 'X=Y' oder 'X und Y treten in A auf' oder 'X ist in S1 beim Start von A und Y ist in S2 beim Ende' können bei Bedarf vereinbart werden.

Zustandsübergängen können weitere Verweise hinzugefügt werden, um mehr Informationen über den entsprechenden Prozess auszudrücken. Die Zuordnung von UOB-Verweisen zu den Pfeilen drückt das zeitliche Verhalten der entsprechenden UOBs aus. Beispielsweise gibt das Diagramm in Abbildung 6.3.-26 an, dass ein Zustandsübergang auftritt, der das parallele Auftreten der beiden UOBs A und B, die zum gleichen Zeitpunkt beginnen, beinhaltet; eine dritte UOB C beginnt nach A und B. Da der B-Verweis vom Typ Call and Wait ist, muss UOB B beendet sein, bevor UOB C beginnen kann.

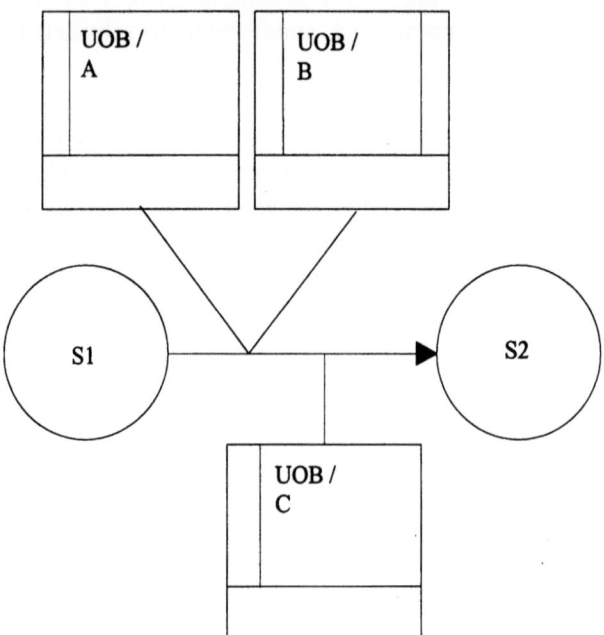

Abb. 6.3.-26: *Darstellung mehrerer UOB-Verweise*

Das Objekt X ist im Zustandsübergangsdiagramm von Abbildung 6.3.-26 in Zustand S1 zum Start von A und B, und es ist in S2 am Ende von C. Diese Art der Semantik lässt sich analog auf andere Fälle mit Mehrfachverweisen erweitern.

Falls die zeitliche Reihenfolge des Auftretens der UOBs bei einem Zustandsübergang nicht bekannt ist, wird dies durch einen kleinen Kreis (Anker) dargestellt. Ein solches Beispiel ist in Abbildung 6.3.-27 gegeben.

6.3 Objekt- und prozessorientierte Methoden   201

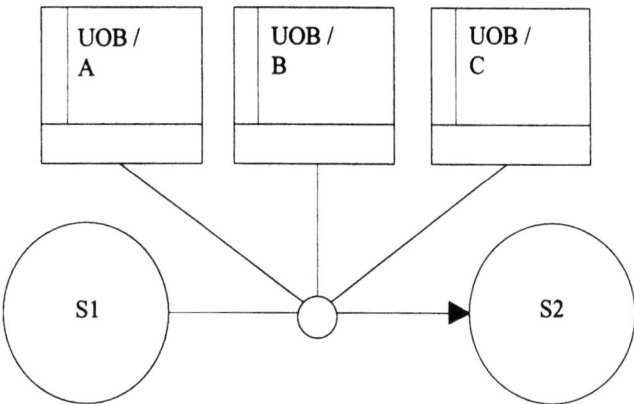

Abb. 6.3.-27: *Zeitlich unbestimmtes Auftreten von UOBs*

Das Beispiel eines Zustandsübergangsdiagramms ist in Abbildung 6.3.-28 dargestellt. Das Diagramm repräsentiert ein Projekt, das von einem Anfangszustand aus startet, in den Zustand des ersten Meilensteins übergeht und darauf in den Zustand des zweiten Meilensteins. Auf diesem Weg werden die UOBs ausgeführt, mit denen die Zustandsübergangspfeile markiert sind.

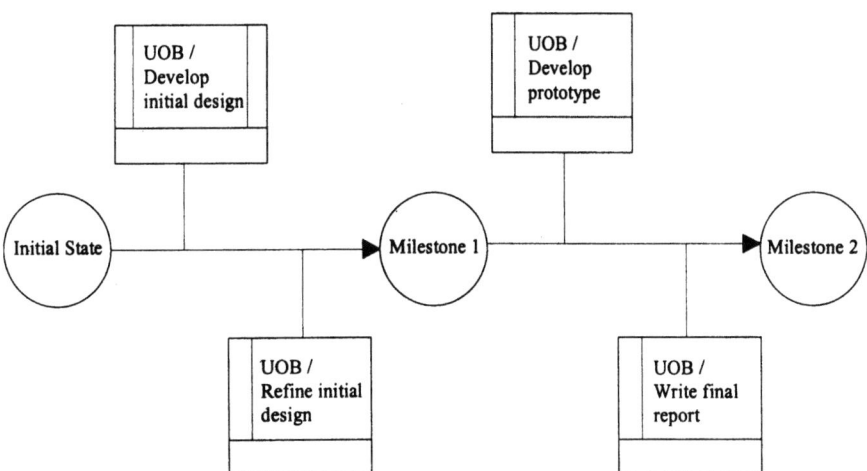

Abb. 6.3.-28: *Beispiel eines Zustandsübergangsdiagramms*

Verzweigungen bei Zustandsübergängen erlauben die Darstellung von parallelen und alternativen Pfaden. Solche Verzweigungen können in den drei in Abbildung 6.3.-29 dargestellten Arten auftreten.

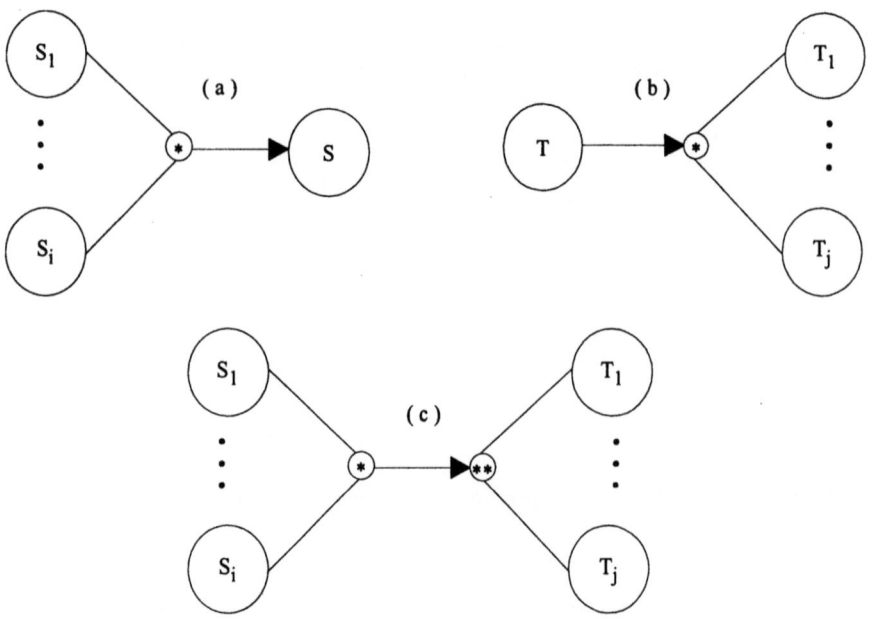

Abb. 6.3.-29: *Verzweigungen bei Zustandsübergängen*

Die Semantik der Verzweigungen bei Zustandsübergängen ist ähnlich denen bei Prozessdiagrammen. Falls der Platzhalter '*' ein '&' im Diagramm (a) ist, so bedeutet dies einen Zustandsübergang, in dem die Objekte X_1 bis X_i in den Zuständen S_1 bis S_i sind und ein Übergang zu einem Objekt W stattfindet, das sich im Zustand S befindet. Falls der Platzhalter '*' ein 'X' ist im Diagramm (b), dann bedeutet dies, dass ein Übergang von einem Objekt V, das sich im Zustand T befindet, zu einem Objekt W in genau einem der Zustände T_1, ..., T_j mündet. Die Darstellung unter (c) erlaubt es, noch komplexere Übergänge darzustellen. Ist beispielsweise '*' ein 'O' und '**' ein '&', dann repräsentiert das Diagramm einen Zustandsübergang, bei dem eines oder auch mehrere der Objekte X_1, ..., X_i, die sich in den Zuständen S_1, ..., S_i befinden, zu den Objekten W_1, ..., W_j, die sich in den Zuständen T_1, ..., T_j befinden, übergehen.

Literatur

Bal91   Balzert, H., Ein Überblick über die Methoden- und Werkzeuglandschaft, in Balzert, H. (Hrsg.), *CASE Systeme und Werkzeuge*, Mannheim, 1991, 27-100

BBB91   Baldi, S., Bicher, A., Braun, W., Haggenmüller, R., Knuth, R., Neeß, I., Schmidt, G., Schoberth, A., CONNEX: Eine Fallstudie zur Modellierung eingebetteter wissensbasierter Systeme, *Arbeitsbericht EMSC*, 1991

BBHS91   Baldi, S., Bicher, A., Haggenmüller, R., Schmidt, G., Comparison of principles, methods and techniques for modelling conventional systems and knowledge based systems, *Arbeitsbericht EBS*, 1991

BEPSW96   Blazewicz, J., Ecker, K., Pesch, E., Schmidt, G., Weglarz, J., *Scheduling Computer and Manufacturing Processes*, Springer, 1996

BMS98   Bernus, P., Mertins, K., Schmidt, G., *Handbook on Architectures on Information Systems*, Berlin, 1998

CKO92   Curtis, B., Kellner, M.I., Over, J., Process modeling, *Communications of the ACM* 35(9), 1992, 75-90

CY91   Coad, P., Yourdon, E., *Object-Oriented Analysis*, Englewood Cliffs, 1991

DeM78   DeMarco, T., *Structured Analysis and System Specification*, New York, 1978

EGS97   Ecker, K., Gupta, J., Schmidt, G., A framework for decision support systems for scheduling problems, *European Journal of Operational Research* 101, 1997, 452-462

ES93   Ecker, K., Schmidt, G., Conflict resolution algorithms for scheduling problems, in: K. Ecker, R. Hirschberg (eds.), *Lessach Workshop on Parallel Processing*, Report No. 93/5, TU Clausthal, 1993, 81-90

FK92   Fichman, R.G., Kemerer, C.F., Object-oriented and conventional analysis and design methodologies, *IEEE Computer*, 1992, 22-39

Gai88   Gaines, B., Knowledge acquisition systems for rapid prototyping of expert systems, *Infor* 26, 1988, 256-285

Gru93 Gruber, T., A translation approach to portable ontologies, *Knowledge Acquisition* 2, 1993, 199-220

Hal98 Halpin, T., ORM/NIAM Object-role modeling, in: [BMS98], 81-102

HP88 Hatley, D.J., Pirbhai, I.A., *Strategies for Real-Time System Specification*, New York, 1988

Kel55 Kelly, G., *The Psychology of Personal Constructs*, New York, 1955

Loy90 Loy, P.H., A comparison of object-oriented and structured development methodologies, *ACMSIGSoft Software Eng. Notes* 15(1), 1990, 44-48

MM98 Menzel, C., Mayer, R.J., The IDEF family of languages, in: [BMS98], 209-242

MP92 Monarchi, D., Puhr, G., A research typology for object-oriented analysis and design, *Communications of the ACM* 35 (9), 1992, 35-47

Ner92 Nerson, J.-M., Applying object-oriented analysis and design, *Communications of the ACM* 35 (9), 1992, 63-74

Paw91 Pawlak, Z., *Rough Sets*, Dordrecht, 1991

PT96 Pesch, E., Tetzlaff, U., Constraint propagation based scheduling of job shops, *Informs Journal on Computing* 8(2), 1996, 144-156

Qui79 Quinlan, J.R., Discovering rules by induction from large collections of examples, in Michie,D. (ed.), *Introductory Readings in Expert Systems*, London, 1979, 33-46

RB87 Ramey, T., Brown, R., Entity, Link, Key Attribute semantic information modeling: the ELKA method, *ms Hughes Aircraft*, 1987.

RBPEL91 Rumbaugh, J., Blaha, M., Premerlani, W., Eddy, F., Lorenson, W., *Object-Oriented Modeling and Design*, Englewood Cliffs, 1991

RK91 Rich, E., Knight, K., *Artificial Intelligence*, New York, 1991

Ros77 Ross, D. T., Structured analysis: a language for communicating ideas, *IEEE Trans. Softw. Eng.* 3(1), 1977, 16-34

Sch89 Schmidt, G., Constraint satisfaction problems in project scheduling, in: [SW89], 135-150

Sch96 Schmidt, G., Scheduling models for workflow management, in: B. Scholz-Reiter, E. Stickel (eds.), *Business Process Modelling*, Springer, 1996, 67-80

Sch96a Schmidt, G., Modelling production scheduling systems, *Int. Journal of Production Economics* 46-47, 1996, 109-118

Sch97 Schmidt, G., *Prozessmanagement - Modelle und Methoden*, Springer, Berlin, 1997

Slo92 Slowinski, R., *Intelligent Decision Support*, Dordrecht, 1992

SW89 Slowinski, R., Weglarz, J., (eds.), *Recent Advances in Project Scheduling*, Elsevier, Amsterdam, 1989

SWB93 Schreiber, G., Wielinga, B., Breuker, J. (eds.), *KADS - A Principled Approach to Knowledge-Based System Development*, San Diego, 1993

WBJ90 Wilfs-Brock, J.R., Johnson, R.E., Surveying current research in object-oriented design, *Communications of the ACM* 33(9), 1990, 104-124

WBWW90 Wilfs-Brock, R.J., Wilkerson, B., Wiener, L., *Designing Object-Oriented Software*, Englewood Cliffs, 1990

Wed90 Wedekind, H., Objektorientierung und Vererbung, *Informationstechnik* 2, 1990

WM85 Ward, P.T., Mellor, S.J., *Structured Development of Real Time Systems*, Vol. 1-2, Englewood Cliffs, 1985

WM86 Ward, P.T., Mellor, S.J., *Structured Development of Real Time Systems*, Vol. 3, Englewood Cliffs, 1986

WZ91 Weber, R., Zimmermann, H.J., Automatische Akquisition von unscharfen Expertenwissen, *Künstliche Intelligenz* 2, 1991, 20-26

YC79 Yourdon, E., Constantine, L.L., *Structured Design: Fundamentals of a Discipline of Computer Program and Systems Design*, Englewood Cliffs, 1979

Zad65 Zadeh, L.A., Fuzzy sets, *Inform. Control* 8, 1965, 338-353

Zim91 Zimmermann, H.J., *Fuzzy Set Theory and its Applications*, Boston, 1991

7 Praktische Probleme der Systementwicklung

Nachdem in den vorangegangenen Kapiteln der Schwerpunkt auf der Modellierung von IuK-Systemen lag, sollen jetzt praktische Probleme bei der Vorbereitung und Durchführung der Anwendungsentwicklung im Vordergrund stehen. Zunächst bedarf es im Rahmen der Durchführbarkeitsstudie einer Aufwandsabschätzung für die Entwicklung von IuK-Systemen und einer Wirtschaftlichkeitsanalyse für ihren Einsatz. Diese Fragen werden in Abschnitt 7.1 behandelt. Zur Beschreibung der Realisierung der Anwendungsentwicklung soll beispielhaft auf drei Ausprägungen von IuK-Systemen eingegangen werden; dieses sind konventionelle Systeme in Abschnitt 7.2.1, Expertensysteme in Abschnitt 7.2.2 und Decision-Support-Systeme in Abschnitt 7.2.3. Den Abschluss dieses Kapitels bildet eine kurze Beschreibung der Entwicklung der am Anfang des Buches vorgestellten Anwendungssysteme zum Electronic Commerce und zur Anlageberatung in Abschnitt 7.2.4.

7.1 Aufwand und Wirtschaftlichkeit

Noch bevor mit der Systementwicklung begonnen wird, sind Entwicklung und Einsatz von IuK-Systemen aus wirtschaftlicher Sicht zu rechtfertigen. Zu diesem Zweck lassen sich Verfahren der Wirtschaftlichkeitsanalyse einsetzen, die auf *Kosten-* und *Nutzenschätzungen* basieren. Dabei unterscheidet man zwischen *quantifizierbaren* und *nicht-quantifizierbaren* Faktoren. Bei den quantifizierbaren Personal- und Sachkosten unterscheidet man beispielsweise Planungskosten, Anschaffungs- und Entwicklungskosten, Kosten der Einführung sowie Wartungs-, Pflege- und Betriebskosten. Nichtquantifizierbare Kosten beziehen sich auf die Möglichkeiten zunehmender Abhängigkeit vom System, geringer Benutzerakzeptanz, eintretender Systemfehler, geringer Flexibilität, Dequalifizierung der Mitarbeiter etc.

Besondere Bedeutung für die Wirtschaftlichkeitsanalyse haben *Investitionsrechenverfahren* [Kru93]. Diese bauen auf monetär quantifizierbaren Kosten- und Nutzenwerten auf. Beispiele solcher Verfahren sind Kostenvergleichs- bzw. Amortisationsrechnung und Kosten-Nutzen-Analyse. Im Folgenden soll ein *Kostenvergleich* beispielhaft vorgestellt werden.

Beispiel 7.1.-1: Für ein altes IuK-System soll eine Ersatzinvestition in Form einer Client-Server-Lösung vorgenommen und mit Hilfe einer Kostenvergleichs- bzw. Amortisationsrechnung analysiert werden. Die geplante Nutzungsdauer beträgt vier Jahre. Kosten sind in tausend Geldeinheiten (TGE) angegeben.

	ALTES SYSTEM	NEUES SYSTEM
Betriebskosten/Jahr	140 TGE	90 TGE
Wartungskosten/Jahr	20 TGE	30 TGE
Summe laufende Kosten	160 TGE	120 TGE
Entwicklungskosten		90 TGE
Kosteneinsparung	4(160-120) - 90 = 70 TGE	
Amortisationsdauer	90/(160-120) = 2,25 Jahre	

Der Kostenvergleich kann auch unter Berücksichtigung von Verzinsung dynamisiert werden. Als Nachteil bleibt jedoch bestehen, dass der Nutzen nicht berücksichtigt wird. Auch beim Nutzen wird zwischen quantifizierbarem und nicht-quantifizierbarem unterschieden. Quantifizierbarer Nutzen bezieht sich beispielsweise auf direkte Einsparungen, vermeidbare Kosten, Erhöhung der Einnahmen; schwer- bzw. nicht-quantifizierbarer Nutzen umfasst Zeiteinsparungen, bessere Informationsversorgung, besseren Service, höhere Qualität, Imagesteigerung etc. Quantifizierbarer Nutzen wird im Rahmen von entsprechenden Investitionsrechenverfahren berücksichtigt.

Ist die quantitative Angabe von Kosten- und Nutzenwerten nicht möglich, lassen sich *Nutzwertanalyse* und *Multifaktorenrechnung* einsetzen. Im Folgenden sind die Schritte der Nutzwertanalyse dargestellt:
(1) Relevante Kriterien werden gewichtet und in ihrer Summe normiert (100%).
(2) Gegenüberstellung der Alternativen.
(3) Kardinale Bewertung jeder Alternative und Multiplikation mit den Gewichten aus (1).
(4) Nutzwert einer Alternative entspricht der Summe aus (3).
(5) Auswahl der Alternative mit dem größten Nutzwert.

Beispiel 7.1.-2: Für den Kauf eines IuK-Systems soll eine Nutzwertanalyse durchgeführt werden.

7.1 Aufwand und Wirtschaftlichkeit

(1) Gewichtung und Normierung

	KRITERIEN	GEWICHT
(a)	Kaufpreis der Hardware	30
(b)	Kaufpreis der Software	20
(c)	Erweiterungsfähigkeit	10
(d)	Regelmäßige Software-Pflege	25
(e)	Servicebereitschaft	10
(f)	Referenzinstallationen	5

(2) Gegenüberstellung der Alternativen. Zur Auswahl stehen die IuK-Systeme A, B und C.

	A	B	C
(a)	90 TGE	80 TGE	60 TGE
(b)	12 TGE	15 TGE	20 TGE
(c)	gut	beschränkt	keine
(d)	demnächst	ja	vielleicht
(e)	nahe	am Ort	weit entfernt
(f)	15	3	6

(3) Bewertung der Alternativen

	GEWICHT	BEWERTUNGSFAKTOREN		
		A	B	C
(a)	30	1	3	5
(b)	20	5	4	2
(c)	10	5	3	1
(d)	25	2	5	1
(e)	10	2	5	1
(f)	5	5	2	4
NUTZWERT		275	385	255

Direkt nach Einführung des IuK-Systems erfolgt eine *Nachkalkulation* zur exakten Bestimmung der Entwicklungs-, Einführungs-, Betriebs-, Wartungs- und Pflegekosten sowie des eingetretenen Nutzens.

Um Entwicklungskosten ex ante bestimmen zu können, bedarf es einer *Aufwandsschätzung* [NK86, CDS86]. Generelle Einflussfaktoren für den Aufwand sind die *Quantität*, die *Qualität* und die *Schwierigkeit* der Entwicklung des IuK-Systems. Im Detail lassen sich beispielsweise die folgenden Einflussfaktoren unterscheiden:
- Neuentwicklungs- oder Wartungsprojekt,
- Routineaufgabe oder Innovation,
- Individual- oder Standardsystem,

- Anzahl und Art der fachlichen Funktionen,
- Anzahl und Art der Schnittstellen,
- Anzahl der übernommenen bzw. angepassten Module,
- Anzahl und Schwierigkeitsgrad der neuen Module,
- Umfang der Dokumentation,
- Entwicklungsumgebung (Rechner, Betriebssystem, Tools, Programmiersprache),
- Anzahl und Umfang der Dateien,
- Anzahl und Umfang der Bildschirmmasken,
- geplante Projektdauer,
- Zeitdauer der einzelnen Projektphasen,
- Anzahl und Erfahrung der Projektmitarbeiter,
- Abhängigkeit von Fremdleistungen,
- etc.

Eine einfache Methode zur Aufwandsschätzung ist das *Prozentsatzverfahren*. Dieses basiert auf der Annahme, dass sich aus dem Aufwand einer Phase des Lebenszyklus der gesamte Entwicklungsaufwand ableiten lässt. Eine andere einfache, häufig in der Praxis eingesetzte Methode, ist das *Analogieverfahren*. Dabei wird Erfahrungswissen über die subjektive Ähnlichkeit mit bereits abgeschlossenen Projekten benutzt. Angleichungen von Unterschieden erfolgen über vorgegebene Parameter.

Ebenfalls auf Vergangenheitswerten basiert die *Multiplikatormethode*. Sie arbeitet detaillierter als das Analogieverfahren und benutzt Kennzahlen abgeschlossener Projekte zur Aufwandsschätzung. Sind beispielsweise der durchschnittliche Aufwand pro Modul in Abhängigkeit der Anzahl der Programmzeilen aus der Vergangenheit bekannt und lässt sich die Anzahl Module und Programmzeilen für das zu entwickelnde IuK-System schätzen, so lässt sich der entsprechende Aufwand mit der Multiplikatormethode bestimmen [Wol74].

Bei *Faktorenmethoden* wird versucht, Einflussfaktoren zu bestimmen, mit deren Hilfe der Aufwand über eine Gleichung geschätzt werden kann. Eine solche Methode ist das *Function-Point-Verfahren*. Es geht von der Annahme aus, dass die wesentlichen Einflussfaktoren für den Entwicklungsaufwand der *Funktionsumfang* des IuK-Systems, der *Schwierigkeitsgrad* und die *Entwicklungsumgebung* sind [IBM85].
(1) Zunächst wird der Schwierigkeitsgrad in Abhängigkeit vom Funktionsumfang bestimmt. Dazu werden die Funktionen nach Arten eingeteilt. Für jede Funktion werden Attribute definiert, nach denen der Funktionsumfang und darauf aufbauend der Schwierigkeitsgrad ordinal beur-

teilt werden können. Der aggregierte ordinale Schwierigkeitsgrad wird dann mit Punkten bewertet. Als Ergebnis erhält man Function Points.
(2) Externe Einflüsse auf die Entwicklung werden durch sieben Faktoren repräsentiert. Für jeden ist ein Gewichtungsintervall vorgegeben, aus dem ein Wert gezogen wird, mit dem die Function Points bewertet werden.
(3) Diese Ergebnisse werden zusammen mit der Kennzeichnung der Entwicklungsumgebung einer empirisch aus Vergangenheitswerten ermittelten Aufwand-Function-Point-Funktion gegenübergestellt.

Beispiel 7.1.-3: Es soll der Entwicklungsaufwand eines IuK-Systems mit Hilfe des Function-Point-Verfahrens geschätzt werden. Es werden fünf verschiedene Funktionen unterschieden, deren individuelle Schwierigkeit durch eine Skala von 3 bis 15 Punkten bewertet werden kann. Für die Funktion "Eingabe" ergeben sich die folgenden Anforderungen und möglichen Schwierigkeitsgrade.

```
FUNKTIONSART: Eingabe
                              SCHWIERIGKEITSGRAD
EINZELANFORDERUNGEN           gering    mittel    hoch

Anzahl Datenelemente          wenige    mehrere   viele
Anzahl Datenklassen           wenige    mehrere   viele
Ansprüche an Masken           gering    mittel    hoch
Konsistenzprüfung             einfach   mittel    schwer

FUNCTION POINTS                  3        4         6
```

Auf Grund der vorliegenden Ausprägungen ergibt sich für die Funktion "Eingabe" ein Punktwert von 3. Auf ähnliche Art und Weise werden die Schwierigkeitsgrade der restlichen vier Funktionen bestimmt. Damit ergibt sich 32 als Summe der Function Points (FP).

```
FUNKTIONSART                  SCHWIERIGKEITSGRAD
                              gering    mittel    hoch

Eingabe                          3        4         6
Ausgabe                          4        5         7
Auftragsverfolgung               7       10        15
Reservierungen                   5        7        10
Abfragen                         3        4         6
```

Externe Einflussfaktoren (EF) basieren auf:

```
(1) Schnittstellen zu anderen Programmen (0-5)      3
(2) Dezentrale Verarbeitung und Datenhaltung (0-5)  4
(3) Antwortzeitverhalten (0-5)                      5
```

```
(4) Verarbeitungskomplexität (0-5)           4
(5) Wiederverwendbarkeit (0-5)               5
(6) Datenbestandsanpassungen (0-5)           4
(7) Benutzer- und Änderungsfreundlichkeit (0-5)  5

mit 0: kein Einfluss, 5: starker Einfluss
```

Damit ergeben sich als Summe der externen Einflussfaktoren ein Bewertungsfaktor (EF) von 30 und eine Function-Point-Zahl FPZ = FP(0,7+EF/100) = 32(0,7+0,3) = 32. Für das Beispiel wollen wir annehmen, dass ein Vergleich dieser FPZ mit einer vorliegenden Erfahrungskurve einen Aufwand von ca. 331 Personenmonaten ergibt.

Ein weiteres Faktorenverfahren ist das *Constructive Cost Model* (Cocomo) von Boehm [Boe81]. Die Basisversion beruht auf einer einfachen Schätzgleichung, bei der die geschätzten Programmzeilen zur Aufwandsschätzung für Ressourcen (Personenmonate) und Zeit (Monate) herangezogen werden. Ein ähnliches Verfahren, das auf einer Schätzgleichung beruht, ist das von Putnam, bei dem Anzahl der Programmzeilen über eine Technologiekonstante c zum Aufwand in Personen- und Zeitmonaten in Beziehung gesetzt werden.

Beispiel 7.1.-4: Vorschläge für Schätzgleichungen für die Verfahren von Boehm und von Putnam sind:

$PM = 2,4(PZ)^{1,05}$ \qquad (Cocomo)
$ZM = 2,5(PM)^{0,38}$

$PZ = c\, 12(PM)^{1/3}\, 12(ZM)^{4/3}$ \qquad (Putnam)

PM Entwicklungsdauer in Personenmonaten
ZM Entwicklungsdauer in Zeitmonaten
PZ Anzahl Programmzeilen in Tausend

7.2 Entwicklung von Anwendungssystemen

In diesem Abschnitt sollen beispielhaft praktische Aspekte der Entwicklung von konventionellen Anwendungssystemen, Expertensystemen und Decision-Support-Systemen untersucht werden. Von konventionellen Anwendungssystemen soll gesprochen werden, wenn für den Anwender klar ist, mit welchem Modell sich das Problem beschreiben lässt, und es ebenso klar ist, auf welche Art und Weise das Problem gelöst werden soll.

Ein Expertensystem ist zu entwickeln, wenn für ein spezielles Problem verschiedene Modelle zur Beschreibung und auch verschiedene Methoden zur Lösung denkbar sind, jedoch nur eine Sichtweise abgebildet werden soll. Von der Entwicklung eines Decision-Support-Systems soll gesprochen werden, wenn verschiedene Modelle und Methoden zur Beschreibung und Lösung des Problems herangezogen werden können und es dem Anwender überlassen bleibt, auf welche Art und Weise das Problem bearbeitet werden soll. Zunächst soll auf die Entwicklung konventioneller Anwendungssysteme eingegangen werden. Dann folgen Betrachtungen zu Expertensystemen und Decision-Support-Systemen. Abschließend wird auf die Entwicklung der Systeme No3rd und BOA eingegangen, die schon am Anfang dieses Buches vorgestellt wurden.

7.2.1 Konventionelle Anwendungssysteme

Die Praxis zeigt, dass viele Unternehmen mit der Entwicklung und dem Einsatz ihrer IuK-Systeme unzufrieden sind. Existierende Programme entsprechen häufig nicht den Anforderungen der Benutzer (Funktionsdefizit), die Dokumentation ist mangelhaft bzw. nicht existent (Dokumentationsdefizit) und der Instandhaltungsaufwand ist hoch (Qualitätsdefizit). Die Notwendigkeit einer frühzeitigen Vermeidung solcher Defizite ist in Abbildung 7.2.-1 dargestellt. Dabei sind der Einfluss des Anwenders auf den Entwicklungsprozess und die Kosten der Mängelbeseitigung gegenübergestellt.

Hilfestellung bei der Software-Entwicklung will *Computer Aided Software Engineering* (CASE) leisten. Mit Hilfe von CASE sollen die die Anwendungsentwicklung bzw. Modellierung unterstützenden Methoden und Techniken als computergestützte Werkzeuge bzw. Werkzeugkästen nutzbar gemacht werden [Bal91]. CASE ist das Ergebnis der historischen Entwicklung des Software Engineering. Ende der sechziger bis Mitte der siebziger Jahre lag der Schwerpunkt auf der Ableitung von Prinzipien für die Modellierung. Anfang bis Mitte der siebziger Jahre entwickelte man darauf aufbauend entsprechende Werkzeuge, basierend auf textuellen und graphischen Techniken und Methoden, die jedoch noch nicht den gesamten Systemlebenszyklus unterstützten. Erst mit Beginn der achtziger Jahre sind phasenübergreifende Entwicklungswerkzeuge verfügbar. Diese lassen sich klassifizieren als sprachorientiert (auf bestimmte Programmiersprachen zugeschnitten), methodenorientiert (auf bestimmten Methoden basierend), systemorientiert (auf Rechner bzw. Betriebssysteme bezogen) und aufgabenorientiert (bezogen auf die Unterstützung einzelner Phasen).

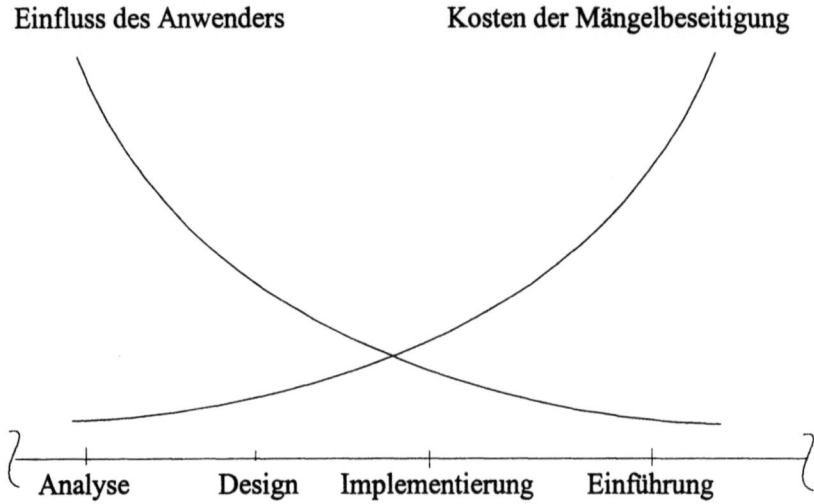

Abb. 7.2.-1: *Bedeutung einer frühzeitigen Mängelbeseitigung*

Ziel des CASE-Einsatzes ist es, eine weitgehende Automatisierung und Integration der im Rahmen des Lebenszyklus von IuK-Systemen anfallenden Aktivitäten, insbesondere der Modellierung, zu erreichen und die Distanz zwischen Problembeschreibung und Implementierung der Problemlösung zu verringern bzw. die Modellübergänge zu automatisieren.

Dabei lassen sich drei Phasenschwerpunkte unterscheiden. Unter Nutzung von "Upper CASE" wird die Modellierung im Rahmen der Istaufnahme und Anforderungsdefinition sowie der Analyse durchgeführt. Design wird durch "Middle CASE" und die Implementierung durch "Lower CASE" begleitet. "Upper CASE" führt zu einer größeren Problemdurchdringung; What-If-Fragen in Verbindung mit Sensitivitätsanalysen lassen sich beantworten. "Middle CASE" macht das Design leichter und unterstützt kooperative Systementwicklung und Prototyping. "Lower CASE" führt zu Zeiteinsparungen bei Implementierung, Wartung, und Pflege. "Integrated CASE" hat den Anspruch, alle Phasen des Lebenszyklus von IuK-Systemen zu unterstützen.

Als Basis für Phasen- und Anwendungsintegration dient oftmals eine Entwicklungsdatenbank, auch genannt Repository. Weitere Bestandteile eines CASE Tools sind graphische Benutzeroberfläche, Dialogsystem, Dokumentations- und Berichtssystem, Methodenbank und Programmgeneratoren. In Abbildung 7.2.-2 sind die Komponenten eines CASE Tools dargestellt.

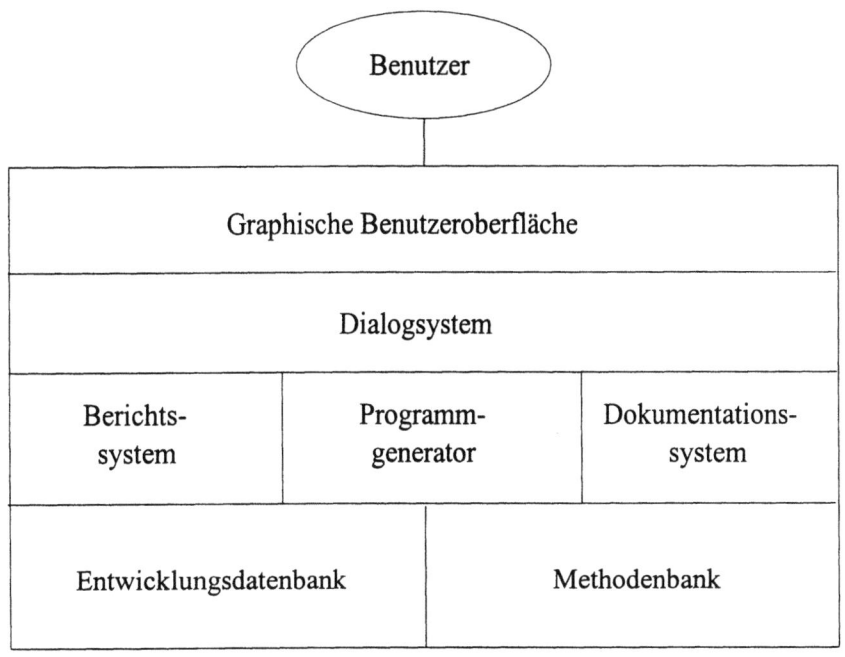

Abb. 7.2.-2: *Komponenten von CASE Tools*

Ein wesentlicher Gesichtspunkt des CASE-Einsatzes ist der Versuch einer weitestgehenden Produktivitäts- und Qualitätsverbesserung bei der Entwicklung von IuK-Systemen, einhergehend mit der Erleichterung von Wartung und Pflege auf Basis eines durchgängigen und strukturierten Modellierungsprozesses. Das Rationalisierungspotential besteht dabei in einer zielgerichteten Verknüpfung von fortgeschrittener Informationstechnik und Unternehmensorganisation. CASE soll die Basis für Qualität und Schnelligkeit, für Wartbarkeit, Wiederverwendbarkeit und Modularität sowie für Portabilität und Flexibilität bieten. Besonderen Nutzen verspricht man sich von:

- integrierter Pflege und Wartung aufbauend auf einer generischen Modellbasis (Informationsdatenbank),
- den Möglichkeiten der Programmierung im Dialog mit Anwenderbeteiligung,
- Prototyping und
- einer umfassenden Standardisierung, d.h. des Einsatzes einer einheitlichen Methodik bei allen Aktivitäten im Rahmen des Lebenszyklus von IuK-Systemen.

Bei allen Möglichkeiten, die sich mit CASE verbinden lassen, sind jedoch auch Grenzen gesetzt. Kreativität bei der Problembeschreibung und Problemlösung ist nicht formalisierbar, und somit wird der Mensch weiterhin die ausschlaggebende Rolle bei der Systementwicklung einnehmen. Damit ist es das Ziel zukünftiger CASE-Generationen, intelligente Tools auf der Basis wissensbasierter Systeme zur Schaffung von Software-Entwicklungsfabriken bereitzustellen.

CASE unterstützt nicht nur den Software-Lebenszyklus; da es selbst ein IuK-System ist, unterliegt es auch einem eigenen Lebenszyklus. Auf vorbereitende Motivations- und Schulungsschritte, über Auswahl und Anschaffung von Werkzeugen folgen Wartung, Pflege und Ausbau der installierten CASE-Umgebung. Dabei ist es zunächst wichtig, die Anwendbarkeit von CASE zu verifizieren. Die Akzeptanz des Ansatzes muss sichergestellt und zukünftige Rollen und Profile der Mitarbeiter müssen festgelegt werden. Somit erfordert CASE zunächst Informationsmanagement, bevor es dieses in der gewünschten Art und Weise auch unterstützen kann. Neben dem Projektmanagement muss zunächst eine Organisationsentwicklung betrieben werden, mit dem Ziel der Einrichtung von Software-Entwicklungsgruppen, der Erarbeitung einer IuK-System-Architektur, der Einführung von Prinzipien, Methoden und Techniken des Software Engineering und der Festlegung von Maßstäben zur Messung von Produktivität und Qualität.

Im Rahmen von *Wirtschaftlichkeitsanalysen* stößt man immer wieder auf Mess-, Bewertungs-, Zurechnungs- und Vorhersageprobleme. Dies trifft auch auf den CASE-Bereich zu. Analysen aus der Vergangenheit für die Software-Entwicklung liegen in den meisten Fällen nicht vor; Maßstäbe für Qualität und Produktivität sind schwer zu bestimmen. Eine Kostenersparnis allein aus Wartung und Pflege erscheint aber sicher. Schätzungen besagen, dass diese Phase mit Hilfe von CASE nur mit ca. 20% des Aufwands im Vergleich zum Vorgehen ohne CASE durchgeführt werden kann. Deutlich wird dieses Einsparungspotential, wenn man bedenkt, dass die Wartung zusammen mit der Weiterentwicklung oftmals mehr als 50% der gesamten Software-Kosten ausmachen.

Eine weitere Möglichkeit zur Steigerung der Effizienz der Software-Entwicklung stellen sogenannte *Fourth Generation Languages* (4GL-Sprachen) dar. Sie zielen auf die folgenden Merkmale:
- Straffung des Programmcodes durch mächtige Sprachkonstrukte,
- leichte Erlernbarkeit und Handhabung,
- Möglichkeit zur interaktiven Programmierung und interpretativen Programmausführung,
- Kopplung an Datenbanksysteme,
- integrierte Funktionen für Datenbankzugriffe, Druckbefehle, Kommunikation, Berichtsgenerierung etc.

Mit 4GL-Sprachen lässt sich eine Verkürzung des Quellcodes erreichen, die beispielsweise im Vergleich zu Cobol-Programmen einen Faktor von 4-10 erreicht. Aus diesem Grunde eignen sich 4GL-Sprachen besonders für das Prototyping. Ein Nachteil dieser Sprachen besteht in der mangelhaften Leistungsfähigkeit bei Problemen mit großen Datenvolumina oder geforderten kurzen Antwortzeiten.

7.2.2 Expertensysteme

Die Entwicklung von Expertensystemen unterscheidet sich von der Entwicklung konventioneller Anwendungssysteme [CM88, Kur92]. Lineare Phasenmodelle eignen sich schlecht zur Entwicklung von Expertensystemen; dem Prototyping kommt hier größere Bedeutung zu. Zu Beginn der Entwicklung wird mit einem ersten *Orientierungs*-Prototyp die Problembeschreibung tiefer durchdrungen und der Umgang mit dem Entwicklungswerkzeug erlernt. Über weitere Zyklen gelangt man zu einem *Neuorientierungs*-Prototyp, der für die Überarbeitung des konzeptionellen Wissensmodells und der aktuellen Implementierung benutzt wird. Am Ende der Entwicklung steht der *Stabilisierungs*-Prototyp, bei dem Mängelbeseitigung, Reimplementierung, Erweiterung der Wissensbasis und Realisierung der Benutzer- bzw. anderer Systemschnittstellen im Vordergrund stehen. Jeder Zyklus der Entwicklung wird durch einen Leitfaden konkretisiert.

Als Werkzeuge zur Entwicklung von Expertensystemen kommen neben prozeduralen Programmiersprachen besonders KI- und objektorientierte Sprachen in Frage [HMM89]. Beispiele sind Lisp, Prolog und Smalltalk sowie viele andere daraus abgeleitete Sprachversionen. Lisp (List Processing Language) [SG86] wurde von McCarthy 1958 am MIT entwickelt.

Grundlegende Datenstruktur ist die Liste, die mit Funktionen manipuliert wird. Die Sprache Lisp umfasst nicht nur den Compiler, sondern auch eine Programmentwicklungsumgebung. Dedizierte Hardware, sogenannte Lisp-Maschinen, existieren. Prolog (Programming in Logic) [Sch86] wurde von Kowalski und Roussel 1972 an der Universität Marseille entwickelt. Prolog baut auf den Konzepten der Prädikatenlogik auf und gilt als deklarative Programmiersprache, d.h. es wird nur die Beschreibung des Problems verlangt; die Problemlösung ist über einen Inferenzmechanismus "eingebaut". Smalltalk ist eine objektorientierte Sprache, die sich an bekannten Konzepten zur objektorientierten Programmierung orientiert [Hof87].

Eine weitere Gruppe von Werkzeugen sind *Wissensverarbeitungssprachen*. Mit ihnen können bestimmte Formen der Wissensrepräsentation wie Regeln, Frames oder Constraints direkt formuliert werden. Die Abarbeitungsstrategie ist entweder fest vorgegeben oder kann individuell programmiert werden. Die komfortabelsten, aber auch unflexibelsten Werkzeuge sind Expertensystem-*Shells*, bei denen nur noch die Wissensbasis gefüllt werden muss. Shells sind häufig nur für einen Problemtyp geeignet. Beispiele für Shells, die aus der Entwicklung von Expertensystemen hervorgegangen sind, sind Emycin (Empty Mycin) und MED, beide geeignet für Diagnoseprobleme [Pup88]. Shells mit Basiswissen über den Problemtyp enthalten bereits einen großen Teil der Wissensbasis, die nur noch mit Spezialwissen über die Problemausprägungen ergänzt werden muss.

Ein allgemeiner Vergleich von Werkzeugen zur Entwicklung von Expertensystemen ist immer schwierig. Wesentlich für die Eignung eines Werkzeuges ist die Anwendung. Die nachfolgende Aufstellung von Kriterien ist als ein Anhaltspunkt für eine systematische Bewertung zu verstehen:
- Mächtigkeit der Repräsentationsmechanismen,
- Leistungsfähigkeit in Bezug auf Systemgröße und Laufzeitverhalten,
- Einfachheit in Einarbeitung und Bedienung,
- Schnittstellen zu Programmiersprachen,
- Schnittstellen zu Datenbanken,
- sonstige Kriterien (Kosten, Dokumentation, Schulungsangebot, etc.).

Bei der Einführung eines Expertensystems in den betrieblichen Einsatz gibt es mehrere Möglichkeiten:
- Paralleles Betreiben zum bisherigen Vorgehen (durch den Menschen oder ein herkömmliches Programmsystem); durch die gegebene Redundanz ist einerseits ein höherer Aufwand notwendig, aber andererseits bietet sich eine gute Möglichkeit zum Testen des Systems in der Realität, ohne im Fehlerfall Schaden zu verursachen.

7.2 Entwicklung von Anwendungssystemen

- Schrittweise Einführung von Modulen des Expertensystems und gleichzeitige schrittweise Beendigung der bisherigen Vorgehensweise.
- "Big Bang", d.h. ein übergangsloses Umstellen des bisherigen Verfahrens auf das Expertensystem; dieses Vorgehen ist wegen der zu erwartenden Anlaufschwierigkeiten nur unter Vorbehalt zu empfehlen.

Wie bei konventionellen Anwendungssystemen ergibt sich ebenfalls für Expertensysteme ein nicht zu unterschätzender Wartungsaufwand. Sowohl der Zeit- als auch der Kostenaufwand betragen auch hier häufig mehr als 50% des Gesamtaufwandes. Die Wartung und Pflege von Expertensystemen ist durch die strikte Trennung von Problembeschreibung und Problemlösung im Vergleich zu konventionellen Systemen jedoch leichter vorzunehmen. Die Anforderungen an die Dokumentation eines Expertensystems sind im Wesentlichen die gleichen wie die bei konventionellen Systemen. Die gesamte Entwicklung ist durch Dokumente für die einzelnen Phasen festzuhalten. Die Dokumentation richtet sich an verschiedene Zielgruppen, auf deren Belange Rücksicht genommen werden muss. Dazu gehören der Installierer, der Anwender, das Wartungspersonal und der oder die Entwickler.

Ein wichtiger Punkt für die Akzeptanz und damit auch den Erfolg eines Expertensystems ist die Schulung und Einbeziehung der Benutzer in die Entwicklung. Folgende Richtlinien für die Gestaltung einer Benutzerschulung haben sich als sinnvoll erwiesen:
- Vermeide eine Überforderung der Benutzer; gutes Training bietet Zeit für ein schrittweises Erlernen des Systems.
- Gewinne das Vertrauen des Benutzers; ein oder mehrere der zukünftigen Benutzer sollten schon zu Anfang der Entwicklung mit einbezogen werden, damit sie sich nicht übergangen fühlen und andere Mitarbeiter motivieren können.
- Führe die Benutzer durch das System; "learning by doing" ermöglicht schnelle Fortschritte und erzeugt Vertrauen in das System.
- Bereite eine Unterweisung vor, die auch das bisherige Vorgehen berücksichtigt; neben der Schulung können dabei wertvolle Hinweise für die Verbesserung des Systems gewonnen werden.

Zentraler *Entwickler* eines Expertensystems ist der Knowledge Engineer. Zu seiner Qualifikation gehören:
- Logische und analytische Fähigkeiten,
- Bereitschaft zur Teamarbeit,
- Kommunikationsfähigkeit,
- Lernbereitschaft,

- Erfahrung in der Modellierung,
- Fähigkeit, Projektziele und -nutzen zu vermitteln und
- Erfahrungen im Projektmanagement.

Auch wenn die Entwicklung von Expertensystemen in den letzten Jahren große Fortschritte gemacht hat, weisen solche Systeme doch noch erhebliche Defizite im Vergleich zu menschlichen Experten auf. So können sie beispielsweise meist nicht abschätzen, ob ein Problem in ihren Kompetenzbereich fällt. Da der Überblick über angrenzende Bereiche fehlt und Allgemeinwissen nur sehr schwer repräsentier- und wartbar ist, können sinnvolle Ausnahmen vom Standardvorgehen oftmals nicht erkannt werden.

Die Weiterentwicklung von Expertensystemen erstreckt sich zur Zeit hauptsächlich auf die folgenden Bereiche:
- Entwicklung einer funktionalen Architektur für die generischen Problemtypen Analyse, Synthese und Simulation,
- maschinelle Unterstützung des Wissenserwerbs durch Werkzeuge,
- Modellierung von integrierten Systemen, die sowohl wissensbasierte als auch konventionelle Komponenten enthalten,
- Entwicklung integrierter Entwicklungswerkzeuge vergleichbar CASE,
- Entwicklung von Evaluationstechniken zur besseren Beurteilung von Kosten und Nutzen von Expertensystemen,
- Repräsentation von sogenanntem Tiefenwissen durch kausale Modelle,
- Abbildung von Allgemeinwissen und
- Entwicklung von konnektionistischen Modellen.

7.2.3 Decision-Support-Systeme

Die Besonderheit bei der Entwicklung von Decision-Support-Systemen besteht in der Erstellung *normativer Entscheidungsmodelle* im Rahmen der Analysephase. Dabei sind Informationsnachfrage und -angebot nicht vollständig bekannt. Viele Anforderungen entstehen erst im Laufe der Nutzung des Systems. Eine Wirtschaftlichkeitsanalyse ist somit auch ex ante nur schwer möglich. Die Entwicklung von Decision-Support-Systemen erfolgt oftmals als partizipativer Prozess mit Rückkopplungen auf der Basis des Prototyping. Beteiligt am Entwicklungsprozess sind die Anwender, der Assistent, auch Chauffeur genannt, und die Entwickler von Decision-Support-Systemen.

Die im Kapitel zur Modellierung der Problemlösung dargestellte interaktive *AKB-Vorgehensweise* auf der Basis der Schritte Analyse, Konstruktion und Bewertung lässt sich als Schablone für die Entwicklung von

Modulen von Decision-Support-Systemen benutzen. Aufgabe der Analyse ist es, ein geeignetes Lösungsmodell aufzustellen. Diese Komponente kann mit Hilfe der Modellbank realisiert werden. Aufgabe der Konstruktion ist es, einen Vorschlag für die Problemlösung zu erzeugen. Dies erfolgt im Allgemeinen mit Hilfe der Methodenbank. Bei der Evaluation kann der Entscheidungsträger auf zusätzliche Komponenten, wie beispielsweise Simulationssoftware, zurückgreifen.

Die für die Entwicklung von Decision-Support-Systemen eingesetzten Softwarewerkzeuge sind Programmiersprachen, Generatoren und sonstige Tools. Programmiersprachen eignen sich zur Entwicklung aller Komponenten, wobei der Schwerpunkt der Anwendung auf der Erstellung von Modellbank und Benutzerschnittstelle liegt. Die Implementierung der Benutzerschnittstelle lässt sich auch mit High-Level-Sprachkonstrukten für die Ein- und Ausgabe unterstützen. Für die Entwicklung der Modellbank werden auch Generatoren, wie problemorientierte Planungs- und Simulationssprachen oder Tabellenkalkulationsprogramme eingesetzt. Ergänzt werden diese Generatoren durch fertige Software-Pakete, die quantitative Methoden zur Lösung zur Verfügung stellen. Werkzeuge für den Aufbau eines Datenbestands sind Datenbankverwaltungsysteme, deklarative Retrievalsprachen und Reportgeneratoren. Grafikgeneratoren werden mit Dialogverwaltungssystemen für die Entwicklung von Benutzerschnittstellen eingesetzt.

Decision-Support-Systeme werden weiterentwickelt zu Systemen für Gruppenentscheidungsprozesse, zu Executive-Support-Systemen für strategische Entscheidungen und zu Management-Support-Systemen, die die Gesamtheit aller Entscheidungsträger in Teilbereichen unterstützen sollen.

7.2.4 Beispiele von Anwendungsentwicklungen

Abschließend sollen die zu Beginn dieses Buches vorgestellten IuK-Systeme *No3rd* für den Electronic Commerce und *BOA* für die Aktienanlageberatung aus der Sicht der Anwendungsentwicklung in aller Kürze beurteilt werden. Zunächst soll auf No3rd und dann auf BOA eingegangen werden.

Die Entwicklung des Systems *No3rd* basiert auf Istaufnahme und Anforderungsdefintion. Die Istaufnahme dokumentiert Wissen über Verkaufsprozesse. Die Anforderungsdefinition spezifiziert Eigenschaften des zu entwickelnden Systems, beispielsweise die Gewährleistung der Vertraulichkeit der Kommunikation zwischen Kunde und Anbieter oder die einfache Erweiterbarkeit des Systems. Beim Fachentwurf wird zunächst das Kommunikationsmodell entworfen, das den durch das System zu unterstützenden

Verkaufsprozess abbildet. Unter dem Grundsatz der Abstraktion wird das Modell weiter detailliert und daraus werden die einzelnen Teilsysteme von No3rd abgeleitet. Das Anmeldesystem, der Produktkatalog, die Client-Software und das Verschlüsselungsmodul werden mithilfe eines Objektmodells beschrieben. Hierbei werden Daten und Funktionen der einzelnen Teilsysteme ebenso wie die Beziehungen zwischen diesen repräsentiert. Für die Datenbank, die auf Anbieterseite Stamm- und Bewegungsdaten für Kunden und Artikel enthält, wird ein Datenmodell entwickelt.

Für den DV-Entwurf wird zunächst eine DV-Technik ausgewählt, auf die die im Fachentwurf definierten Teilsysteme übertragen werden. Hier ist dies die Client-Server-Technik. Anmeldesystem und Produktkatalog sollen auf WWW-Basis erstellt werden. Für die Entwicklung der Client-Software wird der Aufbau der einzelnen Module auf Kunden- und Anbieterseite beschrieben. Jedes Modul besitzt drei Komponenten:
- Einen Server, der eingehende Nachrichten von anderen Modulen empfängt.
- Einen Verteiler, der empfangene Nachrichten auswertet, bearbeitet und Antworten an den Sender zurückschickt.
- Einen Requester, der zwecks Beantwortung komplexerer Anfragen neue Anfragen an andere Module stellt.

Zur Entwicklung des Verschlüsselungsmoduls muss spezifiziert werden, welche kryptographische Verfahren zur Gewährleistung der Vertraulichkeit implementiert werden sollen. Es wird ein Kommunikationsmodell erstellt, das die Interaktion der Modulkomponenten beschreibt. Zur Implementierung von No3rd wurde die Programmiersprache Java gewählt. Wichtigstes CASE Tool war hierbei das Java Development Kit, das folgende vier Komponenten zur Verfügung stellt:
- Eine Bibliothek von Objektklassen, auf die in Anwenderprogrammen bei Bedarf zurückgegriffen werden kann. Diese Bibliothek stellt Anwendungsentwicklern Standardklassen und -objekte zur Verfügung.
- Ein Compiler, der aus Java-Quellcode Bytecode erzeugt.
- Eine Java Runtime Version, die den Bytecode interpretiert und ausführt.
- Ein Dokumentationstool, das die Klassenhierarchie der Anwenderprogramme grafisch veranschaulicht.

Bei *BOA* handelt es sich um ein hybrides System zur Entscheidungsunterstützung. Da es Komponenten von Expertensystemen und Decision-Support-Systemen enthält, sind Modelle, Methoden sowie die Art der Wissensrepräsentation und -verarbeitung festzulegen. Modelle und Methoden, die den Teil des Decision Supports ausmachen, sind, wie bereits oben er-

7.2 Entwicklung von Anwendungssystemen

wähnt, der Portfolio-Selection-Theorie entliehen. Die Repräsentation des Fakten- und Erfahrungswissens der Anlageberater im Expertensystem erfolgt mit Hilfe einer Kombination aus objektorientierten und regelbasierten Darstellungsformen. Die Wissensbasis ist so erstellt, dass sie auch ohne Hilfe eines Knowledge Engineers einfach zu pflegen und zu warten ist. Die Verarbeitung des heuristischen Wissens im Rahmen des Expertensystems erfolgt mit Hilfe eines Inferenzmechanismus, während das exakte Wissen zur Problemlösung im Decision-Support-System durch ein prozedurales Vorgehen auf konventionellem Weg abgebildet wird. Der Problemlösungsprozess ist interaktiv gestaltet und orientiert sich am Konzept der AKB-Schleife. Die Analyse wird mit Hilfe des Expertensystems ausgeführt, die Konstruktion wird vom Decision-Support-System durchgeführt, und die Evaluation übernimmt der Entscheidungsträger selbst.

Anlageberatung unterliegt bei der Bewertung und Zusammenstellung von Aktienportfolios einer Vielzahl von Einschätzungen auf der Basis von *Erfahrungswissen*, das sich am einfachsten als Regeln repräsentieren lässt. Die zu berücksichtigenden *Fakten* werden in einem Objektmodell unter Verwendung von part_of- und is_a-Beziehungen dargestellt. Beispielsweise lassen sich Aktien zu Branchen und Branchen zum Gesamtmarkt aggregieren. Jedem Objekt werden Attribute mit Werten zugeordnet; so lässt sich eine Aktie durch Kurse, Dividende oder sonstige Kennzahlen beschreiben. Entsprechend der Vorgehensweise eines Anlageberaters werden die Stufen des iterativen Aktienauswahlprozesses durch eine hierarchische Klassenbildung der Form Finanzmarkt, Aktienmarkt, Branche und individuelle Aktie abgebildet.

Den Attributen der Objekte werden ihre Werte direkt oder über Regeln zugewiesen. Die Prämissen der Regeln enthalten angenommene Umweltzustände. Die Konklusion entspricht den Erfahrungen des Experten. Dabei kann durch die Benutzung von Konfidenzfaktoren die Sicherheit, mit der eine Konklusion abgeleitet bzw. ein Attributwert ermittelt wird, repräsentiert werden. Wenn beispielsweise 0 völlig unsicher bedeutet und 1000 absolut sicher, so wird die Faustformel "steigende Zinsen sind häufig Gift für den Aktienmarkt" durch die folgende Regel repräsentiert:

```
RULE      51045
IF        Weltwissen.Zinsen = steigend
THEN      Aktienmarkt.Markt_Indikator
          = nachgebende_Kurse (700)
END
```

Im Beispiel werden Werte des Attributs Zinsen des Objekts Weltwissen von der Regel benutzt, um den Wert des Attributs Markt_Indikator des Objekts Aktienmarkt zu bestimmen. Häufig geschieht die Zuweisung nicht wie hier in einem Schritt, sondern durch Aufruf mehrerer Regeln. Die Auswertung der Regeln erfolgt rückwärtsverkettend.

Das Faktenwissen wird in Form eines Objektbaumes, dargestellt durch Frames, in der Wissensbasis verwaltet. Dieser Objektbaum dient auch als Verzeichnis des fachspezifischen Vokabulars und bietet die Möglichkeit, einzelne Wissenseinheiten eines abgegrenzten Problembereichs in ihren hierarchischen Abhängigkeiten darzustellen. Im Verlauf einer Konsultation werden jeweils einzelne Ausprägungen von Objekten betrachtet. Der Ausschnitt eines Frames für das Objekt Weltwissen mit entsprechenden Attributen zur Beurteilung der zukünftigen Aktienmarktentwicklung ist in Abbildung 7.2.-3 dargestellt. Dabei wird unterschieden zwischen erwarteten und aktuellen Informationen.

Zur Bestimmung der für das Single-Index-Modell benötigten erwarteten Aktienmarkt-Performance werden noch zusätzliche Attribute und Werte benötigt. Bei ihrer Herleitung werden alle relevanten Regeln berücksichtigt, sofern der Wert eines Attributes nicht mit Sicherheit bestimmt werden kann. Der Wert, der nach Anwendung aller zulässigen Regeln den höchsten Sicherheitsfaktor aufweist, wird zunächst dem Attribut zugewiesen. Dieses Prinzip führt zu einer Maximierung der Konfidenz der Attributwerte.

Neben dem problemspezifischen Wissen enthält die Wissensbank auch Erklärungswissen. Dieses Wissen wird für natürlichsprachliche Beschreibungen im Rahmen einer benutzerfreundlichen Oberfläche benutzt. Bei jeder Anfrage können darüber hinaus ratgebende Texte angegeben werden.

Wissensrepräsentation und Teile der Wissensverarbeitung wurden auf der Basis einer Shell unter Benutzung einer logischen Programmiersprache durchgeführt. Die Methode zur Auswertung des Portfoliomodells und die Ergebnisaufbereitung sind in einer konventionellen Programmiersprache implementiert. Die verschiedenen Komponenten sind durch entsprechende Schnittstellen verbunden. Der Entwicklungsprozess erfolgte auf der Basis des Prototyping.

Weltwissen	
Erwartete Informationen	*Aktuelle Informationen*
Bruttosozialprodukt	Bruttosozialprodukt
Zinsen	Umlaufrendite
Kurse	Konjunkturphase
Politische Situation	Gesetze
...	...

Abb. 7.2.-3: *Weltwissen und Aktienmarktentwicklung*

Literatur

Bal91   Balzert, H. (Hrsg.), *CASE: Systeme und Werkzeuge*, Mannheim, 1991

Boe81   Boehm, B.W., *Software Engineering Economics*, Englewood Cliffs, 1981

CDS86   Conte, S.D., Dunsmore, H.E., Shen, V.Y., *Software Engineering Metrics and Models*, Menlo Park CA, 1986

CM88   Cupello, J.M., Mishelevich, D.J., Managing prototype knowledge / expert systems projects, *Communications of the ACM* 31(5), 1988, 534-541

HMM89   Harmon, P., Maus, R., Morissey, W., *Expertensysteme: Werkzeuge und Anwendungen*, München, 1989

Hof87   Hoffmann, H.J., *Smalltalk: Verstehen und Anwenden*, München, 1987

IBM85   IBM Deutschland GmbH, *Die Function Point Methode*, IBM Forum GC12-1296-1, 1985

Kru93   Kruschwitz, L., *Investitionsrechnung*, Berlin, 1993

Kur92   Kurbel, K., *Entwicklung und Einsatz von Expertensystemen*, Berlin, 1992

NK86   Noth, T., Kretzschmar, M., *Aufwandsschätzung von DV-Projekten*, Berlin, 1986

Pup88   Puppe, F., *Einführung in Expertensysteme*, Berlin, 1988

Sch86   Schnupp, P., *Prolog: Einführung in die Programmierpraxis*, München und Wien, 1986

SG86   Stoyan, H., Görz, G., *Lisp: Eine Einführung in die Programmierung*, Berlin, 1986

Wol74   Wolverton, R., The cost of developing large-scale software, *IEEE Transactions on Computers* 23(6), 1974, 615-636

8 Entwicklungsmanagement

Management der Anwendungsentwicklung bedeutet Planung, Steuerung und Überwachung eines *Projekts*. Bisher sind Modelle und Methoden für den Entwurf und die Entwicklung von IuK-Systemen vorgestellt worden; in diesem letzten Kapitel sollen nun auch Modelle und Methoden für das Management der Entwicklung und damit für das *Projektmanagement* vorgestellt werden [Bur88]. Zunächst wird auf die Rahmenbedingungen eines Projekts eingegangen. In den zwei nächsten Abschnitten werden dann ein Kommunikationsmodell entworfen und zwei elementare Methoden zur *Planung* und *Steuerung* von Projekten behandelt. Zunächst wird das Modell erstellt, dann wird es durch Simulationen ausgewertet. Zum Abschluss des Kapitels wird ein Überblick über die Durchführung von Planungs-, Steuerungs- und Überwachungsaktivitäten im Rahmen eines Projekts gegeben.

Ein Projekt zielt auf ein wohldefiniertes, in Auftrag gegebenes Endprodukt, das mit Hilfe einer Menge von Aktivitäten realisiert werden kann. DIN 69901 sagt "Ein Projekt ist ein Vorhaben, das im Wesentlichen durch Einmaligkeit der Bedingungen in ihrer Gesamtheit gekennzeichnet ist, wie z.B.
- Zielvorgabe,
- zeitliche, finanzielle, personelle und andere Begrenzungen,
- Abgrenzung gegenüber anderen Vorhaben,
- projektspezifische Organisation.

Projektmanagement ist die Gesamtheit von Führungsaufgaben, -organisation, -techniken und -mitteln für die Abwicklung eines Projektes."

Wie in Abbildung 8.-1 dargestellt, sind dabei die wichtigsten Randbedingungen Zeit, Qualität und Kosten auf dem Hintergrund von Technologie, Projektorganisation, personellen Beziehungen und Umwelteinflüssen. Größere Projekte werden von einer *Projektgruppe* durchgeführt. Die Projektgruppe hat einen *Projektleiter*. Das Projekt wird von einem *Projektausschuss* überwacht. Projektleiter und Projektausschuss übernehmen das Projektmanagement.

Als zeitlich begrenzte Projektorganisationsformen kommen in Frage
- die interne Projektgruppe (das Projekt überschreitet nicht die Abteilungsgrenzen),
- die externe Projektgruppe (fachliche und disziplinarische Weisungen liegen außerhalb der Abteilung),

- die Matrix-Projektgruppe (nur die fachliche Weisung liegt außerhalb der Abteilung).

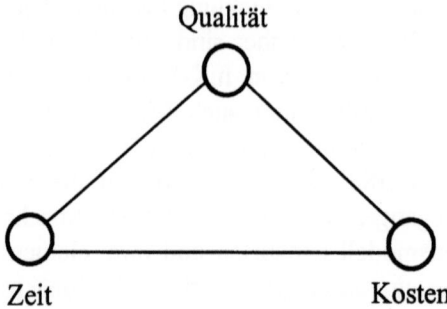

Abb. 8.-1: *Randbedingungen des Projektmanagements*

Projekte auf dem Gebiet der IuK-Systeme, kurz IKS-Projekte, dienen Entwurf, Entwicklung und Einsatz solcher Systeme und bestehen aus den bereits vorgestellten Phasen des Software-Lebenszyklus [WO92, Zeh91]. Mitglieder der Projektgruppe sind Anwender, Systemanalytiker, Systementwickler und das Projektmanagement. Hauptaufgabe der *Anwender* ist es, die Anforderungen zu spezifizieren, das IuK-System zu bewerten, Einführungsmaßnahmen vorzubereiten und aktiv die Entwicklung zu begleiten. Der *Systemanalytiker* hat die Istaufnahme durchzuführen, die Eignung von IuK-Systemen zu beurteilen, die Wirtschaftlichkeit zu analysieren, das Analysemodell federführend zu erstellen und auch in späteren Phasen an der Entwicklung mitzuarbeiten. Daneben hat er Vorgaben für Datenschutz und Datensicherung zu machen, indem er schutzbedürftige Abläufe definiert, sicherungsbedürftige Daten erkennt und entsprechende organisatorische und technische Vorkehrungen vorschlägt. Der *Systementwickler* ist verantwortlich für Design und Implementierung. Das *Projektmanagement* hat die Aufgabe, die Anwendungsentwicklung von IuK-Systemen zu leiten. Beim *Projektleiter*, einem Informationsmanager, laufen alle Fäden zusammen. Er plant, organisiert, schätzt, kontrolliert, steuert, koordiniert, informiert und motiviert. Der *Projektausschuss* übernimmt die Ressourcenbereitstellung, die Kontrolle der Ausführung und die Genehmigung von Projektplan und Abschlussbericht.

Basis eines Projektes ist der Vertrag bzw. das Pflichtenheft. Darin muss beispielsweise spezifiziert werden,
- welches Problem gelöst werden soll,
- auf welchen Voraussetzungen aufgebaut werden soll,
- wie das Vorgehen sein soll,

- wer beteiligt ist und welche Ressourcen zur Verfügung stehen,
- welches die quantifizierbaren Eigenschaften der Lösung sind,
- was explizit nicht gemacht werden soll und
- bis wann das Projekt abzuschließen ist und wann es als abgeschlossen gilt.

Randbedingungen von IKS-Projekten, die immer wieder verletzt werden, sind Termine und Kosten. Die wichtigsten Gründe dafür sind einmal in Mängeln beim Projektmanagement zu sehen, jedoch auch in einer unzureichenden Spezifikation der Anforderungen. Daraus lässt sich ableiten, dass die Anwender sorgfältiger bei der Anforderungsspezifikation sein müssen und das Projektmanagement Planung, Steuerung und Überwachung verbessern muss.

Das IKS-Projektmanagement basiert auf dem Phasenkonzept, über das verschiedene Zwischenprodukte und Meilensteine definiert werden. Meilensteine definieren den Abschluss wichtiger Projektarbeiten, Zwischenprodukte basieren auf den Dokumenten der einzelnen Phasen. Bei der Projektplanung und -steuerung werden die Bereiche Projektstruktur, Zeiten, Ressourcen, Kapazitäten, Kosten und Qualität berührt.

Die Struktur bezieht sich auf den Aufbau des IuK-Systems und den Ablauf der Aktivitäten, die für seine Realisierung erforderlich sind. Sie beschreibt den sachlogischen Zusammenhang der Anwendungsentwicklung und dient als "roter Faden". Die Struktur wird im Rahmen der *Strukturplanung* festgelegt. Darauf aufbauend wird die *Zeitplanung* durchgeführt, deren Ergebnis die Festlegung von Terminen für den Projektstart, für die Fertigstellung des Systems und für alle dazu wesentlichen Aktivitäten ist. Benötigte Ressourcen, wie beispielsweise Personal, Softwarewerkzeuge und Hardware werden dabei nur implizit berücksichtigt. Eine explizite Nennung der erforderlichen Ressourcen geschieht in der *Bedarfsplanung*. Hier erfolgt eine Abschätzung von Quantität und Qualität der einzusetzenden Ressourcen für jede Aktivität. Mit den Ergebnissen der Bedarfsplanung kann die *Kapazitätsplanung* durchgeführt werden. Hierbei geht es um die konkrete Zuordnung von Aktivitäten zu knappen personellen und sachlichen Ressourcen. Im Rahmen der *Kostenplanung* wird der zeitliche und der absolute Anfall der Kosten fixiert, und bei der *Qualitätsplanung* werden Qualitätsziele und die Art ihrer Überprüfung festgelegt.

Neben der Planung stellen Steuerung und Überwachung die Hauptaktivitäten des Projektmanagements mit Bezug auf die Kriterien Zeit, Kosten und Qualität dar. Soll- und Istwerte werden im Rahmen der Überwachung gegenübergestellt, Abweichungen werden analysiert und durch die Steuerung werden nötige Reaktionen eingeleitet. Zur Unterstützung der Aufgaben des Projektmanagements kann auf Tools zurückgegriffen werden. Die Modelle und Methoden, die in diesem Kapitel vorgestellt werden, sind Bestandteil von computergestützten Support-Systemen für das IKS-Projektmanagement.

Im Folgenden wird auf die strukturellen und die zeitlichen Aspekte der Projektplanung eingegangen. Dazu wird zunächst ein Kommunikationsmodell entworfen, das in diesem Kapitel auch als Prozessplan bezeichnet wird. Mit seiner Hilfe lässt sich der Projektablauf simulieren. Dieses Vorgehen soll dabei helfen, Planung und Steuerung von IKS-Projekten wirkungsvoll zu unterstützen. Gleichermaßen kann es dem Management auch bei anderen größeren Projekten von Nutzen sein. Aus diesem Grunde ist die folgende Darstellung, auch in ihrem Kern möglichst anwendungsunabhängig gehalten. Die Notation zur Bestimmung der Simulationsparameter und einige Erläuterungen sind [BB74] entnommen.

8.1 Das Kommunikationsmodell

Ein IKS-Projekt zerfällt in einzelne Teile, deren Zusammenwirken weitestgehend durch die Bestandteile des IuK-Systems festgelegt wird. Ziel der Strukturierung ist es, den Zusammenhang und die Abhängigkeiten der Bestandteile zu repräsentieren, um die sachlogisch korrekte Durchführung eines Projekts zu ermöglichen. Dabei unterscheidet man Aufbau- und Ablaufstruktur.

Die *Aufbaustruktur* enthält eine Zerlegung des Projekts in Form eines Hierarchiediagramms in verschiedene Ebenen. Eine gängige Einteilung ist die Zerlegung in Teilprojekte und Aktivitäten. Bei IKS-Projekten können Teilprojekte die Phasen des Lebenszyklus von IuK-Systemen und Aktivitäten elementare Tätigkeiten repräsentieren.

Die *Ablaufstruktur* enthält eine anordnungsbezogene und damit auch zeitbezogene Gliederung des Projekts. Sie wird als *Kommunikationsmodell* dargestellt, das hier mit Projektprozessplan oder kurz mit *Prozessplan* bezeichnet wird. Die Notation entspricht den ersten Schichten von GPN. Dabei werden *Ereignisse* und *Zustände* unterschieden; Zustände beschreiben die *Durchführung* von Aktivitäten, je nach angestrebtem Detaillierungsgrad des Modells; Ereignisse beschreiben Beginn und Ende eines Zustands. Das Zustandsende tritt ein, wenn für keine Funktion dieses Zustands gilt, dass sie noch aktiv ist. Die den Zuständen zugeordneten Funktionen beziehen sich auf die sachgerechte Ausführung der Aktivitäten.

Die Repräsentation der Zustände im Prozessplan erfolgt durch Pfeile oder Knoten. Zustandsübergänge werden durch Ereignisse eingeleitet. Im Falle von Zustands-Knoten-Repräsentationen sind Ereignisse Pfeilen, im Falle von Zustands-Pfeil-Repräsentationen sind Ereignisse Knoten zugeordnet. Folgen von Pfeilen bzw. Knoten heißen *Pfade* und lassen sich bei Projekten als Vorgänger-Nachfolger-Beziehungen von Aktivitäten interpretieren. Besonders wichtige Ereignisse werden als *Meilensteine* bezeichnet. Für alle übrigen Pfeile bzw. Knoten genügt es zu wissen, dass sie die sachlogischen Verknüpfungen des IKS-Projektes wiedergeben.

Der Zustandswechsel in einem Prozessplan wird durch das Eintreten eines Ereignisses eingeleitet. Ein Ereignis tritt aber nur dann ein, wenn die Durchführung aller Aktivitäten, die diesem Ereignis vorgelagert sind, abgeschlossen ist, d.h. wenn die mit den entsprechenden Zuständen verbundenen Funktionen den gewünschten Output geliefert haben. Sonst kann kein Zustandswechsel stattfinden. Ereignisse benötigen weder Zeit noch Ressourcen; sie stellen einzig und allein Stationen im Prozess der Projektdurchführung dar. Das folgende Beispiel soll die Erstellung des Kommunikationsmodells für ein IKS-Projekt verdeutlichen.

Beispiel 8.1.-1: Ein Zeiterfassungssystem soll installiert werden. Dabei sind zunächst eine Istaufnahme durchzuführen und die Anforderungen, die an das System gestellt werden, zu erheben. Außerdem sind eine Personal-, Finanz- und Hardwareplanung auszuführen. Die Hardwareplanung bezieht sich auf Beschaffung, Installation und Testbetrieb. Schließlich muss auch noch die Software für das Erfassungssystem erstellt werden. Das Hierarchiediagramm zur Beschreibung der Aufbaustruktur des IKS-Projektes "Zeiterfassungssystem" ist in Abbildung 8.1.-1 dargestellt. Aus Gründen der Übersichtlichkeit soll angenommen werden, dass sich die Durchführung jeder dieser Aktivitäten durch einen Zustand abbilden lässt. Vorgänge werden nicht mehr explizit betrachtet. Folgende Zustandsbeschreibung liegt beispielsweise für die Kartenleserinstallation (K) vor:

```
ZUSTANDSNAME:  Kartenleserinstallation

BESCHREIBUNG:  Durchführung aller Aktivitäten, die zur
               Installation eines Kartenlesers nötig sind

AUSLÖSENDE
EREIGNISSE:    Kartenleser beschafft
```

BEDINGUNGEN: keine

FOLGENDE
EREIGNISSE: Kartenleser installiert

Die Ablaufstruktur unterscheidet 12 Zustände mit den folgenden, sachlogisch begründeten Vorgänger-Nachfolger-Beziehungen:

Zustand	A	B	C	D	E	F	G	H	I	J	K	L
Vorgänger	-	A	B	B	C	E,G	D	F	H	I	H	J,K
Nachfolger	B	C,D	E	G	F	H	F	I,K	J	L	L	-

Mit Hilfe der Aufbaustruktur, der Zustandsbeschreibungen und der Ablaufstruktur lässt sich ein Kommunikationsmodell erstellen, das für das Beispielprojekt ist in Abbildung 8.1.-2 wiedergegeben. Zustände sind als Knoten repräsentiert und Ereignisse sind Pfeilen zugeordnet. Auf eine explizite Darstellung der Ereignisse wird verzichtet.

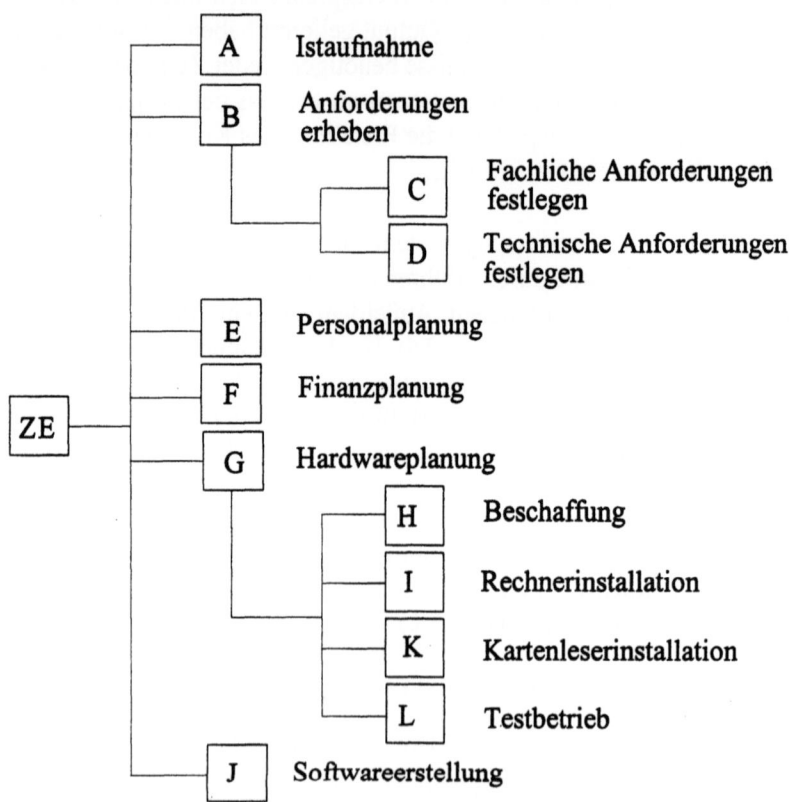

Abb. 8.1.-1: *Hierarchiediagramm des Projekts "Zeiterfassungssystem (ZE)"*

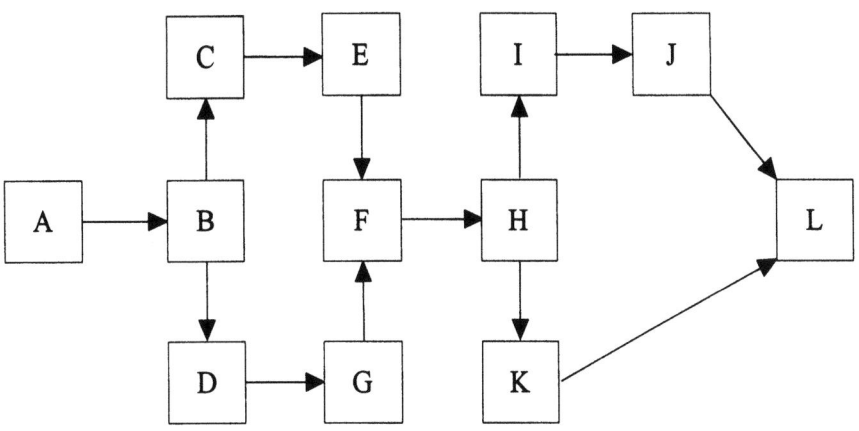

Abb. 8.1.-2: *Zustands-Knoten-Prozessplan für das Beispielprojekt*

Für die im nächsten Abschnitt vorgestellte Simulation des Projektablaufs benötigen wir einen Prozessplan mit Zustands-Pfeil-Darstellung. Das Kommunikationsmodell eines eindeutig spezifizierten Zustands-Pfeil-Prozessplans verlangt, dass zwar mehrere Pfeile in einem Knoten beginnen oder enden können, jedoch zwei Pfeile niemals gemeinsame Anfangs- und Endknoten haben. Dies ist weniger durch die Projektlogik, als vielmehr aus Gründen der eindeutigen Bezeichnung von Zuständen nötig. Eine andere Vereinbarung für diese Ausgestaltung des Kommunikationsmodells ist, dass jeder Prozessplan nur ein Start- und nur ein Zielereignis hat. Diese Knoten markieren den eindeutigen Projektanfang und -abschluss. Folglich hat der Startknoten weder einen vorgelagerten Zustand, noch der Zielknoten einen nachgelagerten. Jede Zustands-Knoten-Darstellung kann in eine äquivalente Zustands-Pfeil-Darstellung überführt werden.

8.2 Simulation des Projektablaufs

Mit Hilfe von Simulationen auf der Basis des für die Strukturierung erstellten Kommunikationsmodells lässt sich beispielsweise die Frage nach der *Dauer* eines IKS-Projekts beantworten. Dazu bedarf es zunächst der Angabe von Zeitdauern, für die die einzelnen Zustände aktiv sind. Die Dauer eines Zustands wird durch die Kombination von Produktionsfaktoren bestimmt, die die Durchführung der entsprechenden Aktivitäten ermöglicht. Das Projektmanagement wird im ersten Planungsschritt häufig von einer kostenminimalen Faktorkombination ausgehen. Die entsprechenden

Zeitdauern liefern den Input für die Simulation. Der Output sind üblicherweise die Projektdauer und zusätzliche zeitliche Informationen über das Eintreten von Ereignissen bzw. die Durchführung von Aktivitäten.

8.2.1 Deterministische Simulation

Bei einer *deterministischen* Simulation wird davon ausgegangen, dass die Dauern für die einzelnen Aktivitäten genau bekannt sind. Für jeden Zustand bestimmt man eine Dauer, die gemessen, geschätzt oder aufgrund bestehender Erfahrungen bestimmt wird.

Beispiel 8.2.-1: Für das Projekt "Zeiterfassungssystem" liegen die folgenden Schätzungen für die Dauern der Zustände vor:

```
Zustand    A   B   C   D   E   F   G   H   I   J   K   L
Dauer      5   2   3   7   3   2   2   5   3   10  1   2
```

Der mit Zustandsdauern bewertete Zustands-Pfeil-Prozessplan ist in Abbildung 8.2.-1 dargestellt. Mit Hilfe des Kommunikationsmodells aus Abbildung 8.1.-2 lassen sich Zustände und Ereignisse im Zusammenwirken ableiten. Ereignisse sind jetzt als Knoten dargestellt. Zur Durchführung der Simulation sind die Knoten aufsteigend numeriert, d.h. Ereignisse mit größeren Nummern treten nie vor Ereignissen mit kleineren Nummern ein. Die Pfeile sind mit dem Kürzel des abgebildeten Zustands und der benötigten Dauer markiert.

Planungsinformationen

Sind die benötigten Input-Daten verfügbar, kann zur Bestimmung der Termine im Rahmen der Simulation übergegangen werden. Für das Projektmanagement und für den Auftraggeber ist es wichtig zu wissen, welche Zeit die Durchführung des Projektes unter den gegebenen Voraussetzungen beansprucht. Dabei ist zu berücksichtigen, dass ein Projekt erst dann abgeschlossen ist, wenn alle seine Aktivitäten erledigt sind.

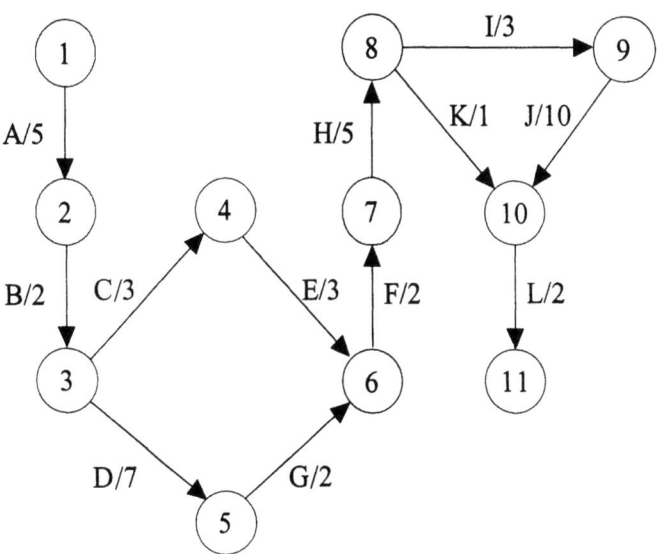

Abb. 8.2.-1: *Prozessplan für die Simulation des Beispielprojekts*

Um die Projektdauer zu ermitteln, simuliert man für jedes Ereignis den Zeitpunkt seines *frühest-* und *spätestmöglichen* Eintritts. Voraussetzung für den frühestmöglichen Eintritt ist, dass sämtliche Zustände, die das Eintreffen des Ereignisses bedingen, so früh wie möglich abgeschlossen werden. Um die folgenden Berechnungen ausführen zu können, muss der Prozessplan aufsteigend numeriert sein, d.h. kein Nachfolgerknoten hat eine kleinere Nummer als jeder seiner Vorgängerknoten. Jeder Pfeil wird mit der entsprechenden Zustandsdauer und jeder Knoten mit den Eintrittszeitpunkten des Ereignisses versehen, wie in Abbildung 8.2.-2 dargestellt.

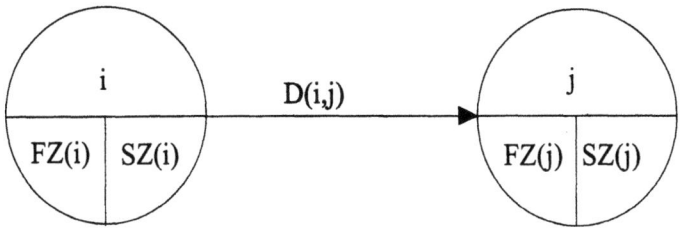

Abb. 8.2.-2: *Knoten- und Pfeilnotation*

Dabei wird die Dauer eines Zustands (i,j) mit D(i,j), der frühestmögliche Zeitpunkt für das Eintreten eines Ereignisses i mit FZ(i) und der spätestmögliche mit SZ(i) bezeichnet. Die Unterscheidung von FZ(i) und SZ(i) wird benutzt, um neben den Ereignissen noch zusätzliche Bedingungen für Zustandsübergänge zu definieren.

Die gesuchten frühestmöglichen Eintrittszeitpunkte lassen sich nach (8.2-1) bestimmen, wobei V(j) die Menge der direkten Vorgänger des Ereignisses j bezeichnet:

(8.2-1) $\quad FZ(0) = 0,$
$\quad\quad\quad FZ(j) = \max \{FZ(i) + D(i,j) \mid i \in V(j)\}.$

Die Projektdauer erhält man durch die Bestimmung von FZ(n) im Kommunikationsmodell, wobei n das Zielereignis angibt. Ist die erwünschte Projektdauer kürzer als die simulierte, sind Anpassungen erforderlich. Im umgekehrten Fall kann eventuell durch Verlängerung des Projekts die Beseitigung einer Engpasssituation bei anderen Entwicklungsvorhaben erreicht werden. In jedem Fall ist es für das Projektmanagement wichtig zu wissen, welche Konsequenzen der geplante frühestmögliche Abschluss des IKS-Projekts für die Steuerung der Durchführung aller Aktivitäten hat.

Steuerungsinformationen

Ziel einer weiteren Simulation mit Hilfe des Kommunikationsmodells ist es, Aufschlüsse über notwendige Maßnahmen für die Steuerung nach dem Projektstart zu erhalten. Dazu wird der Zeitpunkt für das spätesterlaubte Eintreten des Zielereignisses SZ(n) mit dem Zeitpunkt für sein frühestmögliches Eintreten FZ(n) gleichgesetzt.

Hiernach sind für alle übrigen Ereignisse die spätestzulässigen Eintrittszeitpunkte analog zu (8.2-1) zu bestimmen. Der Unterschied liegt darin, dass man nun vom Zielereignis zum Startereignis geht. Formal ergeben sich die Beziehungen nach (8.2-2) mit N(i) als Menge der direkten Nachfolger des Ereignisses i:

(8.2-2) $\quad SZ(n) = FZ(n),$
$\quad\quad\quad SZ(i) = \min \{SZ(j) - D(i,j) \mid j \in N(i)\}.$

8.2 Simulation des Projektablaufs

Die Differenz zwischen spätesterlaubtem und frühestmöglichem Zeitpunkt für den Eintritt eines Ereignisses heißt *Gesamtpuffer* eines Ereignisses und wird entsprechend (8.2-3) bestimmt:

(8.2-3)   GP(i) = SZ(i) - FZ(i).

Der Gesamtpuffer eines Ereignisses gibt eine zusätzliche Bedingung für Übergänge von Zuständen an, die durch dieses Ereignis betroffen sind. Ist GP(i)=0, so wird der Zustandsübergang sofort durchgeführt; in allen anderen Fällen ist die Bedingung, dass der Zustandsübergang im Intervall [0,GP(i)] erfolgen muss. Aus der Sicht des Projektmanagements gibt der Gesamtpuffer die Dringlichkeit des Abschlusses von Aktivitäten an. Ereignisse bzw. Zustandsübergänge, für die GP(i) = 0 gilt, heißen kritisch, da sich unmittelbare Auswirkungen auf die Einhaltung der Projektdauer ergeben, wenn die Ereignisse später als simuliert eintreten.

Durch die Gleichsetzung von frühestem und spätestem Eintrittstermin des Zielereignisses muss in dem Prozessplan eine Folge von kritischen Ereignissen und kritischen Zuständen existieren. Notwendige Bedingung für die Existenz eines kritischen Zustands ist, dass sowohl Anfangs- als auch Endereignis kritisch sind. Hinreichend ist es jedoch erst, wenn auch die Differenz zwischen den Zeitpunkten des Eintretens von End- und Anfangsereignis gleich der Dauer des entsprechenden Zustands ist. Für den kritischen Zustand gilt also:

(8.2-4)   FZ(j) - FZ(i) = D(i,j),   FZ(j) = SZ(j),   FZ(i) = SZ(i).

Eine Folge kritischer Zustände in einem Prozessplan wird *kritischer Pfad* genannt. Da dieser Pfad bei Kommunikationsmodellen für Projekte die Dauer bestimmt, muss ihm bei der Projektsteuerung erhöhte Aufmerksamkeit geschenkt werden.

Will man nun simulieren, wie sich eine *Beschleunigung* der Projektdurchführung erreichen lässt, so muss man zunächst den kritischen Pfad betrachten. Es gibt aber im Prozessplan auch sogenannte subkritische Pfade, die nur unwesentlich kürzer sind als der kritische und auch die termingerechte Abwicklung des Projektes beeinträchtigen können. Man wird also für sämtliche Aktivitäten eines Projektes das Zeitintervall bestimmen, in dem sie begonnen und abgeschlossen sein müssen, wenn die gesetzte Projektdauer eingehalten werden soll. Dies erreicht man auf zwei Wegen. Entweder es werden für jeden Zustand die frühestmöglichen und die spätesterlaubten

Anfangs- bzw. Endzeitpunkte errechnet, oder man bestimmt ähnlich wie für die Ereignisse auch für Zustände Pufferzeiten.

Für jeden Zustand ist der frühestmögliche Anfangszeitpunkt FA(i,j) bekannt. Dieser ist gleich dem Zeitpunkt, an dem sein Anfangsereignis frühestmöglich eintreten kann. Es gilt also:

(8.2-5)   FA(i,j) = FZ(i).

Die Zeitpunkte SA(i,j) für den spätestzulässigen Beginn des Zustands (i,j), FE(i,j) für sein frühestmögliches Ende und SE(i,j) für sein spätestzulässiges Ende bestimmen sich nach (8.2-6) - (8.2-8):

(8.2-6)   SA(i,j) = SZ(j) - D(i,j),

(8.2-7)   FE(i,j) = FZ(i) + D(i,j),

(8.2-8)   SE(i,j) = SZ(j).

Vergleicht man den spätestzulässigen und den frühestmöglichen Beginnzeitpunkt eines Zustandes, so sieht man, um wieviele Zeiteinheiten sich der Beginn dieses Zustands verzögern kann, ohne dass hierdurch die Projektdauer beeinträchtigt wird. Dieser Wert wird *Gesamtpuffer* eines Zustandes GP genannt und bestimmt sich nach (8.2-9):

(8.2-9)   GP(i,j) = SA(i,j) - FA(i,j) = SZ(j) - D(i,j) - FZ(i).

Für einen kritischen Zustand gilt GP(i,j) = 0 bzw. FA(i,j) = SA(i,j). Unkritische Zustände hingegen haben immer eine gesamte Pufferzeit größer Null, wobei für diese entlang eines Teilpfades im Kommunikationsmodell stets Gesamtpufferzeit in gleichem Umfang anfällt. Eine Zustandsfolge wird dann Teilpfad genannt, wenn mit Ausnahme seines Anfangs- und Endereignisses von jedem seiner übrigen Ereignisse nur jeweils ein Zustand ausgelöst bzw. abgeschlossen wird.

Die Projektsteuerung muss beachten, dass die Nutzung der gesamten Zustandspufferzeit nicht isoliert für eine Aktivität, sondern nur im Zusammenhang mit allen anderen Aktivitäten des entsprechenden Teilpfades möglich ist. Man betrachtet daher die gesamte Pufferzeit besser als einem Teilpfad zugehörig, anstatt sie einzelnen Zuständen zuzuordnen. Schließlich entsteht sie auch nur, weil eine Zustandsfolge früher beendet ist als die des kritischen Pfads. Die Differenz der Längen der beiden (oder mehrerer) Pfade in dem Ereignis ihrer Vereinigung entspricht der gesamten Pufferzeit für den kürzeren Teilpfad bis zu diesem Ereignis. Beginnt in diesem Ereignis ein neuer Teilpfad, so ist seine gesamte Pufferzeit gleich der kleinsten der Teilpfade, die zu seinem Anfangsereignis führen. Wenn einer dieser Teilpfade kritisch war, ist folglich auch seine gesamte Pufferzeit Null. Nehmen mehrere Teilpfade in dem betrachteten Ereignis ihren Anfang, so hat mindestens einer dieser Teilpfade wiederum die gesamte Pufferzeit, die gleich der kleinsten Pufferzeit der in das gemeinsame Anfangsereignis mündenden Teilpfade ist.

Nun mündet aber nicht immer ein unkritischer Pfad in einen kritischen, auch unkritische Pfade mit gleicher, gewöhnlich aber unterschiedlicher Gesamtpufferzeit vereinigen sich. Auch hier wird die Pufferzeit eines der nachfolgenden Teilpfade bestimmt durch die kleinste Pufferzeit der sich vereinigenden Teilpfade. Betrachtet man jedoch nur die in ein gemeinsames Ereignis eingehenden Teilpfade, so bedeutet unterschiedliche Gesamtpufferzeit, dass für die Zustände auf dem Teilpfad mit dem größeren Puffer mehr Zeit zur Verfügung steht als auf einem Teilpfad mit geringerem Gesamtpuffer. Wird diese mehr verfügbare Zeit beansprucht, so beeinträchtigt das nicht das Eintreffen des Endereignisses dieses Teilpfades zum frühestmöglichen Zeitpunkt und auch nicht die gesamte Pufferzeit des anderen Pfades. Daher wird die Differenz der gesamten Pufferzeiten dieser Teilpfade *freie Pufferzeit* FP des Teilpfades mit größerem Gesamtpuffer genannt. Ihre Berechnung erfolgt gemäß (8.2-10):

(8.2-10) $FP(i,j) = FZ(j) - D(i,j) - FZ(i)$.

Obwohl auch die freie Pufferzeit sämtlichen Zuständen des entsprechenden Teilpfades zur Verfügung steht, teilt (8.2-10) sie nur einzelnen Zuständen zu und zwar nur dem letzten Zustand des Teilpfades, unmittelbar vor der Vereinigung mit dem anderen Teilpfad. Während man bei der Ermittlung der gesamten Pufferzeit zu einer Überschätzung der verfügbaren Zeit neigen könnte, besteht hier also die Möglichkeit zur Unterschätzung des nutzbaren Zeitraumes.

Die Bestimmung der bisher aufgeführten Zustandspufferzeiten erfolgt unter Annahmen. Bei Ermittlung der gesamten Pufferzeit für einen Zustand geht man davon aus, dass die mittelbaren und unmittelbaren Vorgänger dieser Aktivitäten so früh wie möglich, ihre Nachfolger jedoch so spät wie möglich zur Ausführung gelangen. Dann kann die gesamte Pufferzeit ausgenutzt werden, ohne dass die Projektdauer hiervon berührt wird. Die freie Pufferzeit eines Zustandes kann bereits verbraucht sein, wenn nur sämtliche Vorgänger des betrachteten Zustands so früh wie möglich beendet werden. Da der frühestmögliche Zeitpunkt für das Eintreten des Endereignisses dieses Zustandes nicht beeinträchtigt wird, brauchen die Nachfolger nicht beachtet zu werden; sie können immer zum frühestmöglichen Zeitpunkt beginnen. Es liegt nunmehr nahe, eine Pufferzeit für einen Zustand zu definieren, die auch unabhängig davon ist, zu welchem Zeitpunkt die Vorgänger dieses Zustands begonnen werden. Solche *unabhängige Pufferzeit* UP tritt offenbar immer dann auf, wenn die Differenz zwischen frühestmöglichem Eintreten des Endereignisses und spätesterlaubtem Eintreten des Startereignisses größer als die Dauer des Zustandes zwischen diesen beiden Ereignissen ist:

(8.2-11) $UP(i,j) = FZ(j) - D(i,j) - SZ(i)$.

Hierbei gilt, dass UP gleich FP ist, wenn das Anfangsereignis des Zustandes kritisch ist. Sofern auch das Endereignis kritisch ist, der Zustand selbst jedoch unkritisch, sind beide Pufferzeiten auch gleich GP.

Beispiel 8.2.-2: Die Ergebnisse einer deterministischen Simulation für das Projekt "Zeiterfassungssystem" finden sich in Tabelle 8.2.-1.

(i)	1	2	3	4	5	6
FZ	0	5	7	10	14	16
SZ	0	5	7	13	14	16
GP	0	0	0	3	0	0

	A	B	C	D	E	G
(i,j)	(1,2)	(2,3)	(3,4)	(3,5)	(4,6)	(5,6)
D	5	2	3	7	3	2
FA	0	5	7	7	10	14
SA	0	5	10	7	13	14
FE	5	7	10	14	13	16
SE	5	7	13	14	16	16
GP	0	0	3	0	3	0
FP	0	0	0	0	3	0
UP	0	0	0	0	0	0

(i)	7	8	9	10	11	
FZ	18	23	26	36	38	
SZ	18	23	26	36	38	
GP	0	0	0	0	0	

(i,j)	F (6,7)	H (7,8)	I (8,9)	J (9,10)	K (8,10)	L (10,11)
D	2	5	3	10	1	2
FA	16	18	23	26	23	36
SA	16	18	23	26	35	36
FE	18	23	26	36	24	38
SE	18	23	26	36	36	38
GP	0	0	0	0	12	0
FP	0	0	0	0	12	0
UP	0	0	0	0	12	0

Tab. 8.2.-1: *Deterministische Simulation für das IKS-Projekt*

8.2.2 Stochastische Simulation

Bei vielen Projekten zur Anwendungsentwicklung ist es im Allgemeinen nicht möglich, die Dauer einzelner Aktivitäten und damit auch einzelner Zustände genau abzuschätzen. Lässt sich die Annahme, das Andauern eines Zustandes für eine bestimmte Zeitdauer sei sicher, nicht aufrecht erhalten, kann eine *stochastische* Simulation durchgeführt werden. Dabei wird die Zustandsdauer als Zufallsvariable behandelt, die einer bestimmten Verteilungsfunktion folgt. Als am besten geeignet für eine Simulation auf der Basis *stochastischer Zustandsdauern* gilt die Beta-Verteilung. Dabei verwendet man folgende Näherungsformeln für den *Erwartungswert*

(8.2-12) $E[D(i,j)] = (OD(i,j) + 4ND(i,j) + PD(i,j)) / 6$

und die *Varianz*

(8.2-13) $\sigma^2[D(i,j)] = (PD(i,j) - OD(i,j))^2 / 36.$

Dabei bedeuten OD optimistische, PD pessimistische und ND normale Dauer, wobei sich die Angaben immer nur auf eine bestimmte Faktorkombination beziehen. Weiterhin sind die Schätzungen der Dauern verschiedener Zustände unabhängig voneinander abzugeben. Liegen für jeden Zustand (i,j) die drei Zustandsdauerschätzungen $OD(i,j)$, $ND(i,j)$ und $PD(i,j)$ vor, dann können die Erwartungswerte $E[D(i,j)]$, die gleich der mittleren Dauer $MD(i,j)$ gesetzt werden, sowie deren Varianzen $\sigma^2[D(i,j)]$ errechnet werden. Nun gehen im Gegensatz zur deterministischen Simulation Zustandsdauern als Erwartungswerte mit ihren jeweiligen Varianzen in die Rechnung ein. Dies ist dann unproblematisch, wenn angenommen werden kann, dass alle

Zeitschätzungen stochastisch unabhängig sind und dass eine genügend große Anzahl von Zufallsgrößen addiert wird.

Planungsinformationen

Die Annahme der *stochastischen Unabhängigkeit* der Zeitschätzungen lässt es zu, für die Gewinnung der Planungsinformationen die erwarteten Zustandsdauern sowie ihre Varianzen entlang eines Pfades im Prozessplan zu addieren. Daher kann bei der Bestimmung der Zeitpunkte für das erwartete Eintreten eines Ereignisses bzw. der Ermittlung der kürzesten, zu erwartenden Projektdauer dasselbe Vorgehen angewendet werden wie bei der deterministischen Simulation:

(8.2-14) $FZ(0) = 0$
            $FZ(j) = \max \{FZ(i) + MD(i,j) \mid i \in V(j)\}$.

Darüber hinaus wird bei der stochastischen Simulation für den dem Erwartungswert nach längsten Pfad vom Startereignis bis zum Ereignis j mit Hilfe der Varianzen ein Maß dafür angegeben, wie stark die Abweichungen von der erwarteten Dauer sein können. Mit der gleichen Annahme wie für die Erwartungswerte errechnet man daher auch die Varianz des frühestmöglichen Eintrittszeitpunktes eines Ereignisses mit

(8.2-15) $\sigma^2_F(j) = \sigma^2_F(i) + \sigma^2(i,j)$ mit $\sigma^2_F(0) = 0$,

wobei die Varianzen auf diesem Pfad zum Ereignis j zu summieren sind, durch den das erwartete, frühestmögliche Eintreten von j bestimmt wurde. Dieses Vorgehen kann zu sogenannten *Verzerrungen* führen. Treffen im Ereignis j mehrere Pfade zusammen und unterscheiden sich ihre erwarteten Dauern nur geringfügig, dann kann das beschriebene Vorgehen zu irreführenden Ergebnissen führen, wenn nämlich ein nur unwesentlich kürzerer Pfad eine erheblich größere Varianz aufweist als der den frühestmöglichen Zeitpunkt des Ereignisses j bestimmende.

Die Berechnungen nach (8.2-14) und (8.2-15) führen also dazu, dass das Risiko anderer als der die Zeitpunkte bestimmenden Pfade, ihre erwartete Dauer zu überschreiten, vernachlässigt wird. Es ist offensichtlich, dass bei einer Vereinigung von zwei Pfaden in einen Knoten, die dieselbe erwartete Dauer haben, die größere der Varianzen dieser beiden Pfade für die weiteren Berechnungen herangezogen werden muss.

Steuerungsinformationen

Mit der Bestimmung des frühestmöglich erwarteten Eintreffens des Zielereignisses ist zugleich die zu erwartende minimale Projektdauer bestimmt. Auch das weitere Vorgehen zur Gewinnung von Steuerungsinformationen entspricht dem bei der deterministischen Simulation, d.h. man setzt gewöhnlich den frühestmöglichen Projektabschluss gleich dem spätestzulässigen, FZ(n) = SZ(n) und geht über zur Bestimmung der Zeitpunkte, an denen das Eintreffen aller übrigen Ereignisse spätestzulässig erwartet werden muss:

(8.2-16) $\quad$ SZ(n) $\;=\;$ FZ(n),
$\quad\quad\quad\quad\;$ SZ(i) $\;=\;$ min{SZ(j) - MD(i,j) $\;|\; j \in N(i)$}.

Da der spätestzulässige Projektabschluss SZ(n) als Konstante vorgegeben wurde, also kein Erwartungswert ist, errechnen sich die Varianzen, ausgehend von SZ(n) mit $\sigma^2(n) = 0$, durch Summierung entlang der jeweils am längsten erwarteten Pfade nach:

(8.2-17) $\quad \sigma^2_S(i) \;=\; \sigma^2_S(j) + \sigma^2(i,j)$.

Damit ist ein Risikomaß dafür gegeben, ob eine Abweichung vom errechneten Zeitpunkt für das spätestzulässige Eintreten eines Ereignisses erwartet werden muss. Es bleibt aber zu beachten, dass das Problem der Verzerrung hier ebenso wie bei der Bestimmung der erwarteten frühestmöglichen Ereigniseintrittszeitpunkte besteht.

Nachdem die Ereigniszeitpunkte ermittelt sind, ist auch der erwartete kritische Pfad bekannt. Für die Ereignisse dieses Pfades gilt wieder FZ(i) = SZ(i) und für die kritischen Zustände zusätzlich SZ(j) - SZ(i) = MD(i,j). Sofern keine Verzerrungen in den Terminberechnungen auftreten, gilt diesem Pfad bei der Projektsteuerung die größte Aufmerksamkeit. Werden jedoch subkritische Pfade festgestellt, deren erwartete Dauer eine wenigstens gleich große Varianz wie die des kritischen Pfades aufweist, so ist diesen Pfaden eine entsprechende Aufmerksamkeit beizumessen. Hilfreich hierfür kann die Bestimmung der bedingten Ereignispufferzeit BP(j) und ihrer Varianz $\sigma_{BP}^2(j)$ sein, die nach (8.2-18) und (8.2-19) bestimmt werden:

(8.2-18) $\quad$ BP(j) $\;=\;$ SZ(j) - FZ(j),

(8.2-19) $\quad \sigma_{BP}^2(j) \;=\; \sigma_F^2(j) + \sigma_S^2(j)$.

Je geringer die erwartete Ereignispufferzeit ist und je größer ihre Varianz ist, umso höher muss das Risiko eingeschätzt werden, dass ein unkritisches Ereignis kritisch wird und damit aber ein anderer als der gemäß den Berechnungen bestimmte Pfad kritisch wird. Bei verzerrten Prozessplänen können auf diese Weise wertvolle Hinweise für die Überwachung der Projektabwicklung gewonnen werden.

Weitere wichtige Steuerungsinformationen liefert die Annahme, dass die erwartete Dauer eines Pfades, wenn die Anzahl seiner Zustände groß genug ist, annähernd normal verteilt ist. Da zugleich die Varianz des jeweils längsten Pfades bis zu dem betrachteten Ereignis ermittelt wird, ist damit die Normalverteilung vollständig beschrieben. Zwar ist die Annahme, dass eine genügend große Anzahl von Aktivitäten zu jedem Ereignis im Prozessplan führt, nicht immer zulässig, für das Zielereignis trifft sie jedoch bei den meisten Projekten zu. Daher lässt sich angeben, mit welcher Wahrscheinlichkeit der tatsächliche Projektabschluss $F(n)$ den erwarteten Zeitpunkt $FZ(n)$ einhält.

Mit Hilfe der Standardabweichung $\sigma_F(n)$ lassen sich für Normalverteilungen folgende Wahrscheinlichkeiten W bestimmen:

$$W[F(n) \leq FZ(n) + 3\,\sigma_F(n)] = 0{,}999$$
$$W[F(n) \leq FZ(n) + 2\,\sigma_F(n)] = 0{,}977$$
$$W[F(n) \leq FZ(n) + \sigma_F(n)] = 0{,}841$$
$$W[F(n) \leq FZ(n)] = 0{,}500 \quad \text{etc.}$$

Da jedoch die Wahrscheinlichkeiten gewöhnlich nur für die Standardnormalverteilung mit $\sigma = 0$ und $\sigma = 1$ definiert sind, müssen die aus der Simulation sich ergebenden Werte für $FZ(n)$ und $\sigma_F(n)$ entsprechend (8.2-20) normiert werden:

(8.2-20) $\quad S(n) \;=\; (F(n) - FZ(n))\,/\,\sigma_F(n).$

Mit Hilfe von $S(n)$ erhält man die Wahrscheinlichkeit, mit der ein gegebener Termin $F(n)$ eingehalten werden kann. Liegt der geforderte Projektabschluss z.B. an der oberen Grenze des Bereiches $[(FZ(n)+3\sigma_F(n)]$, dann wird man gegenüber Terminüberschreitungen unempfindlicher als bei Projektdauern, die nahe bei dem erwarteten frühestmöglichen Abschluss liegen.

Beispiel 8.2.-3: Für das schon bekannte Projekt "Zeiterfassung" soll nun auch eine stochastische Simulation durchgeführt werden. Die ermittelten Werte können Tabelle 8.2.-2 entnommen werden.

(i,j)	(1,2)	(2,3)	(3,4)	(3,5)	(4,6)	(5,6)
ND	5	2	3	7	3	2
OD	3	1	1	5	1	1
PD	7	3	5	9	5	3
E[D]	5	2	3	7	3	2
σ^2	4/9	1/9	4/9	4/9	4/9	1/9
(i)	1	2	3	4	5	6
FZ	0	5	7	10	14	16
σ_r^2	0	4/9	5/9	1	1	10/9
SZ	0	5	7	13	14	16
σ_s^2	24/9	20/9	19/9	18/9	15/9	14/9
BP	0	0	0	3	0	0
σ_{BP}^2	24/9	24/9	24/9	27/9	24/9	24/9

(i,j)	(6,7)	(7,8)	(8,9)	(9,10)	(8,10)	(10,11)
ND	2	5	3	10	1	2
OD	1	3	1	8	1	1
PD	3	7	5	12	1	3
E[D]	2	5	3	10	1	2
σ^2	1/9	4/9	4/9	4/9	0	1/9
(i)	7	8	9	10	11	
FZ	18	23	26	36	38	
σ_r^2	11/9	15/9	19/9	23/9	24/9	
SZ	18	23	26	36	38	
σ_s^2	13/9	9/9	5/9	1/9	0	
BP	0	0	0	0	0	
σ_{BP}^2	24/9	24/9	24/9	24/9	24/9	

Tab. 8.2.-2: *Stochastische Simulation für das IKS-Projekt*

8.3 Auswertung und Umsetzung

Wie man aus den Ausführungen in diesem Kapitel erkennen konnte, lassen sich mit Modellen nicht nur IuK-Systeme repräsentieren, sondern auch Planung und Steuerung der Entwicklung unterstützen. Die dazu notwendigen Simulationen sind daten- und rechenintensiv. Noch größere Anforderungen haben aber in dieser Hinsicht die Bedarfs- und Kapazitätsplanung, die ebenfalls auf der Basis des Kommunikationsmodells durchgeführt werden können.

Bei der *Bedarfsplanung* werden häufig Schätzungen basierend auf Erfahrungen, wie beispielsweise minimaler Bedarf, maximaler Bedarf und durchschnittlicher Bedarf für die benötigten Ressourcen abgegeben. Abhängig von den Schätzungen ergeben sich unterschiedliche Konsequenzen für die Bearbeitungszeiten von Aktivitäten und die Projektkosten. Wichtig ist auch hier, dass verschiedene Simulationen der Bedarfsrechnungen durchgeführt werden können, um Anhaltspunkte für einen Ausgleich von Zeit und Kosten zu erhalten.

Im Rahmen der *Kapazitätsplanung* werden Ressourcen einzelnen Aktivitäten zugeordnet. Dies ist ein NP-schwieriges kombinatorisches Problem. Wenn man eine Lösung gefunden hat, ist es auch hier wieder nötig, im Sinne einer Simulation zu experimentieren. Dabei sollten auch Fragen der Umverteilung und des möglichen Ausfalls von Personal oder anderer Ressourcen beantwortet werden.

Bei größeren Projekten kann man alle diese Planungsschritte nicht mehr manuell ausführen. Deswegen bedarf es auch für das Management der Anwendungsentwicklung einer Werkzeugunterstützung. Dabei kann auf ein umfangreiches Angebot von leistungsfähiger Software für das Projektmanagement zurückgegriffen werden [DWH90]. Oftmals sind solche Werkzeuge aber auch schon Bestandteil von CASE-Systemen, die im vorangegangenen Kapitel beschrieben wurden.

Die Ergebnisse der Simulation eines Prozessplans können graphisch oder auch in Listen aufbereitet werden. Die bekannteste grafische Darstellungstechnik für den Projektablauf sind *Gantt-Charts*. Das Beispiel eines Gantt-Charts basierend auf den Ergebnissen von Beispiel 8.2.-1 und umgesetzt auf Kalenderwochen (KW) ist Abbildung 8.3.-1 zu entnehmen.

Aktivitäten sind als Rechtecke repräsentiert und beginnen in der Darstellung immer zum frühestmöglichen Zeitpunkt. Wichtige Informationen, die man der Darstellung entnehmen kann, sind aktivitätsbezogen und lauten:
- frühester und spätester Beginntermin,
- frühester und spätester Endtermin und
- Gesamtpuffer.

Aktivitäten mit einem Puffer sind mit einem Pfeil gekennzeichnet, der die Länge des Gesamtpuffers angibt. Der kritische Pfad ist leicht zu erkennen.

Mit Hilfe eines Gantt-Charts ist es auch möglich, noch zusätzliche Planungs- und Steuerungsinformationen abzubilden, wie den Aktivitäten zugeordnete Ressourcen, beteiligte Abteilungen oder Verantwortlichkeiten von Mitarbeitern.

Ist das Projekt gestartet worden, beginnt die Phase der Überwachung und Steuerung. Dazu werden *Fortschrittsberichte* erstellt. Diese beinhalten Gegenüberstellungen von Soll- und Istwerten bezogen auf Zeiten und Kosten sowie Angaben über auftretende Probleme. Viele dieser Informationen lassen sich auch direkt aus dem Gantt-Chart entnehmen, sofern man es als Überwachungsinstrument einsetzt.

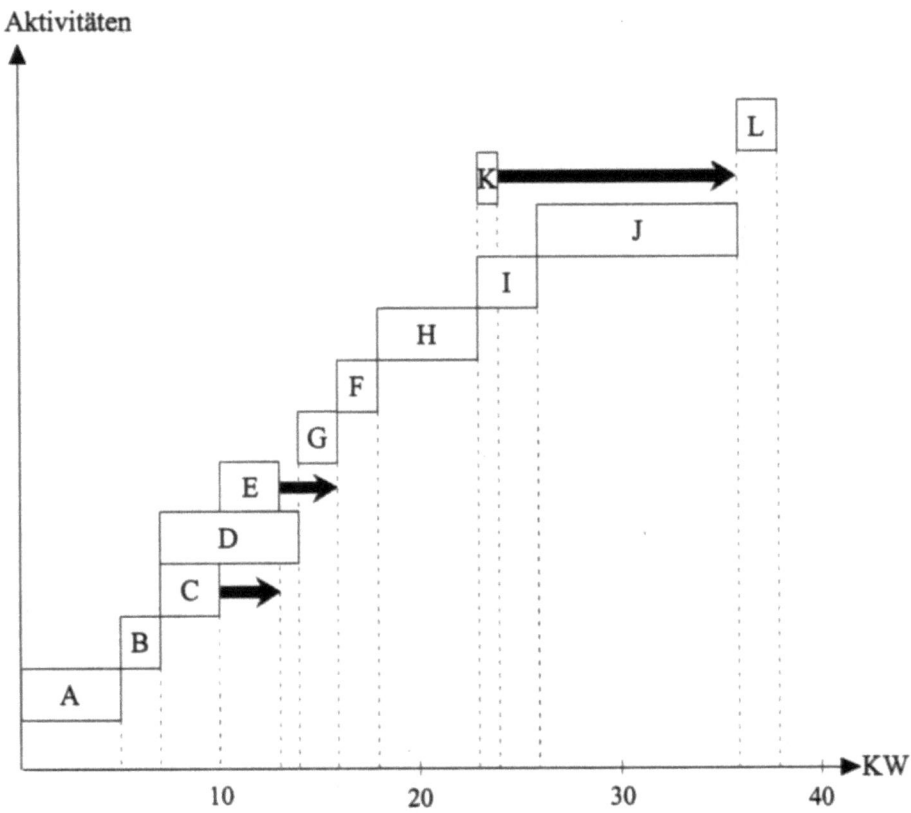

Abb. 8.3.-1: *Beispiel eines Gantt-Charts für die Projektplanung*

Literatur

BB74 Bergen, R., Bubolz, P., *Netzplantechnik*, Frankfurt am Main, 1974

Bur88 Burghardt, M., *Projektmanagement*, Berlin, 1988

DWH90 De Wit, J., Herroelen, W., An evaluation of microcomputer-based software packages for project management, *European Journal of Operational Research* 49, 1990, 102-139

WO92 Weltz, F., Ortmann, R., *Das Softwareprojekt: Projektmanagement in der Praxis*, Frankfurt am Main, 1992

Zeh91 Zehnder, C.A., *Informatik-Projektentwicklung*, Stuttgart, 1991

Stichwortverzeichnis

A

Abnahme und Einführung • 59
Ablauf • 27; 79; 177; 190
Abstraktion • 51
AKB-Schleife • 138; 220; 223
Aktivierungstabelle • 142
Akzeptanz • 100
Algorithmus • 17; 99
    approximativ • 104
    exponentiell • 101
    polynomial • 101
    probabilistisch • 105
Analyse • 58; 60
Analysemodell • 169
ANSI/SPARC • 16
Anwendungssystem • *siehe* IuK-System
Approximationsschema • 106
Architektur • 2
    Datenbanksystem • 16
    Decision Support System • 24
    Expertensystem • 21
ARIS • 3
Aufwandsschätzung • 209
Aussagenlogik • 161
Ausschreibung • 59
Auswahl • 60

B

Baum • 49; 66; 69; 111; 147
    Erreichbarkeits- • 94
Betrieb, Wartung und Pflege • 59
BOA • 33; 222
Boltzmann-Maschine • 135
Bulletin Board • 26
Büroautomatisierung • 27

C

CASE • 213; 246
CIMOSA • 3
Client/Server • 32; 222
Cocomo • 212
Constraints • 157

D

Data Dictionary • 14; 69; 141
Daten • 13; 43
Datenbank • 13
    Datenbanksprache • 16
Datenbanksystem • 13; 33
Datenbankverwaltungssystem • 13
    online • 18
    verteilt • 16
Datenflussdiagramm • 77; 141
Datenmodell • 66
    hierarchisches • 69
    Netzwerk- • 69
    objektorientiertes • 75
    relationales • 72
Decision Support System • 20; 220; 222
DENDRAL • 20
Design • 60
Designmodell • 168
DV-Entwurf • 222

E

Electronic Commerce • 30
Effektivität • 20; 99
Effizienz • 20; 99; 101
E-Mail • 26
Eiffel • 174
Eigenentwicklung • 60
Enterprise Integration • 3
Entity-Relationship-Modell • 66
Entscheidungsbaum • *siehe*
    Entscheidungstabelle
Entscheidungstabelle • 124; 142; 158
Entsorgung • 59
Entwicklungsmanagement • 54
Erhebungstechnik • 57
Evaluation • 45; 61; 137; 223
    Validierung • 22; 53
    Verifikation • 22; 53
Executive-Information-System • 18
Executive-Support-System • 24
Expertensystem • 19; 33; 154; 217; 222
Expertisesystem • 37

F

Fachentwurf • 53
Frame • 156; 224
Fremdbezug • 59
Function-Point-Verfahren • 210
Funktionen • 75; 79; 145
Funktionsbaum • 76
Funktionsmodell • 75
Fuzzy Logic • 162

G

GERAM • 5
GPN • 177; 230
GRAI-GIM • 3

Graph • 46; 67; 80
    Zustands- • 96
Groupware-System • 25; 37

H

Heuristik • 100; 155
Hierarchiediagramm • 156
Hopfield-Netz • 130
Hypermedia-System • 12; 75
Hypertext-System • 12

I

ID3-Verfahren • 159
IDEF • 144
    IDEF0 • 145
    IDEF1X • 149
    IDEF3 • 191
IEM • 3
Implementierung und Test • 61; 173
Inferenz • 127; 223
Information • 1; 121; 128
    Beschaffung • 1; 11
    Modellierung • 45
    Verarbeitung • 1; 19
    Weiterleitung • 1; 24
IuK-System • 1
    Anwendungen • 28
    Entwicklung • 41; 50
    Lebenszyklus • 41
    Planung • 41
Informationsbank • 46; 53
Informationsmanagement • 7; 41; 216
Investitionsrechenverfahren • 207
Istaufnahme und Anforderungsdefinition • 57

J

Jackson-Diagramm • 66; 124
Java • 222

K

KADS • 163
Klasse • 51; 149; 167; 222
    -P • 102
    -NP • 103
Knowledge Engineering • 55; 60; 219
Kommunikation • 43
Kommunikationsmodell • 79; 230
Komplexität • 44
    Zeit- • 101
Konstruktgitterverfahren • 159
Kontext-Diagramm • 142; 147

Kostenvergleich • 208

L

Lernen • 132; 133
LISA • 3; 54; 177

M

Management-Information-System • 18
Management-Support-System • 221
Meilenstein • 41; 229; 231
Methode • 17; 53; 167
Minispezifikation • 141
Modell • 3; 23; 35; 41
    Anwendungs- • 41; 58
    Daten- • 66
    deskriptiv • 23; 44; 136
    Detaillierung • 3
    Elemente • 3; 54
    Funktions- • 75
    Kommunikations- • 79
    konstruktiv • 22; 44; 136
    Realisierung • 3; 41
    Zweck • 3; 42; 65
Multimedia-System • 12; 75

N

Neuronale Netze • 130
No3rd • 30; 221
Normalisierung • 72
Nutzwertanalyse • 208

O

Objekt • 51; 66; 86; 167; 191; 199; 222
    Modell • 166; 169
Ontologie • 50; 145; 149
Operatorenwahl • 113
Optimierung • 99; 190
Organisation • 4; 170; 182; 187
    Modell • 65; 163

P

PERA • 3
Perzeptron • 133
    mehrschichtiges • 134
Petri-Netz • 89
Pflichtenheft • 58; 228
Phasenkonzept • 42; 44; 56
Prädikatenlogik • 161; 217
Prinzipien • 44; 53
Problem • 1; 99
    Entscheidungs- • 99; 104

Konstruktions- • 99; 104
Optimierungs- • 99; 104
Wege- • 126
Ziel- • 126
Ziel-Wege- • 126
Problembeschreibung • 1; 65
Problemlösung • 1; 42; 99; 163
   assoziativ • 130
   exakt • 19; 100
   heuristisch • 19; 20; 100
   interaktiv • 136
Problemreduktion • 103; 131
Problemzerlegung • 128
Programmablaufplan • 112; 124
Projekt • 41; 227
   Management • 41; 228
   Planung • 58
   Steuerung • 231
Prolog • 162
Prototyping • 61; 217
Prozess • 1; 193
   -Diagramm • 194
   Unternehmens- • 1; 176
   Workflow- • 27

Q

Qualität • 54; 168

R

Redundanz • 16
Referenzmodell • 41
Relation • 72; 149
Regel • 158; 223
ROOM • 88
Rough Sets • 163
Rundreiseproblem • 110; 119

S

SA • 141
SA/RT • 142
SADT • 145
Semantisches Netz • 157
Simulated Annealing • 135
Simulation • 234
   deterministische • 234
   stochastische • 241
Software
   Engineering • 55; 60
   Entwicklung • 53
   Qualitätssicherung • 54
Spiral-Ansatz • 61
Sprache • 50; 178

4GL- • 216
Datenbanksystem • 16
Programmier- • 61; 125; 168; 217; 222
SQL • 74
Wissensverabeitungs- • 218
State Chart • 84
Struktogramm • 124
Strukturplanung • 230
Suche • 113; 154
   blinde • 114
   breitenorientiert • 114; 127
   gezielt • 116
   heuristisch • 123
   optimal • 124
   probabilistisch • 129
   tiefenorientiert • 114; 127
System • 43
   Analyse • 55
   Entwicklung • 53; 55

T

Taxonomie • 52; 157
Techniken • 53
Transaktionssystem • 30
Turing-Test • 22

U

Unternehmensmodell • 2; 5; 41
Unternehmensprozess • 3

V

Video-Konferenz • 26

W

Wasserfall-Ansatz • 61
Werkzeuge • 52; 213
   Shell • 21; 218
Wirtschaftlichkeit • 207; 216
Wissen • 19; 34; 60; 155; 223
   Elemente • 155
   Erhebung • 57; 154; 159
   Interpretation • 156
   Modell • 153
   Repräsentation • 154
Workflow-System • 27; 37
WWW • 222

Z

Zielbildung • 57
Zustandsübergangsdiagramm • 80; 142; 171; 198

erweitertes • 86
Zustandsraum • 106
Zustandswahl • 113
Zwei-Phasen-Commit-Protokoll • 17

MIX
Papier aus verantwortungsvollen Quellen
Paper from responsible sources
FSC® C105338

If you have any concerns about our products,
you can contact us on
ProductSafety@springernature.com

In case Publisher is established outside the EU,
the EU authorized representative is:
**Springer Nature Customer Service Center GmbH
Europaplatz 3, 69115 Heidelberg, Germany**

Printed by Libri Plureos GmbH
in Hamburg, Germany